墨香财经学术文库

"十二五"辽宁省重点图书出版规划项目

The Research and Exploration
on Cultural Education
Also about Cultural Education of Respect for Senior Citizen of Elderly
Care and Management Major in Dalian Vocational and Technical College

文化育人的研究与探索

兼论大连职业技术学院老年服务与管理专业敬老文化育人

张岩松 等 ◎ 著

东北财经大学出版社
Dongbei University of Finance & Economics Press

大连

图书在版编目（CIP）数据

文化育人的研究与探索：兼论大连职业技术学院老年服务与管理专业敬老文化育人 / 张岩松等著.
一大连：东北财经大学出版社，2020.6
（墨香财经学术文库）
ISBN 978-7-5654-3872-1

Ⅰ．文… Ⅱ．张… Ⅲ．高等职业教育–文化素质教育–研究 Ⅳ．G718.5

中国版本图书馆CIP数据核字（2020）第093361号

东北财经大学出版社出版发行

　　大连市黑石礁尖山街217号　邮政编码　116025

　　网　　址：http：//www.dufep.cn

　　读者信箱：dufep @ dufe.edu.cn

大连图腾彩色印刷有限公司印刷

幅面尺寸：185mm×260mm　字数：250千字　印张：11.5　插页：1
2020年6月第1版　　　2020年6月第1次印刷
责任编辑：张晓鹏　　　责任校对：周　晗　石建华
封面设计：冀贵收　　　版式设计：钟福建
定价：48.00元

教学支持　售后服务　联系电话：（0411）84710309
版权所有　侵权必究　举报电话：（0411）84710523
如有印装质量问题，请联系营销部：（0411）84710711

前　言

　　当前，中国高职教育已经从规模速度发展步入内涵质量发展阶段。在产业升级和社会转型发展的新形势下，企业对一线应用型人才的文化素质和综合职业素养都提出了更高的要求，党的十九大更是明确提出"要全面贯彻党的教育方针，落实立德树人根本任务，发展素质教育，推进教育公平，培养德智体美全面发展的社会主义建设者和接班人"。面对新的要求和挑战，高职院校人才培养工作明显存在诸多不适应，亟须进行全面改革。在这种情况下，大力推进文化育人、提高学生的文化素质和综合职业素养，就显得十分紧迫和必要。鉴于此，我们通过深入研究与思考，完成了《文化育人的研究与探索——兼论大连职业技术学院老年服务与管理专业敬老文化育人》一书。

　　本书由文化与文化育人、校园文化育人、文化素质教育、文化育人的实践领域、文化育人的特色模式和大连职业技术学院老年服务与管理专业敬老文化育人六章内容构成。其主旨是在分析高职院校文化育人的内涵、特征、基本要素、目标、作用等的基础上，综合采用文献分析法、案例研究法、因素分析法、历史分析法等研究方法，总结高职院校文化育人的实践经验，探寻高职院校文化育人的内在规律。为了增强本书的实践性、参考性、借鉴性和启发性，每章后还设"案例研究"，精选我国高职院校文化育人的典型案例，特别是本书第六章重点介绍了1999年全国首创的大连职业技术学院老年服务与管理专业20年敬老文化育人的实践探索，以期为我国高职院校强化二级学院文化育人、专业文化育人提供借鉴。本书理论观点新颖、论述深刻，对推动我国高职院校文化育人工作的开展、培养优秀的高职人才具有重要的学术价值和实践意义。

　　本书是大连职业技术学院2019年度校级科研创新团队集体智慧的结晶，由大连职业技术学院2019年度校级学术带头人张岩松负责全书的框架设计。全书由张岩松、张铭、李健、刘志敏、高琳、韩金著。其具体分工如下：张岩松、高琳撰写第一章；张铭、李健、刘志敏撰写第二章和第六章；张铭撰写第四章；刘志敏、李健、韩金撰写第三章和第五章。全书由张铭统稿。

在编写本书的过程中，我们参阅了大量相关文献，在此向原作者深表谢忱。同时，本书的出版也得到了东北财经大学出版社的大力支持，亦致以深深的谢意。

由于时间、条件等的限制，书中难免有不足之处，恳请读者批评指正。

愿我国高职院校，从"立德树人"这一教育的根本任务出发，奋力谱写高职文化育人的新篇章，为推进我国高职教育的科学发展，实现社会主义文化的大发展、大繁荣而不懈奋斗！

作　者
2020 年 3 月

目　录

第一章　文化与文化育人

文化是一个国家、一个民族的灵魂。文化兴国运兴，文化强民族强。没有高度的文化自信，没有文化的繁荣兴盛，就没有中华民族伟大复兴。要坚持中国特色社会主义文化发展道路，激发全民族文化创新创造活力，建设社会主义文化强国。

——党的十九大报告

当今世界，文化对青年学生的思想观念、价值取向和行为方式的影响日益深刻。文化育人已成为一个战略性问题摆到了高等教育界面前。中国高等教育大众化以来，高职教育以培养有一技之长的基层复合型人才的姿态出现，已悄然占领中国高等教育的半壁江山，发展态势不容小觑。但是，高职教育在某种程度上对技术能力过于本位化的思想，难免使教育出来的学生文化积累略显单调、人文精神不足并缺乏可持续发展性。所以，如何既彰显高职育人的实践理性，突出其职业特色，又包容大学精神的理想色彩，吸收更多的文化，构建起文化育人体系，已成为当今高职教育界一个十分值得关注的问题。[1]

党的十九大报告明确提出："文化是一个国家、一个民族的灵魂。文化兴国运兴，文化强民族强。没有高度的文化自信，没有文化的繁荣兴盛，就没有中华民族伟大复兴。要坚持中国特色社会主义文化发展道路，激发全民族文化创新创造活力，建设社会主义文化强国。"全面建成小康社会，实现中华民族伟大复兴，必须推动社会主义文化大发展大繁荣。高职院校作为文化教育的基地，必须高度重视文化建设和文化育人工作。

---

[1]　陈云涛. 高职院校文化育人体系的构建与思考 [J]. 高教探索，2009（4）：113-115.

一、文化与高职院校文化

深入地认识文化是讨论文化育人工作的逻辑起点。根据美国文化人类学家克鲁伯和克拉克的统计，20 世纪 70 年代以前，世界文献中的文化定义已达 200 多个。总体上看，文化的概念可以从广义和狭义两个角度来理解。从广义的角度看，文化包括人类社会一切物质文明和精神文明的生产活动和生产成果；从狭义的角度看，很多学者根据伦理学、人类学、政治学、历史学、民族学等不同的学科以不同的视角对文化进行了考察，提出了各种不同观点。

1. 文化的内涵

"文化"是中国古已有之的词语，在近代吸收了西方学术思想后，又被赋予了新的含义。文化概念的演化，绝不仅仅只是一个定义变迁的问题，它实际上反映了随着历史的发展，文化内容在日益丰富，人们对文化的理解向着广延度和深刻度不倦地进军。①

今天通用的"文化"一词，便是近代学人在译介西方相关词语（如拉丁文 Cultura）时，借用中国固有的"文""化"等字，加以熔铸再创而成的。

在汉语口语系统和典籍中，"文"和"化"是常用字。"文"的本义指各色交错的纹理，引申为包括语言文字在内的各种象征符号，进而具体化为文物典籍、礼乐制度，与"德行"对称的"道艺"等；又由纹理意导出彩画装饰之意，引申为修饰、人为加工、经纬天地；与"质"对称，与"实"对称，进一步引申为美、善、文德教化，以及文辞、文章，与"野"对称，或与武事对称。"化"则有变、改、化生、造化、化育等意。归纳起来，"化"的含义是，二物相接，其一方或双方改变其形态、性质。由这层内涵引申为教行、迁善、告谕使人回心、化而成之等。②

据考证，在我国，"文"和"化"最早见于《易经》。《易经》贲卦的象辞上讲："刚柔交错，天文也。文明以止，人文也。观乎天文，以察时变；观乎人文，以化成天下。"在这里，天文指的是自然，人文指的是社会人伦。人文与天文相对。其意思是说，统治者既要掌握自然规律，又要掌握社会中的人伦秩序。西汉以后，"文"与"化"开始一起使用，《说苑·指武》中说："圣人之治天下也，先文德而后武力。凡武之兴，为不服也，文化不改，然后加诛。"这句话的意思是统治者治理天下要重视文治礼教。因此，在汉语中，"文化"的本义就是"以文教化"，主要指文治和教化，即对人的教化和培养。这与现代意义上的文化并不完全相通。而最早在现代意义上阐释文化的人，应属梁启超先生。早在 1922 年 12 月发表在《学灯》杂志上的《什么是文化》一文中，他就明确指出："文化者，人类心能所开释出来之有价值的共业也。"之后，我国学术界对文化的定义日趋丰富和完善。胡适说："文化是一种文明所形成的生活方式。"③孙中山说："文化是人类为了适应生存

---

① 冯天瑜，等. 中华文化史 [M]. 上海：上海人民出版社，1994：11.
② 冯天瑜. 文化：向着广延度和深刻度进军的多种定义 [J]. 湖北社会科学，1988（11）：55-59.
③ 胡潇. 文化的形上之思 [M]. 长沙：湖南美术出版社，2002：33.

要求和生活需要所产生的一切生活方式的综合和它的表现。"①陈独秀说：文化的内容是文学、美术、音乐、哲学、科学这一类的事。毛泽东认为："一定的文化（当作观念形态的文化）是一定社会的政治和经济的反映，又给予伟大影响和作用于一定社会的政治和经济。"②人们对文化定义的认识和理解，各有其道理，这些都说明文化是社会和人在历史上一定发展水平的标志，其表现为人们进行生活和活动的种种类型和形式，以及人们所创造的物质财富和精神财富等。

在西方，人们对"文化"概念的认识也在不断变化。从词源上讲，"文化"一词来源于拉丁文 Cultura，英文为 Culture，德文为 Kulture。文化最初的含义是对土地的耕作，即耕耘、培育和操作，后引申为对人的培养和教化。在近代欧洲三大思想解放运动中，文化始终扮演着教育人、引导人的重要角色。在文艺复兴时期，思想家们倡导人文主义精神，提出以人为中心而不是以神为中心，肯定人的价值和尊严。其主张人生的目的是追求现实生活中的幸福，倡导个性解放，反对神权和愚昧迷信的神学思想，认为人是现实生活的创造者和主人。到了18世纪启蒙运动时期，思想家们著书立说，积极地批判专制主义、宗教愚昧和封建特权主义，宣传自由、平等和民主。可见，西方文化在解放人、发展人的过程中起着重要作用，引导人们从愚昧、非理性的状态走向文明、理性的状态。因此，尽管中西方对文化的认识存在差异，但都是从促进社会进步和人的发展的角度来理解和认识文化的。③

总体上，文化的概念可以从广义、中义和狭义三个层面来解读。广义的文化，也叫"大文化"，泛指人类的一切社会实践活动及其成果。按照马克思的解释，广义的文化是指自然的"人化"，既包括外部世界的人化，也包括人自身的主体化。它以实践为基础，集中体现人与自然、主体与客体的关系。中义的文化，是指精神文化（亦即观念文化），是人类在长期的社会实践活动中形成的思想理念、价值取向、道德情操、审美趣味、宗教信仰、民族性格、风俗习惯等精神因素。④它包含人类的一切精神现象。精神文化本身不能直观地表现出来，只能通过人的意识的表征——"符号"来表现，或者存在于文化的载体——"产品"中。狭义的文化，即艺术，是主体对客体产生的审美反映和审美创造，是主体以典型形象来表现客体美的一种方式。艺术来源于人的社会生活实践，它不仅是人的实践活动的结果，也是人的实践活动本身。这三个层次的文化，不是各自独立地存在的，而是互融互动、有机地融合在一起。精神文化（亦即意识文化、观念文化）内在、深层次地融于广义的文化中，是广义文化的灵魂。没有精神文化内蕴其中，任何广义上的文化都不能称为文化。而艺术又是精神文化的精华，是精神文化的升华和高雅品质的展现。

文化可从不同的角度划分为不同种类型。就广义的文化而言，按文化形态可分为物质文化、制度文化和精神文化；按社会历史过程可分为传统文化、现代文化和未来文化；按文化的先进性可分为先进文化、普通文化、落后文化等。就精神文化而言，按文化存在的方式可分为自在的文化与自觉的文化；按意识的高低层次可分为社会意识和社会心理；按意识同政治的关系可分为意识形态和非意识形态。就艺

---

① 邬昆如. 文化哲学讲录：第2卷 [M]. 台北：东大图书公司，1982：155.
② 毛泽东. 毛泽东选集：第4卷 [M]. 北京：人民出版社，1991：624.
③ 李峰，王元彬. 高校文化育人工作的机制与载体研究 [J]. 当代教育与文化，2014（5）：73-77.
④ 周晓阳，张多来. 现代文化哲学 [M]. 长沙：湖南大学出版社，2004：63.

术而言，按艺术表现形式，可分为语言艺术、音乐艺术、图像艺术、造型艺术、表演艺术；按艺术的高低层次，可分为高雅艺术和通俗艺术等。①

"文化"是一个相当复杂的概念，中西方有着不同的定义，然而，最早对"文化"一词下定义的，也是最经典的论述，是英国著名的人类学家泰勒。他认为："文化或文明，就其广泛的民族意义来说，乃是包括知识、信仰、艺术、道德、法律、习俗和任何人作为一名社会成员而获得的能力和习惯在内的复杂整体。"泰勒的定义强调了"文化"的三个要点：①文化是后天而得的，它既不具有遗传性，也不属于人的先天本能。文化只有在后代不断对前人的文化学习、总结、创造的基础上才能继续前进。②文化具有社会性。文化不像其他财物那样可以归个人所有，它是属于社会的。③文化具有整体性。它不是一个个相对孤立而隔绝的要素的机械堆砌，而是一个各部分、各要素相互紧密联系的有机整体。②

2. 文化的特征

文化的特征是文化本质的体现。研究文化的基本特征对深刻把握文化的本质，自觉贯彻落实党的十九大精神，推动社会主义文化大发展、大繁荣，具有重要的现实意义。这也是高职院校开展文化育人的基本前提，基于此，有必要对文化特征进行深入探讨。我们认为，文化具有主体性、实践性、创造性、系统性和历史性等基本特征。③

（1）主体性。文化，即"人化"。文化是客体的主体化，是主体创造性的外化。文化的主体性是由人的主体性决定的，因此，我们必须先探讨人的主体性。马克思认为，人不仅是实践的主体，也是文化的主体。人的主体性是指人作为实践活动和文化活动的主体的质的规定性，是在与客体的相互作用中体现出来的人的自觉性、自主性、自为性和创造性。人的主体性决定了文化的主体性。首先，文化的主体性表现为文化主体的目的性与工具性的统一。文化作为主体创造性的外化，必然体现和完善主体的目的性，实现人的自由全面发展。同时，文化也是实现人的自由全面发展、彰显主体目的性的重要工具和手段；离开了文化，人就不可能实现自由全面发展。因此，文化的主体性表现为主体目的性与工具性的辩证统一。其次，文化的主体性还表现为文化主体的生产性和消费性的统一。人生产文化就是为了消费文化，其中文化生产是手段，文化消费是目的。我们今天发展和繁荣社会主义文化就是为了满足人民群众日益增长的文化需求。按照弗洛姆的观点，生产的目的是消费；文化生产、文化占有和文化消费是人的生存方式④。简言之，人的主体性与文化主体性之间的关系可以概括为：人创造文化，文化塑造人。这就要求我们在发展和繁荣社会主义文化的过程中，一方面要发挥人的主体性，积极创造社会主义新文化；另一方面要加大文化交流与文化传播的力度，用先进的文化来武装人民群众，提高全民族的文化素质。

（2）实践性。实践是人类能动地改造客体而创造文化的客观活动。文化与实践

① 郝桂荣. 高校文化育人研究 [D]. 沈阳：辽宁大学，2017：20.
② 沈景春，林剑. 中西文化比较研究 [J]. 江汉论坛，2004（1）：74-75，143.
③ 徐华，周晓阳. 论文化的基本特征 [J]. 南华大学学报：社会科学版，2012（8）：23-26.
④ 弗洛姆. 占有还是生存 [M]. 关山，译. 北京：生活·读书·新知三联书店，1989：76-77.

都是人的活动。实践是人类自由自觉的活动本身，文化是人类实践活动的内在图式，呈现出一种相对稳定的样态①。文化的实践性表现为两个方面：一方面，文化源于实践。文化是实践的产物，实践是文化的唯一源泉。因此，文化具有实践性特征。另一方面，实践决定文化，文化反作用于实践。在实践与文化的彼此作用中，实践对文化的决定作用是根本的。实践与文化相互依赖，实践依赖文化，文化也依赖实践。实践是发展和繁荣文化的基础，文化是人类实践的重要条件。在当代中国，必须积极投身于建设中国特色社会主义的伟大实践，才能发展和繁荣社会主义文化；也只有大力发展和繁荣社会主义文化，才能推动建设中国特色社会主义的伟大实践不断向前发展。

（3）创造性。创造性是文化的灵魂。文化是主体实践创造的产物，是主体创造性的外化。因此，文化具有创造性特征。文化是人在认识和改造客观世界、认识和改造人自身的过程中产生的。一方面，人创造文化；另一方面，文化塑造人。创造性是文化的本质特征。正如马克思所说："环境的改变和人的活动的一致，只能被看作是并合理地理解为革命的实践"。②在这里，马克思将主体的创造性和被塑造性二者统一为革命的实践，正是这种革命的实践决定了文化的创造性。

（4）系统性。文化是以系统方式存在的。文化系统是指若干相互联系、相互作用、相互影响的文化要素所构成的具有一定层次结构并发挥文化功能的有机整体。文化系统具有整体性、层次性、开放性、传播性和交流性等特性。文化系统的整体性是指构成文化系统的各要素之间有机结合并发挥出整体功能。层次性是指文化母系统是由若干个文化子系统组成的。文化系统不是封闭的，而是开放的，具有开放性。为了获得更多的文化，不同主体之间就必须自觉接受彼此的文化，这使得文化具有了传递的必要，体现出传播性。文化发展的不平衡性，决定了文化交流的必要性。通过文化交流，各种文化之间相互学习、取长补短、共同提高。

（5）历史性。文化的发展是一个不断由低级向高级演变的过程。文化的演变受客观规律的支配。文化发展的过程是历史继承性和创新性的辩证统一。文化的传承和积累，使得人类文化的精华不断延续下去，我们称为文化的继承性；同时，文化也不是一成不变的，它在不断地进步与创新，离开了文化创新，文化就不能前进。文化继承与文化创新是辩证统一的。一方面，文化继承是文化创新的前提，没有文化继承就没有文化创新；另一方面，文化创新是文化继承的目的，只有进行文化创新，才能达到文化继承的目的。总之，只有将文化继承与文化创新结合起来，才能促进文化发展。

综上所述，文化具有主体性、实践性、创造性、系统性、历史性等基本特征。其中，主体性是文化的本质属性，实践性是文化的基础，创造性是文化的动力，系统性是文化的表现方式，历史性是文化的表现风格。我们必须根据文化的本质要求，突出文化的基本特征，才能推动社会主义文化大发展、大繁荣。③

---

① 王宏宇. 文化哲学：实践哲学的当代形态 [D]. 哈尔滨：黑龙江大学，2007：10.
② 马克思，恩格斯. 马克思恩格斯选集：第 1 卷 [M]. 中共中央马克思恩格斯列宁斯大林著作编译局，译. 北京：人民出版社，1995：17.
③ 徐华，周晓阳. 论文化的基本特征 [J]. 南华大学学报：社会科学版，2012（8）：23-26.

3. 文化的功能

文化是凝聚人心、促进发展、推动创新的重要源泉，是综合国力竞争的重要因素，是经济社会发展的重要支撑。从育人的角度看，文化的功能主要表现在以下三个方面[①]：

（1）导向功能。文化的核心是价值观。文化深刻影响着人的价值判断、思维方式和行为方式，决定着人精神世界的发展方向和发育程度，是每一个人的行为准则，引导着人处理自己与自然、生产实践、社会生活的关系，因而具有强大的导向功能。

（2）激励功能。文化生产和文化消费指向的主体是人。文化能够对人有意识、有目的的各种活动产生巨大的激励作用。文化作为一种思想观念、行为准则和价值追求，一旦被认同和接受，就能够产生巨大的内驱力，驱动和调节人的行为，从而产生一种巨大的向心力、推动力，激发出个体和群体无穷的能量。

（3）保健功能。在社会生活中，各种困难和矛盾是每个人始终要面对的，尤其是在经济转轨、社会转型的加速时期，人们的思想困惑、精神焦虑更加突出。文化承载着人类对生产实践和社会生活的感悟和反思，体现着人类对真善美的追求。对人而言，文化是一种内在的精神需求，能够帮助人更加深刻地理解人生的真谛，更好地丰富人的精神世界，能够抚慰心灵、缓解压力、涵养人生，从而舒缓思想困惑、精神焦虑和生活压力，维护人的身心平衡，促进身心健康。

4. 高职院校文化的基本内涵

从文化学的视角看，文化是一种更明确地区分现实行为和构成行为原因的抽象的价值、信念以及世界观。换句话说，"文化不是可观察的行为，而是共享的理想、价值和信念，人们用它们来解释经验，生成行为，而且文化也反映在人们的行为之中"[②]。通过一套共享的理想、价值和行为准则，文化不仅可以使个人的行为为社会其他成员所理解，而且赋予他们生活的意义。人们在分享共同的文化时，构建起彼此在特定的环境中的行为倾向，并做出相应的反应。文化这一特性和价值表现在生活中，即为人类与文化共存，人们的生活离不开文化，文化对人类的发展起着重要作用，外界文化与人类群体和单个个人都有着密切的联系，文化能够使人适应社会的发展，并引领人类的发展和进步。

文化是人类改造主观世界和客观世界所积累的能力和成果的总和。在文化的创造与发展中，主体是人，客体是自然，文化则是人与自然、主体与客体在实践中的对立统一物。文化的出发点是从事改造自然、改造社会的活动，这种活动也改造活动者自身即实践着的人。人创造了文化，同样文化也塑造了人——这就是最通俗意义上的文化育人。人的信仰、教养、习惯、处事方式等社会化的表征都在文化的雕琢中一一显露。文化实现了实质上的"人化"或"人类化"，是人类主体通过社会实践活动适应、利用、改造自然界客体而逐步实现自身价值观念的过程。这一过程

① 李峰，王元彬. 高校文化育人工作的机制与载体研究 [J]. 当代教育与文化，2014（5）：73-77.
② 哈维兰. 文化人类学 [M]. 瞿铁鹏，张钰，译. 10 版. 上海：上海社会科学出版社，2006：36.

的成果体现，既反映在自然面貌、形态、功能的不断改观上，更反映在人类个体与群体素质（生理与心理的、工艺与道德的、自律与律人的）的不断提高和完善上。

文化是一个复杂整体，它所涵盖的内容遍及人类生活的每一个角落，但其实质就是价值观问题，这与"育人"的指向和要求是完全一致的。将文化的内涵折射到学校的环境和活动之中，就是学校文化育人的全过程。一般意义上，学校就是一个"文化场"①，它是由学校的环境、校风、学风、教风和校园文化活动、师生和员工的精神面貌以及具有代表性的社会舆论氛围等交织、凝聚而形成的，是学校特定的文化环境和气氛，是教师和学生的主体精神和学校精神的集中体现。高等院校文化建设的一个重要特点就是学校文化主体有意识地构建一个人工的却又不乏积淀的文化环境，并赋予其核心的价值观念和相对稳定的文化色彩，形成"文化场"，并使其发挥独特功能——在创建"学校文化场"的过程中达到育人的目的。②

大学文化是人类社会长期累积的优秀文化在大学场域的缩影，是一所大学赖以生存、发展的重要根基和血脉，也是大学间相互区别的重要标志和特征。尽管现代大学被赋予了很多功能，但其最根本的任务是人才培养。"大学的本质是研究学术、追求真理、创造知识、创新价值观和培育人才，其最本质的是求真育人，大学文化要建立在这个本质特征之上"。③通过大学物质文化、精神文化、制度文化、行为文化等多层面的教育实践，在"内化"和"主体化"两个不同维度上，完成把大学文化内化为大学人自身的思想、观念、认识、认同等，再反过来指导大学人改造自身、改造客观对象的实践和活动，并孕育出新的大学文化元素，从而把大学人所共同持有的观念、价值与信念外化为大学师生模范性的日常行为和活动。④

高职院校文化，是一种以高职师生为主体的特殊文化形态。它是在高职院校长期的办学实践中积累和沉淀、传承和创造的院校精神文化和物质文化的总和，包括学校的教育理念、历史传统、价值取向、行为方式、道德规范、风俗习惯、教育制度和物质环境以及由此而展示出来的校风、教风、学风和院校精神。⑤

毫无疑问，高职院校作为现代大学的重要组成部分，内涵丰富的大学文化也是高职院校文化的应有之义。但是，作为一种新类型的高等教育，高职院校又有着不同于一般学术性大学的鲜明文化特色。高职教育"以服务为宗旨、以就业为导向、走产学研相结合的发展道路"的指导思想和"工学结合、校企合作、顶岗实习"的人才培养模式，要求高职院校在培养高素质技术技能型人才的同时，还必须培育具有高职特色的学校文化。这就要求高职院校的文化建设根植于自身办学的类型，在职业性、行业性、区域性上下功夫，只有这样才能形成具有鲜明高职特色的大学文化。在职业性上，高职院校培养的是技术技能型人才，高职院校文化应该服务于这一人才培养目标，具有浓厚的职业性；在行业性上，高职教育面向的是行业和市场的需求，培养的是适应行业需要的高技术应用性人才，高职院校文化应该具有鲜明

① 刘引. 现代学校的文化使命 [J]. 人民教育，2004（3）：13.
② 陈云涛. 高职院校文化育人体系的构建与思考 [J]. 高教探索，2009（4）：113-115.
③ 顾明远. 大学文化的本质是求真育人 [J]. 教育研究，2010（1）：56-58.
④ 卢亚莲. 高职院校文化育人的内涵及路径探索 [J]. 贵州师范学院学报，2014（12）：61-65.
⑤ 冯旭芳. 高职院校文化育人的探索与实践 [J]. 现代德育，2018（9）：111-113.

的行业特色；在区域性上，高职院校主要是依据本地区经济社会发展的需要来统筹自身发展，所以，具有鲜明的区域特色应该是高职院校文化的内涵。立足于职业性、行业性和区域性这三个基点，高职院校文化建设应展现出校企合作、产业文化进校园、企业文化进课堂、手脑并用、教学做合一、崇尚社会实践和企业实践、开门办学、注重应用等丰富多彩的文化特征。①

二、文化育人的内涵与特征

人创造了文化，同样文化也塑造了人，这就是通俗意义上的文化育人。高职院校文化育人，指的是把社会理想和人类伟大精神沁入大学生内心的过程，是向人们的思想理念注入人性中的尚德、进取、责任、包容、感恩、良知、谦虚等美德的过程。②高职院校要通过培育和构建优秀校园文化、完善育人体系和育人模式，实现优秀校园文化的传承、传播和创造，塑造出人格健全、素质优良的技术技能人才。高职院校要解决好文化和育人的关系，文化是载体、是内容、是手段、是环境、是基础；育人是目的、是原则、是核心、是结果、是一切教育工作的出发点与落脚点。文化与育人是互为支持、互为因果的关系。优秀的高职文化濡养、培育出优秀的人才，优秀的人才继承、创造出优秀的高职文化。③

习近平总书记指出，加强高校思想政治工作，要更加注重以文化人、以文育人。文化育人是学生发展的根本需求，是文明养成的必要途径，更是人才培养的重要着力点。作为社会文化传承和创新重要基地的高职院校，强化校园文化建设，开展文明校园创建，实现从"技能育人"向"文化育人"的过渡，是高职院校人才培养质量提升的重要路径。

1. 高职院校文化育人的内涵

高职院校文化是技能型人才培养的重要力量，也是影响学生品行、气质、职业素质、综合素养养成的无形力量，潜移默化地影响着学生的成长成才，影响着高职院校人才培养的质量。文化育人的要务之首是培养人的理性精神，通过大学文化的熏陶使受教育者形成并守持崇真、向善、求美和社会担当的理想主义。在当前社会多元思潮冲击、"技术育人"教育理念盛行的情况下，高职院校校园文化建设和文化育人面临全新的机遇和挑战。正确地理解和把握高职院校文化育人的内涵和要素，才能更好地把握高职院校文化育人的方向。④

文化无所不在，无所不包。文化对人的影响无孔不入、无时不在。它影响着学校里每一个成员的价值、信念和个体成长，也影响着学校的发展路径和终极追求。文化育人不是一种有形知识的灌输，而是向人们的思想理念注入人性中诸如尚德、责任、包容、感恩、进取、良知、诚信、谦虚、勇敢、创新等崇高美德，基于此内化为一种健康向上的意识，潜移默化地形成人的灵魂和精神。文化育人的终极目标

① 卢亚莲. 高职院校文化育人的内涵及路径探索 [J]. 贵州师范学院学报，2014（12）：61-65.
② 任世强. 大学文化的育人功能及实现路径 [N]. 光明日报，2013-12-01.
③ 李文莲. 高职院校文化育人的内涵、特征与作用研究 [J]. 价值工程，2016（11）：251-252
④ 冯旭芳. 高职院校文化育人的探索与实践 [J]. 现代德育，2018（9）：111-113.

是铸就人性的美德,让人们在核心价值观的选择中有所为、有所不为,养成知荣知耻的价值取向。人才培养的最高境界就是要营造一种无处不在、润物细无声的良好文化氛围。因此,高素质技能型人才培养的关键是从知识教育和技能训练走向文化育人。文化育人是个系统,不仅要理念先进,更要贵在行动,全方位实施,还要注重传播,促进社会主义文化的大发展。①

教育的核心问题是人的问题。所谓教书育人、管理育人、服务育人、环境育人,说到底都是文化育人。文化育人就是把学校的文化精神烙在学子心上,让他们获得终身受益的精神营养。当学生们走出校门后,这些烙印会深刻地留在他们的记忆中,形成良好的价值认同、工作能力和行为习惯,并影响着他们日后的进步与终身的发展。有学者称:一流大学的学生不是课堂上"教"出来的,而是学校文化"熏"出来、"泡"出来的。对高职大学生的成长和成才来说,优秀而富有特色的高职院校文化,对他们的影响无疑是最直接也是极为重要的。不少有识之士纷纷指出:"高素质技能型人才培养的关键,是从知识教育和技能训练走向文化教育。"②

文化育人中的"文化"是狭义的文化概念,属于意识形态范畴,是与人的德、智、体、美全面发展、紧密联系的。所谓文化育人,是指用健康、优质的精神食粮潜移默化地塑造人的灵魂,促进人的思想意识、道德观念、处世态度、价值取向、行为习惯不断优化。习近平总书记在全国高校思想政治工作会议上强调,高校"要更加注重以文化人、以文育人""不断提高学生思想水平、政治觉悟、道德品质、文化素养,让学生成为德才兼备、全面发展的人才"③。

高职院校要培养有思想、有道德、有文化、有纪律的高素质职业人才,文化育人的任务十分紧迫而艰难。众所周知,在高等教育大众化的当下,高职院校的大多数学生学业成绩不理想,文化素质更不尽如人意。要让学生在短短两三年内,既掌握基本职业能力又具有较高文化素养,并非易事。此外,人才市场上招聘单位考察求职者,很难考察其文化素质,而对其专业技能的考察往往有硬指标。在这种情况下,职业院校大多把提高学生的职业能力作为硬任务,而将培养学生的文化素质视作软任务,在实际的教育教学中反映出来的就是一手硬一手软。为了满足中华民族复兴伟业对高素质职业人才的需求,高职院校必须彻底改变这种一手硬一手软的现状,多管齐下,花大力气,切切实实地把文化育人落到实处。④

要认识文化育人,还要认清文化管理与文化育人的区别。文化管理是一种管理理念和思想,管理的重点是人的思想和观念,最早应用于企业管理,其对学校管理等领域也有着重要启示。学校的文化管理既不同于企业的文化管理,又区别于学校的文化建设,"它以学校既定的价值观为核心,以学校文化的塑造为龙头,贯穿于学校的规章制度、道德规范、行为准则、审美教育等方方面面"⑤。高职院校的文化管理就是将各种文化要素综合运用于学校管理的全过程,重在文化育人,强调人

① 徐公芳. 坚持文化育人 引领高职发展 [N]. 光明日报,2012-05-05(10).
② 钱红. 彰显高职院校文化特色 培育"现代班组长"型人才——江阴职业技术学院文化育人的实践与思考 [J]. 职教论坛,2016(8):44-47.
③ 习近平. 把思想政治工作贯穿教育教学全过程 [EB/OL]. (2016-12-08). [2017-05-08]. http://news.xinhuanet.com/politics/2016/12/08/c_1120082577.htm.
④ 钱惠英 [J]. 高职院校文化育人策略的反思与构建 [J]. 无锡商业职业技术学院学报,2017(12):73-75.
⑤ 陶然. 学校文化管理的新思维 [M]. 北京:中国人文出版社,2005:1.

的主体作用，发挥人的主观能动作用，营造一种师生员工全体参与的氛围，学校的教学管理、行政管理、学生工作、后勤服务等全方位推进，实行动态和全过程管理，管理者、教师、职工和学生各尽其责，管理者文化、教师文化、职工文化和学生文化和谐发展，最终达到教书育人、管理育人、服务育人、环境育人和文化育人的目的。

文化育人，往往相对于知识育人而言，即将人类的物质文明、精神文明成果，通过显性与隐性的教育途径，再通过教职工的积淀、内化，作用于学生的身体、生理、心理和精神等各个层面，使其获得未来成长和发展以及推动社会进步所需的素养。高职院校的文化育人体系就是统筹文化育人的各方面要素，充分发挥文化育人主体的作用，把学校的文化育人打造成一个全过程、全方位、和谐的体系，更好地实现文化育人的目标。[①]

文化育人是高职院校价值体系的核心和灵魂。先进的高职教育观倡导以人为本的理念，其本质便是重视高职教育的文化育人功能。文化育人是一种创新性的办学理念，其核心是培育具有人文意识的创造、创新精神。高职院校文化育人同时强调职业精神。以学校办学理念和学校精神为核心的高职院校文化、以提升人文精神和职业素质为主要目的的文化素质教育及具有鲜明高职特色的校园文化等，都是高职院校文化育人系统的有机组成部分。发挥高职院校文化育人的功能，就是要把高职院校的教育魅力渗透到教书育人、管理育人、服务育人、环境育人之中。[②]

2.高职院校文化育人的特征

高职教育作为一种重要的教育类型，也具有文化传承的功能与责任，是优秀文化传承的重要载体和思想文化创新的重要源泉。高职院校文化育人有其独特性，把握这些特性，对发挥高职院校文化育人功能、提高高职院校学生的综合素质有着十分重要的作用。

（1）高等性。高职教育具有高等教育的基本属性。首先，在人才培养规格和定位上体现了高等性。高职教育培养的是高素质人才，高素质要求具有较高的人文素质、专业素质及职业素养等。其不仅要求学生掌握扎实的专业理论知识，更承担着培养学生的职业核心能力和职业素养的责任，使学生树立正确的人生观、价值观、世界观，学会学习、学会交往、学会管理、学会解决问题，成为心智与人格全面和谐发展并具有强大职业迁移能力和发展后劲的社会人。同时，高职教育培养的是技术技能人才，要求在技术技能应用和创新上有较高水平，在技能层次上具有高级性的特点。其次，在校园文化建设和教学科研水平上体现了高等性。高职院校要求建设符合高等职业教育教学规律的内涵丰富、特色鲜明的校园文化，具有高水平的教学和科研能力。

（2）职业性。教育部《关于深化职业教育教学改革 全面提高人才培养质量的若干意见》（教职成〔2015〕6号）提出，高职教育要"以立德树人为根本，以服

① 岳五九. 文化管理视阈下高职院校文化育人体系的构建［J］. 合肥学院学报，2016（4）：141-144.
② 康洁. 以"文化育人"促进高职院校学生综合素质提升［J］. 常州信息职业技术学院学报，2014（6）：82-84.

务发展为宗旨，以促进就业为导向，坚持走内涵式发展道路"，致力于培养面向生产、管理、建设、服务第一线的高素质技术技能人才。这一清晰定位使"职业性"成为高职院校的显著特征，它体现在高职院校的教育教学、文化育人的方方面面。高职院校主要是为社会经济发展培养准员工、准职业人，符合企业的用工需求与企业文化准则是其重要的育人标尺。因此，职业精神、职业文化、职业道德、职业素养等一系列的培养就成为高职院校文化育人的一项重要内容，成为高职院校"职业性"特征的显性特征。①

（3）地方性与行业性。无论是地方性高职院校还是行业性高职院校，都有明确的服务面向，就是要立足地方和行业实际，主动服务区域经济社会发展和行业发展。这一明确的服务面向定位要求围绕地方产业转型升级发展，促使高职院校的专业结构、课程体系和校园文化主动与之相适应，实现二者的良性互动，所以说高职院校的育人具有浓厚的地方色彩。同时，校园文化作为社会文化在高职院校的映射，也离不开特定的社会构造和环境。因此，无论是校园精神的提炼、价值理念的形成，还是文化氛围的营造、文化活动的开展，都要突出地方性和行业性，尤其是植根于地方文化以及行业企业土壤之中的地方高职院校，校园文化应主动吸收地方文化、行业文化的精髓，依托独特的地方文化、行业文化构建特色校园文化②。

（4）渗透性。对于一般的教育过程，为了组织相应的教育活动，教育主体会根据客体的特点和教育内容，借助一定的灌输手段。这种教育活动往往诉诸人的理性，是主体主导下的活动。高职院校文化育人的对象是人，人都是讲感情的，育人过程要做到以情动人，以理服人，遵循人的思想"综合影响"形成和"渐次发展"规律，高校文化要融入高校的各种教育因素及方式中，以循序渐进和潜移默化的状态进行。大学生的思想形成过程，总是会受到来自外部社会生活的各种事物和内部个体心理的各种因素的综合影响，而这个过程是一个由量变到质变的渐次发展的过程。文化育人是一种集塑造人格、改变观念和渲染环境于一体的综合性教育，必须顺应人的思想形成发展规律，采取多种方式和结合多种教育载体，诱导受教育者逐渐接受教育内容并内化为自我认识和行为。高职院校文化在实现其教育功能时，无论是对受教育者，还是对教育者，都不是自觉地在接受或施予，它的陶冶功能如春风化雨般悄无声息，具有潜移默化的效果。③

三、文化育人的基本要素

文化育人是学生发展的根本需求，是文明养成的必要途径，更是人才培养的重要着力点。文化育人的实质是高职院校把自身看作一个文化机构，以文化传播的方式促进学生的全面发展，真正实现"以文化人"。高职院校要以一种整体文化观推进文化育人工作，其基本要素主要包括以下几个方面：

① 李文莲. 高职院校文化育人的内涵、特征与作用研究 [J]. 价值工程，2016（11）：251-252.
② 李文莲，毛凌云. 地方高职院校校地文化融合策略研究——以娄底职业技术学院为例 [J]. 文史博览，2016（9）.
③ 马兰兰. 高校文化育人初探 [D]. 杭州：浙江理工大学，2015：22.

1. 历史文化要素

习近平总书记曾经指出，"培育和弘扬社会主义核心价值观必须立足于弘扬中华优秀传统文化"。历史文化要素，通常指客观事物本身及其历史发展过程。这里结合冯旭芳[①]、陈云涛[②]的相关论述梳理如下：

（1）中华优秀传统文化。中华民族有着五千多年的文明史，创造了源远流长、博大精深的中华文化。中华优秀传统文化是中国人民在长期实践中积累创造的精神财富，体现着中华民族的特性和自强自立的品格；中华优秀传统文化已经成为中华民族的基因，流动在中国人的血液中，植根于中国人的内心中，影响着中国人的思维方式和行为方式；中华优秀传统文化已经成为培育民族精神和国民气质的土壤，中国历史演进的过程，也正是中华文化不断汲取民族智慧、不断得到升华并逐渐深化文化自信的过程。"中国人民的特质、禀赋不仅铸就了绵延几千年发展至今的中华文明，而且深刻影响着当代中国发展进步，深刻影响着当代中国人的精神世界"。[③]文化是历史的积淀，在社会与人的思想变迁中，精神财富与物质财富的积累，形成反映人类本质的价值理念。这种价值理念，既能影响人们的精神世界，也在实践中得到传承和发展。[④]

文化的生命源头是一个民族的主体性实践，中华优秀传统文化是中华民族的文化之根、思想之源，是社会主义核心价值观的土壤和基础。习近平总书记在党的十九大报告中指出："文化是一个国家、一个民族的灵魂。文化兴国运兴，文化强民族强。没有高度的文化自信，没有文化的繁荣兴盛，就没有中华民族的伟大复兴……深入挖掘中华优秀传统文化蕴含的思想观念、人文精神、道德规范，结合时代要求继承创新，让中华文化展现出永久魅力和时代风采"。[⑤]2017 年 12 月出台的《高校思想政治工作质量提升工程实施纲要》明确要求，推进中华优秀传统文化教育，以文化人，以文育人。

中华优秀传统文化，融汇了我国各民族的智慧，形成了儒、道、法、墨等诸子百家思想体系，概括出了由基本理念、核心价值、行为规范、理想信念等构成的文化经典，形成了中华民族特有的信仰追求、人格品质、文明准则和思维方式；同时，这些核心思想又通过独特的语言、文字以及各种具体的文化活动渗透到百姓生活的方方面面。文化传承是高职院校办学的重要内容之一，中华优秀传统文化是中华民族的血脉、灵魂和根基，高职教育以及培养建设者和接班人的高校，有责任、有义务把中华优秀传统文化传播好、继承好。

（2）学校历史和学校精神传承。高职院校的历史和学校精神亦是文化育人的重要养料。文化是一种时间的"积累"，是一种过程的"发酵"，学生在哪个时间段入校就读，就是这一时间段的承续者，他们与过往是连接的、互动的，无过去之水，则无今日之流。因此，学校的历史与传统必然是文化育人的主题之一。"文化育人

① 冯旭芳. 高职院校文化育人的探索与实践 [J]. 现代德育，2018（9）：111-113.
② 陈云涛. 高职院校文化育人的要素分析 [J]. 中国高教研究，2017（1）：104-106.
③ 习近平. 在北京大学师生座谈会上的讲话 [M]. 北京：人民出版社，2018：4-5.
④ 赵旻. 中华优秀传统文化育人功能与价值的创造性转化 [J]. 思想教育研究，2018（8）：124-127.
⑤ 习近平. 决胜全面建成小康社会 夺取新时代中国特色社会主义伟大胜利 [M]. 北京：人民出版社，2017：42.

意味着通过延续重要的传统、习惯和经验，努力促进文化对人的永恒力量"[①]。高职院校虽然总体办学时间较短，且多数由中专转制、升格而来，但其中专主体大多是行业名校、文化源远流长、特色鲜明、底蕴深厚。这种影响力会在相当长的时间里以实物、史料、掌故、校训、价值观、行为习惯等多种形式存在。易名之后的高职院校应对此予以高度重视、因势利导，将其作为自身的文化源泉和精神养分进行充分挖掘、悉心归纳、精心总结。这是一个静静的萃取、扬弃的过程，需要有深入的思考和负责任的态度。

2. 生态环境要素

环境对事物的影响悄然而巨大。这里分析的生态环境要素主要指物质文化环境和地域乡土环境。

（1）物质文化环境。它是院校的显性文化，是一种"看得见、摸得着、感受得到"的校园物化空间，是受教育者所处的最基本、最直观的状态，比较容易得到关注。物质文化环境主要指各类校园文化标识，如校徽、校标、雕塑喷绘、亭台、运动场所、宿舍楼、教学楼、花草树木、道路桥梁等。随着 21 世纪高等职业教育的迅猛发展，高职院校的文化自觉意识得以唤醒，主动规划、积极营造富有自身特色的校园物质环境和文化景观已经成为诸多学校文化育人的必然选择。地方政府和教育主管部门对这种文化的可及性要素也正逐步加大投入，倾心引导"看得见、摸得着、感受得到"的文化校园建设。[②]通过各高职院校的精心设计和逐步实施，亭台楼宇、花木雕塑、道路宿舍都被赋予了更多的意蕴，实验室、运动场、办事大厅也多了文化印迹。学生置身于这样的物质文化环境之中，在耳濡目染中每时每刻都在接受优秀文化的熏陶，都在感受自然之美、校园之美、人文之美，都在感受优秀文化的魅力，这使学生崇善、尚德、爱美之心得以浸润。

（2）地域乡土环境。它主要指学校所在地的文化氛围。对学校而言，这个选择是既成事实，是历史的、被动的；但对学生而言，他们当初选择某所学校的时候却是主动的，地域往往也是一个重要的考虑因子。地域乡土环境与一般的物质文化环境相比，不仅属于外部要素，而且其丰富性、可控性明显超过了内部环境要素。此外，它还在一定程度上制约着学校育人的方针和制度。高职院校天生与地域经济文化紧密相联，联系地方、服务区域是高职院校的办学特色。高职院校育人应当因势利导，化被动为主动，化贫瘠为富裕，化简单为深刻，有意识地挖掘办学所在地的地域文化，在文化氛围营造中充分利用地域乡土资源，将地域乡土环境有机地而不是牵强地融入学校的育人过程中来。

3. 育人主体要素

教育者是组织实施文化育人实践的主体，是文化育人的一个基本构成要素。文化育人主体，是以思想政治教育为目的，通过文化手段进行育人的主动行为者。教

---

① 刘献君. 论文化育人 [J]. 高等教育研究，2013（2）：1-8.
② 中共浙江省委宣传部办公室、中共浙江省委教育工作委员会办公室. 关于确定全省高校文化校园建设试点单位的通知 [Z]. 浙教工委办电传〔2015〕3 号.

育者既可以是具有主动教育功能的组织，也可以是教育组织中的个人或者由多人组成的群体。一般来说，文化育人的施教主体指的是文化育人实践活动的真正设计者和组织者——人，即高校教师和从事教育教学管理的管理者。教育者在文化育人的过程中的根本职能就是价值引导，即"以社会的要求为准绳，科学地影响教育对象，不断把教育对象的思想政治品德提升到社会需要的水平"①。具体来说，就是按育人计划，组织、设计和实施文化育人活动，采取多样化的方式方法调动和发挥教育对象的主观能动性，本着价值主导原则引导教育对象的思想品德向社会要求的方向发展。由于教育者在文化育人过程中的根本职能是思想政治教育，在他们身上具有共同的职业特点，最为突出的体现在三个方面：

一是他们充满社会主义文化自信。中华民族要繁荣振兴，需要有高度的社会主义文化认同与文化自信。教育作为社会主义文化自信生成的源头活水，教育者在其中承担着重要角色，发挥着重要作用。他们是文化自信的引领者，要给学生一杯水，自己要有一桶水；在引导学生树立社会主义文化自信之前，自己首先要一往情深地吸收中华优秀传统文化，满腔热情地投身于社会主义伟大建设实践之中，成为充满社会主义文化自信之人。这是职业角色使然，也是职业责任使然。

二是他们具有传播社会主义先进文化的自觉。教育者不仅要成为充满社会主义文化自信之人，还要成为自觉传播社会主义先进文化之人。教育者要向当代大学生主动宣传社会主义核心价值观，弘扬中华优秀传统文化，澄清模糊认识，以增强大学生对中华民族文化的认同。在文化育人实践中，教育者要牢记使命，自觉传播社会主义先进文化。

三是他们处处体现出文化价值的主导性作用。一个学校能否为社会主义现代化建设培养出合格人才，关键在于教师。具体讲，在于教师的文化价值主导性，即教师文化育人过程中能否处处体现出文化价值的主导性作用。在文化育人的过程中，教育者是教育计划的执行者、教育活动的设计者和组织者，他们的文化价值主导性体现在：按照一定的教育计划，设计文化育人活动，并将思想政治教育融入育人活动中；根据大学生的身心发展水平进行有针对性的教育和引导，通过文化渗透的方式影响教育对象的思想价值观念，引导其朝着国家主导文化方向发展。②

对高职院校来说，师资队伍建设是学校内涵建设的主要内容，由老师传递智识要义、文化精髓是育人的本分，也是办学的常规。作为文化育人的要素，我们首要的是关注教师，强调教学文化，强调教师在大学文化传播方面"肩负着最为重要的任务与使命"，"充分把握学科文化的代际传承功能"③。

4.育人客体要素

高职院校文化育人的客体要素指受教育者，即大学生，他们的主要任务就是接受主体引导，学习、适应和内化，不断提高自身素质，同时积极调动自身的"主体性"因素，在文化育人过程中，充分表现出自身的特性，参与并影响育人过程。大

① 刘书林，高永．思想政治教育的对象及其主客体关系 [J]．思想理论教育导刊，2013（1）：97–99.
② 郝桂荣．高校文化育人研究 [D]．沈阳：辽宁大学，1997：54–56.
③ 杨咏．大学文化育人的本体性及实现路径 [J]．学校党建与思想教育，2015（12）：92–93.

学生与教育者之间的关系建立在平等和相互尊重的基础之上，即"主体尊重客体的特点和接受教育的规律……客体尊重主体的引导"。[①]在这一过程中，大学生要不断地自我完善。作为文化育人客体要素的大学生具有两个明显特点：

（1）鲜明的主体性。人的主体性，是指人作为主体在对象性活动中相对于活动客体所处的态势而表现出的功能特性[②]。在不同的高职院校文化形式中，学生主体性地位的体现方式和程度是不同的。比如，在课堂的教育教学中，教师和学生同时作为这一活动的主体，两者是互动的关系，既要注重教师知识的传播，又要注重学生的接受和反馈情况，两者同处于重要的地位。而在课外的各种活动中，根据活动内容、宗旨的不同，学生的主体性地位要凸显出来。例如，在课外科学研究、智力开发、知识竞赛、文化体育等活动中，更强调学生的参与，以培养和塑造学生的科学精神、创新精神、自由精神和人文精神等。在高职院校的文化育人过程中，学生的主体性主要体现在参与活动的主动性、活动内容的选择性、参与过程中的创造性等方面。所谓参与活动的主动性，指学生根据自身教育情况以及自身、社会的需要主动参与、接受教育活动。能否调动学生参与高职院校文化建设的积极性，是高职院校文化建设能否实现以学生为中心、能否真正凸显学生主体性地位的重要方面。我国传统应试教育中过多地强调知识的汲取，忽视调动学习者学习的积极性，因此很多学生养成了内敛的性格，对各种活动的参与热情不高。因此，如何调动学生的参与热情成为高职院校文化育人的重要一关。所谓活动内容的选择性，是指学生能够根据自身情况，有目的、有重点地选择所要参加的文化、教育活动。这是提高大学生参与主动性的保证。作为具有独立意识的个体，大学生已经具备自觉学习的能力和意识。因此，在高职院校文化育人过程中，要明确大学生的文化生活需求，做到有的放矢。校园文化应形式多样，内容丰富，科技文化、人文文化、文体活动和社会实践等都是普遍受欢迎的形式。所谓参与过程中的创造性，是指大学生能够将自己所掌握的知识技能创造性地运用到所参加的活动中，提高自身发现问题、解决问题的能力。创造性是一个国家发展源源不断的动力和源泉，目前世界各国都普遍重视培养学生的创造性思维，各种科技文化活动历来是发挥学生创造性思维的平台。[③]

（2）极强的可塑性。德国近代著名教育家赫尔巴特在《教育学讲授纲要》中提出："教育学的基本概念是学生的可塑性。"[④]底特利希·本纳赞同赫尔巴特的观点，他进一步指出："可塑性原则把人的天资的不定型性作为教育责任的出发点，以此明确肯定人可以通过教育实践达到定型。"[⑤]在本纳看来，可塑性是一种教育互动的原则，建立在人具有肉体性、自由性、历史性及语言性等相应天资的基础上。在对受教育者进行教育时，既不肯定也不否定其具有的一定天资，并非单纯地只影响其成长发展，更是要使受教育者自己参与成长的过程，从而获得成长之后的确定性。本纳认为："人的可塑性在其实践活动的肉体性、自由性、历史性和语言

---

① 刘书林，高永. 思想政治教育的对象及其主客体关系 [J]. 思想理论教育导刊，2013（1）：97-99.
② 张凤琴. 校园文化与学生的主体性 [J]. 内蒙古教育学院学报，2000（12）：41-43.
③ 严海波，肖红燕. 论校园文化建设中大学生的主体性地位 [J]. 沈阳农业大学学报：社会科学版，2007（5）：736-738.
④ 赫尔巴特. 教育学讲授纲要 [M]. 李其龙，译. 上海：华东师范大学出版社，2009：10.
⑤ 本纳. 普通教育学 [M]. 彭正梅，徐小青，张可创，译. 上海：华东师范大学出版社，2006：30.

性的意义上不是无限的，而是有限的。但是它的界限没有一定的时间限制，因为人的可塑性一直持续到老年和临终。"①对大学生而言，其可塑性的内涵仅针对大学这个阶段，正如赫尔巴特对可塑性的定义，即"从不定型性向定型的过渡"。②人的思想文化观念和道德品质不是自发形成的，而是在一定的文化环境影响和思想政治教育作用下，在社会文化生活实践中逐渐形成并不断发展的。可塑性强调的就是"人性的生成性、交互性、可教化性和内在主动性"。③教育对象的可塑性是教育者实施文化育人的基本前提和内在依据。大学生在文化育人过程中的可塑性，主要涉及思想文化认知、文化价值判断与选择能力、文化道德内化与外化转化能力、文化道德实践能力等方面。④

文化育人是教育者有目的、有组织、有计划实施的育人活动，在教化人、塑造人方面具有非常突出的作用。实施文化育人，要坚持以学生发展为本，充分关注大学生的主体性和可塑性，尊重学生的成长规律，对大学生的文化思想与品德塑造施加有益影响，促使大学生全面提升自身的综合素质。

5. 育人载体要素

文化育人工作的开展必须借助一定的载体和形式，才能落地生根，发挥作用。所谓载体，是指物质、信息和文化等的运载物。毋庸置疑，大学是人类优秀文化的继承者和创新者，在整个文化发展中发挥着不可磨灭的作用。"工欲善其事，必先利其器"，高职院校文化育人载体从文化育人的角度分析，具体是指承载高职院校一切信息和文化，并成为育人要素的物质构建或理念展示。"文以载道"就是人们对其通俗的解释。⑤文化育人载体作为文化育人过程中不可或缺的媒介要素，不仅是实现文化育人目的的中介和手段、主体与客体发生关联的重要媒介，也为文化育人各要素相互作用、相互影响提供了平台，是"由若干要素以一定结构形式联结构成的具有某种功能的综合系统"⑥。一般地，文化载体必须同时具备四个基本条件：一是能够承载具有思想政治教育意义的文化价值信息；二是能够使教育主、客体之间发生文化价值信息传递；三是能被教育者所运用和控制；四是具有引导人、教化人的功能。⑦

高职教育所具有的高等教育和职业教育的双重属性，以及"培养生产、建设、服务、管理第一线高端技能型专门人才"的基本定位，决定了高职院校的文化育人载体应当是院校、企业、社会三大要素有机统一的综合构成，表现为以下三种基本形态：

（1）院校文化形态育人载体。这主要指能够体现高职院校独特文化内涵的育人载体架构。它可分为两类：一是指传统的物质形态育人载体，包括体现办学特色的校园主体建筑风格、展示校园文化的园林景观、反映办学理念的箴言警句，以及校

① 本纳. 普通教育学［M］. 彭正梅，徐小青，张可创，译. 上海：华东师范大学出版社，2006：31.
② 赫尔巴特. 教育学讲授纲要［M］. 李其龙，译. 上海：华东师范大学出版社，2009：11.
③ 沈奕彤，邱伟波. 赫尔巴特"可塑性"观点解读［J］. 学理论，2015（2）：114-115.
④ 郝桂荣. 高校文化育人研究［D］. 沈阳：辽宁大学，1997：54-57.
⑤ 张文娟. 大学文化育人载体的建设［J］. 科教导刊，2014（1）：8，31.
⑥ 王景云. 当代中国思想政治教育文化载体研究［D］. 哈尔滨：哈尔滨工程大学，2011：29.
⑦ 郝桂荣. 高校文化育人研究［D］. 沈阳：辽宁大学，1997：58.

训、校旗、校徽、校歌等；二是指现代非物质形态育人载体，主要是以互联网为传播媒介的非实物形态的理念展示，集中体现为网络收视终端的数字化声、光、电，以及图像和语言文字信息。院校文化载体是教育价值取向的集中体现，是凝练学校办学理念、办学目标、办学特色、办学风貌的独特文化载体。其功能在于营造独具特色的文化氛围，发挥环境育人的独特作用；核心是通过文化渗透，培养师生的良好习惯和品质。值得注意的是，随着移动互联网的快速发展，以微博和微信为代表的新媒体获得了越来越多大学生的青睐，为高校开展文化育人工作提供了新渠道和新手段。因此，在院校文化形态育人载体中，必须高度重视以网络技术为标志的现代非物质载体的影响。网络载体缺少传统媒体中那样的"把关人"，在信息流传播与反馈的过程中往往是双向互动甚至多向互动，信息流不易掌控，容易导致学生在虚拟世界与现实世界之间产生思维失衡、行为失范。[1]高职院校的思想政治教育工作者必须掌握新媒体使用技能，充分利用新媒体即时、便捷、覆盖面广等特点，全力拓宽学生思想政治工作的空间，适应网络语言风格和传播规律，学会使用新媒体开展文化育人工作；综合运用文字、声音、视频等材料发布信息，传播思想，提高教育工作的感染力和说服力[2]，做到扬长避短、因势利导，这样才能化消极因素为积极因素，保证文化育人目标的实现。

（2）校企融合文化形态育人载体。院校与企业合作办学、合作育人、合作就业、合作发展，是高职教育改革发展的基本方向。高职院校文化育人，必须探索依托行业、校企融合的文化育人载体。综观近年来的改革实践，校企融合文化育人载体主要有五种：①校企联合办学。学校和企业双方共同制订教学计划，共同参与人才培养的过程。②合建校办工厂。努力创建科研与学生培养相结合的新平台，同时为学科建设增添新的生机和活力。③订单式培养。企业根据对人才的需求和人力资源配置，与学校签订"订单"培养计划，有针对性地培养适合企业需要的员工。④大学就业输送。大学为企业输送人力资源，针对毕业生的就业问题，进行推荐和安置。⑤实习基地建设。企业为学生提供生产实践的实习基地，而企业对高素质"准员工"的青睐，将学校和企业联系起来[3]。

（3）社会形态文化育人载体。这类文化育人载体突出地表现为与高职学生的实习、就业及社会实践活动相关，具有直观性和直接影响。它可概括为三个方面：一是极具教育影响力的社会公共文化载体，如博物馆、纪念馆、文物旧址、革命圣地等；二是雅俗共赏的娱乐性、趣味性文化载体，如小品、相声、小说、车贴等；三是遍布日常生活空间的俗文化载体，如饮食文化等。社会形态文化育人载体鲜活多样，大多体现为一种文化自觉。这一文化载体的创立者或推广者对其文化有自知之明，他们正视、理解、梳理、传承文化和历史，在尊重历史的基础上构建理念、营造氛围，对塑造学生心灵有直观的影响力。同时，这类文化载体中也有不少消极庸俗的东西，需要在审视中加以甄别。[4]

文化载体在文化育人中的作用是多方面的，如它为育人活动提供必要的承载和

---

① 李河水. 高职院校文化育人载体建设及其价值探析 [J]. 学校党建与思想教育, 2013（4）：80-82.
② 李峰，王元彬. 高校文化育人工作的机制与载体研究 [J]. 当代教育与文化, 2014（5）：73-77.
③ 张文娟. 大学文化育人载体的建设 [J]. 科教导刊, 2014（1）：8, 31.
④ 李河水. 高职院校文化育人载体建设及其价值探析 [J]. 学校党建与思想教育, 2013（4）：80-82.

传导文化价值信息的媒介；它使育人活动的各构成要素之间有了联系纽带，"不仅能促使各要素之间相互作用，而且能对各要素的协调一致产生直接影响"①；它为教育者提供自主创新的平台，使教育者通过不断挖掘和创新文化载体来丰富和创新文化育人的具体方法和手段；它通过自身承载的先进文化信息，发挥其感染人、教化人的功能；它通过文化载体丰富多样的内容及形式，增强文化育人的吸引力和影响力，进而增强育人实效，等等。这些都充分说明，文化载体是文化育人过程中不可或缺的一种媒介要素。②

6. 主题活动要素

大学校园是宽松、自由的校园，学生可凭借自身的兴趣爱好参与各类文体和社团活动，而各类文体和社团活动恰恰是拓展、锻炼、充实、引导学生心理，展示学生才华的良好渠道。高职院校可本着特色性、多样性、创造性和品牌化的原则，组织开展形式多样、内容健康、格调高雅、具有地域及学校特色的文体活动，做到大型活动届次化、精品化，中型活动学院化、特色化，小型活动社团化、经常化，班级活动普及化、多样化，打造一批校园活动精品，从而达到陶冶人、教育人、培养人的目的。③

7. 开放协同要素

开放办学是高职院校的本质特征之一。早在 20 世纪中期，黄炎培先生就提出"大职业教育主义"的观念，认为"只从职业学校做功夫，不能发达职业教育；只从教育界做功夫，不能发达职业教育；只从农、工、商职业界做功夫，不能发达职业教育"，即办职业教育必须联合和沟通教育界和职业界。高职院校"走出象牙塔"与社会需求紧密互动已经成为包括教育界在内的社会各界的共识。构建校企命运共同体，产教深度融合、校企深入合作已然成了职业教育内涵建设和质量提升的必由之路。加之互联网信息流动的无边界性，互联网新媒体已逐渐成为高校思想政治工作和德育工作的新阵地、新空间。高职院校应充分发挥网络文化在"立德树人"中的重要作用，加强网络文化在学生社会主义核心价值观引领中的作用，帮助学生养成健康的网络人格和正确的人生观、价值观。校企合作的日益深入和互联网时代信息的无界流动，使高职文化的综合性越来越强，高职院校文化育人的要素已不可避免地包含了诸多开放的协同性元素。

（1）行业企业文化。在育人过程甚至育人内容的选择上，行业企业文化的积极参与是高职教育有别于其他高等教育形式的一大特色。由于行业企业办学的传统，加之就业导向所指，高职院校始终把行业企业文化作为自身文化的重要内容贯穿于教育教学之中，并以此作为区别于其他职业院校的个体特征。当然，与企业文化不同的是，学校中的行业企业文化不可能照搬照抄，必定是被"再加工"过的，有一定的扬弃，是企业精神与教育理念的结合体。

① 张耀灿，郑永廷，等. 现代思想政治教育学 [M]. 北京：人民出版社，2006：411.
② 郝桂荣. 高校文化育人研究 [D]. 沈阳：辽宁大学，1997：59.
③ 冯旭芳. 高职院校文化育人的探索与实践 [J]. 现代德育，2018（9）：111-113.

（2）时尚流行文化。它是青年学生在与社会互动中形成的、为同龄群体所认同的独特的文化表现形式，包括形象、休闲、偶像崇拜、语言、价值观等①。当代青年学生是朝气蓬勃的一代新人，他们思维活跃、眼界开阔、观点独特、富于创新，他们既是时尚流行文化的主要接受群体，又是时尚流行文化的创造者和推动者。一方面，他们的流行文化观深受社会因素的影响；另一方面，社会又负有对其引导的责任。因而在协同育人视域下研究对当代青少年流行文化观的引导具有深刻的重要性②。只要把握得住、引导得好，流行文化要素可以为高职院校育人增添许许多多鲜活的素材，产生意想不到的效果。

8. 场域环境要素

高职院校在文化育人的过程中，要善于把握学生成长的场域环境要素，实施全场所育人，促使学生在成长中自在、自律、自主、自信、自强，成为情感人、文明人、文化人、技能人、职业人。③文化育人的场域环境要素包括"寝场""餐场""学场""工场""岗场"五个方面。④

（1）"寝场"，即宿舍现场。"寝场"文化育人，旨在培养情感人。宿舍现场是高职院校学生日常生活与学习的重要场所，也是校园文化与企业文化对接的重要阵地，需要引导学生从一个人的个体生存走向一群人的团队生活。高职院校应以"五自"教育（自主管理、自我教育、自我完善、自我提高、自我欣赏）为学生管理特色，并将其作为学生综合素养培养的补充和提升。

（2）"餐场"，即食堂现场。"餐场"文化育人，旨在培养文明人。海尔总裁张瑞敏说过："把每一件简单的事做好就是不简单，把每一件平凡的事做好就是不平凡"。食堂现场是高职院校学生用餐文明礼仪体现的最主要场所，也是学生良好生活行为与习惯养成的重要场域。通过"餐场"文化育人，引导学生学会尊重、学会生活、养成习惯、提高素养，从自发的遵守、规范走向自觉的尊重、文明，让学生把握好人与自身、人与他人、人与岗位、人与社会、人与自然的关系，实现学生"学习人""自然人"向"岗位人""社会人"角色的转变。

（3）"学场"，即教室现场。"学场"文化育人，旨在培养文化人。公共基础课程与专业平台课程学习的教室是高职院校文化教育的重要场所。高职院校要把企业的运作方式、经营模式、企业文化、素养培养、竞争机制等核心内容融入实际教学（学习）过程中，塑造整洁有序的学习、生活、实训环境，培养学生的职业素养、敬业精神、创业精神以及良好的职业习惯，使学生"融入社会、介入企业"，实现学校教育与企业接轨。

（4）"工场"，即技能实训场所。"工场"文化育人，旨在培养技能人。高职院校要突出"工场"的构建：职校化的教学管理、工作化的环境布置、现场化的项目

---

① 冯松青. 北京青年文化现象透视［M］. 北京：九州出版社，2012：3.
② 陈梦妮. 协同育人视域下对当代青少年流行文化观的引导［J］. 广西教育学院学报，2017（5）：132-135.
③ 沈志美. "五位一体"构建职校新型管理模式——江苏省海安中等专业学校的经验［J］. 江苏教育：职业教育，2014（1）：19-20.
④ 周如俊. "8S"现场管理视角下中等职业学校的"校企文化"融合育人［J］. 江苏教育研究，2015（11）：41-45.

实施、学徒化的师生关系、企业化的校本课程，形成校企文化管理的内外融合、融入、融通、融接的职业能力递进培养模式。为此，高职院校要以适应职业岗位需求为导向，创新教学环境，构建具有鲜明职业教育特色与企业文化要素的校内实践教学环境。

（5）"岗场"，即岗位现场。"岗场"文化育人，旨在培养职业人。高职院校可借助现代企业运行机制，让学生在校外实训基地开展实习，在真实的工作岗位上接受企业现场管理，置身于企业文化氛围中，逐步培养良好的职业情感、职业精神、职业规范、职业素养，促进学生全面发展。

综上所述，高职院校文化育人实际上体现了社会学所主张的文化的六种要素构成，即信仰（Beliefs）、价值观（Values）——主要在历史性要素中体现；规范和法令（Norms and Sanctions），作为行为的指导，主要借助主体性要素予以体现；符号（Symbols）——主要在环境性要素、主题活动要素和场域环境要素中体现；技术（Technology）和语言（Language）——主要通过开放性要素得以体现。当然，这种体现不是完全一一对应的，而是交糅杂错的，是诸多可以因循或借力的范式。①

四、文化育人的目标与作用

明确高职院校文化育人的目标和作用，是高职院校有针对性地开展文化育人并取得实效的根本保障。

1. 文化育人的目标

任何一种教育实践活动都有其追求的目标。文化育人作为高职院校思想政治教育的重要手段，其追求的目标应与学校人才培养、思想政治教育的总体目标保持一致。文化育人作为一种特殊的思想政治教育活动，从思想道德建设的角度，它体现了思想政治教育培育学生社会主义核心价值观的价值；从文化软实力建设的角度，它体现了思想政治教育培养学生文化自信的价值；从整体教育的角度，它体现了思想政治教育促进学生全面发展的价值。从总体上看，文化育人的目标有三个层次：一是"立德"，即培育社会主义道德，树立社会主义核心价值观；二是"树人"，即促进学生全面发展；三是"自信"，即培育社会主义文化自信，增进文化认同。其中，"立德"是思想政治教育的核心目标，"树人"是思想政治教育价值追求的根本目标，"自信"是体现文化强国的基础目标。

（1）立德。"立德"语出《左传·襄公二十四年》："太上有立德，其次有立功，其次有立言，虽久不废，此之谓不朽。"我国自古以来就强调"德"的作用，曾有人提出"才者，德之资也；德者，才之帅也"的观点。立德、立功、立言，首推立德，强调立人先立德。中华人民共和国成立后，党和国家领导人也一直反复强调学校要培养又红又专、德才兼备、富有创新活力的"四有"新人。②国无德不

① 陈云涛. 高职院校文化育人的要素分析 [J]. 中国高教研究，2017（1）：104-106.
② 李卫红. 抓住根本　立德树人　切实把高校辅导员队伍建设提高到一个新的水平 [J]. 思想理论教育导刊，2007（11）：11-15.

兴，人无德不立。文化育人的核心目标是立德，即培育社会主义道德，树立社会主义核心价值观。

党的十八大报告要求把"立德树人"作为教育的根本任务，为高校育人工作指明了方向。这里提出的"立德树人"，一方面，强调了"德"在人的德智体美劳诸种素质中的核心地位和德育在高职院校各项工作中的首要地位，教学、科研、管理都要服务于"立德"；另一方面，强调"立德"是"树人"的一种方式，树人需要立德，立德才能树人。社会主义现代化事业需要培养德智体美劳全面发展的社会主义建设者和接班人，这决定了"立德树人"要立的"德"是社会主义所需的德。

习近平总书记也多次强调要加强思想道德建设，培育和弘扬社会主义核心价值观，弘扬中华传统美德和时代新风，构筑中国精神，为中国特色社会主义事业提供精神动力和道德滋养等。而文化育人作为以社会主义思想道德建设为核心内容的思想政治教育实践活动，其核心目标就是立德，是用社会主义核心价值观凝魂聚力，立社会主义道德。① 社会主义道德是以为人民服务为核心、以集体主义为准则的道德。它是以社会主义公有制为基础的经济关系和社会关系的反映，并且是为维护公有制为主体的经济基础和人民群众的根本利益服务的。社会主义道德是青年学生健康成长和全面发展的关键，也是我国社会主义现代化建设事业顺利发展并取得成功的关键。

文化是德育的不竭资源。人的思想品德的形成离不开知识教育，更离不开文化的滋养。知识教育更多地关乎思维，文化滋养则关乎整个人的存在，首先就是人的心灵生长。正如刘铁芳所言，"优良的教育在任何时候都应该让个体找到生命的生长与生成感""教育如不能激发个体自我成长的内在力量，则必然走向被动灌输，就不可能有健全自我的生长、生成"。② 文化滋养对人的思想品德的形成具有至关重要的作用。任何一个单位、一个团队的发展都离不开良好的文化。文化是魂，只有加快建设文化高地，培育和践行社会主义核心价值观，让文化的影响力、凝聚力、感召力更加充分地展示出来，才能引导团队成员同心同德、同向同行、同频共振，才能在学校的发展与建设中形成合力，拧成一股强大的力量。精神文化是学校文化的核心内容，是学校群体在长期的教育教学实践中积淀起来的共同心理和行为中体现出来的理念、价值体系、心理特征及精神价值传统。它构成了学校文化的内核，决定着教育者的思维方式和工作态度，决定着学校的校风、学风和教风，归根到底决定并制约着学校文化系统的取向和性质。这种精神是学校办学传统与办学经验的文化积淀，它植根于其悠久的历史与深厚的校园文化底蕴，是全体师生认同的一种群体意识，是学校的一种"教育场"，是学校的"精、气、神"。它赋予学校特有的个性魅力，是学校群体凝聚力、向心力和战斗力的体现。③ 因此，要加强大学文化建设，推进立德树人使命的实现。④

文化育人是传播和落实社会主义核心价值观的关键载体。文化育人是一个宽广的范畴，它是隐性的、间接的，具有渗透性的。它可以超越学校、课堂和书本，以

① 骆郁延，郭莉."立德树人"的实现路径及有效机制 [J]. 思想教育研究，2013（7）：45-49.
② 刘铁芳. 教育，就是人文化的过程 [N]. 光明日报，2014-11-18（14）.
③ 韦霞. 立德树人 以文化人——论新时代学校文化的再建构 [J]. 思想政治课教学，2018（8）：23-25.
④ 卢效坚，赖沁. 基于立德树人高校校园文化建设路径研究 [J]. 知识经济，2018（1）：147，149.

一种无声无形的方式影响着人们的观念、信仰、态度和行为，最终内化为不可剥离的固有意识。高职院校良好的文化育人环境为个体的发展提供了正确的价值观导向，其多元的文化育人方式为社会主义核心价值观教育提供了新路径，其丰富的文化育人内容为社会主义核心价值观的认同奠定了基础。高职院校文化育人能够引导个体树立正确的价值观，通过思想道德、科学文化、社会角色意识方面的教化，使人们在社会文化的浸润中确立正确的思维方式、价值取向和行为模式。①高职院校要结合社会发展和学校的实际，把社会主义核心价值观与中华优秀传统文化、特色校园文化、职场文化以及网络文化有机结合起来，打造多种文化共同作用、共同发力的文化架构，充分利用文化育人的优势和特点，把培育和践行社会主义核心价值观真正融入高职院校文化育人的过程之中，形成合力，求得实效。②

文化育人的最高境界是培育社会主义理想人格。所谓理想人格，就是人们依据一定的社会道德准则所力求实现的完美人格，它是时代精神的体现，离开一定的社会历史条件和社会实践，理想人格便无从谈起。社会主义理想人格所承载的内涵，是随着社会主义社会现代化建设的发展而不断发展的。改革开放初期，邓小平根据社会主义初级阶段的历史任务和战略目标提出了培育"四有"新人的思想。培育"四有"新人，就是适应中国特色社会主义现代化建设和中华民族伟大复兴的需要，培养有远大的共产主义理想，有高尚的社会主义道德情操，有深厚的科学文化知识底蕴，有克己奉公、廉洁自律精神的一代社会主义新人。塑造社会主义理想人格的基本目标就是培养"四有"新人。随着改革开放的不断深入和社会主义市场经济的不断发展，社会主义理想人格的内涵除了"四有"以外，还在身心素质、社会适应、人生态度、价值观念等多方面有所拓展，社会发展需要全面发展的人。③人的全面发展"是一个逐步提高、永无止境的历史过程"。④

（2）树人。文化育人是要把学生培养成为德才兼备、全面发展的人才。其强调立德为先，树人为本，除了立德之外，还要着力树人。"树人"语出《管子·权修》："一年之计，莫如树谷；十年之计，莫如树木；终身之计，莫如树人。"用今天的话说，树人就是促进学生全面发展，即使学生具备一定的专业知识和能力素质，并根据学生个人的兴趣、爱好、禀赋、倾向，对学生进行个性化培养，使其具备在某一领域胜任某项工作的素质和能力，具有一定的业务专长⑤。

人的全面发展"是社会主义社会的本质要求"⑥。社会主义的本质是解放和发展生产力，而解放和发展生产力最关键的是要促进生产力诸要素中最活跃的要素——"人"的全面发展。人的全面发展是指"人的自我意志获得自由体现，人的各种需要、潜能素质、个性获得最充分的发展，也是人的社会关系的全面发展，是人的社会交往的普遍性和人对社会关系的控制程度的高度发展"。⑦人的全面发展包括理性的文化自觉、高尚的思想品德、健全的个性人格、良好的艺术鉴赏力等各

① 陈俊. 文化育人视域下大学生社会主义核心价值观教育探究［J］. 社会纵横，2018（6）：123-125.
② 林素琴，邵汉强. 文化育人视角下的高职院校社会主义核心价值观培育［J］. 淮海工学院学报：人文社会科学版，2016（6）：138-140.
③ 郝桂荣. 高校文化育人研究［D］. 沈阳：辽宁大学，2017：28.
④ 江泽民. 江泽民文选（第3卷）［M］. 北京：人民出版社，2006：284，295.
⑤ 刘娜，杨士泰. 立德、树人理念的历史渊源与内涵［J］. 教育评论，2014（5）：141-143.
⑥ 乔翔. 马克思人的解放思想研究［M］. 北京：中国社会科学出版社，2012：241.
⑦ 韩延明，等. 大学文化育人之道［M］. 北京：高等教育出版社，2013：120.

个方面综合素质的提升。它是人在主体性发展中合规律性与合目的性的统一，是人真善美三境界的和谐统一，是人主体性发展的最高境界。人的全面发展，体现为人与自然、社会关系的和谐统一，与社会主义先进文化发展相互影响、相互促进。①

人的全面发展理论是马克思主义的经典理论。马克思主义认为，人的全面发展，是指自然和社会长期发展而赋予每个人的一切潜能的最充分、最自由、最全面的调动。它包括个人才能的全面和谐发展和个性的充分自由发展。人的全面发展是由人的平等发展、完整发展、和谐发展和自由发展构成的。马克思主义认为，社会主义的本质是保证社会生产力和人的全面发展的统一。实现人的全面发展，是社会主义区别于其他社会形态的本质特征，是社会主义优越性的集中体现。马克思主义所提出的人的全面发展目标，是对人类历史发展做出的科学分析和正确预见，是马克思主义追求的崇高理想和价值归宿，是我国科学社会主义的出发点和落脚点。②

我国历来重视和不断追求人的全面发展。党的十六大报告提出："形成全民学习、终身学习的学习型社会，促进人的全面发展。"党的十七大报告提出："促进人的全面发展，做到发展为了人民、发展依靠人民、发展成果由人民共享。"党的十八大报告提出："尊重人民首创精神，保障人民各项权益，不断在实现发展成果由人民共享、促进人的全面发展上取得新成效。"党的十九大报告提出："必须坚持以人民为中心的发展思想，不断促进人的全面发展、全体人民共同富裕。"促进人的全面发展，显而易见，是社会主义文化建设的题中应有之义。我们进行社会主义现代化建设，归根到底是为了促进人的全面发展。

文化是人类特有的生存和发展方式，是将人区别于其他所有生命体的根本特性。恩格斯曾指出："最初的、从动物界分离出来的人，在一切本质方面和动物本身一样是不自由的，但是文化上的每一个进步，都是迈向自由的一步。"③文化与人的发展是密不可分的，"如果没有人的实现，文化便不能存在，但没有文化，就一无所有。这两者之间都有互相不可分离的作用。任何从这个整体中分离出两个交织部分的企图，都必然是人为的"④。人作为客观的社会存在，从事着一定的物质生产活动，人的社会关系随着社会实践的变化而丰富、发展。因此，人的全面发展必定是多方面发展完善的过程。"人的每一项基本活动，都是在一定的物质基础和社会制度框架内，由一定的观念指导而进行的。这种指导人们基本活动的观念，本身就是文化的重要内容"⑤。不难看出，人的主体性的不断完善，使得文化这一人的创造物不断发展；文化的不断进步，又促使人的主体性不断完善。作为人类独特的生活样式，促进人的个性解放、最终实现人的全面发展是文化的根本功能。

实现大学生的全面发展，是高职院校文化育人的终极目的，也是高职教育的根本诉求。高职院校文化的本真功能就是"以文化人"，即教化人、塑造人、熏陶人、培养人，就是使大学生成为个性充分发展、身心健康、体现社会责任、具有道德修

---

① 郝桂荣. 高校文化育人研究 [D]. 沈阳：辽宁大学，2017：28.
② 韩延明，郭峰. 大学文化与大学生全面发展 [J]. 现代教育论丛，2013（4）：2-6.
③ 马克思，恩格斯. 马克思恩格斯选集（第1卷）[M]. 中共中央马克思恩格斯列宁斯大林著作编译局，译. 北京：人民出版社，1995：456.
④ 兰德曼. 哲学人类学 [M]. 张乐天，译. 上海：上海译文出版社，1988：266.
⑤ 杜时忠. 当前学校德育的三大认识误区及其超越 [J]. 教育研究，2009（8）：78-82.

养、富于创新精神的全面发展的人。①

在马克思看来，人的全面发展并非一蹴而就，而是一个循序渐进地向自由迈进的历史过程。只有在生产力和生产关系高度发达的共产主义社会，人的全面发展才能真正实现。因此，社会文化发展的每一个进步，都意味着人在全面发展的进程中又前进了一步。发展先进文化与促进人的全面发展是相辅相成、辩证统一的。人的全面发展需要有先进文化的教化和滋养，同时，先进文化的发展也需要以人的全面发展为推动条件。②

（3）自信。在坚定中国特色社会主义道路、理论和制度三个自信的基础上，习近平总书记强调还要坚定文化自信，强调它是"更基本、更深沉、更持久的力量"。③在党的十九大报告中，习近平总书记再次强调文化的重要性，提出要坚定文化自信，推动社会主义文化繁荣昌盛。④要实现社会主义共同理想，要推动中华民族伟大复兴，都需要有社会主义文化自信作基础。文化育人主要是通过社会主义先进文化影响人、塑造人，增进大学生对社会主义文化的理解和认同，其最基础的目标就是培育社会主义文化自信。⑤

文化是一个民族的血脉，是一个民族的重要依托。一个民族自身对其文化的认同，是这个民族不断进步的重要因素之一，因此文化自信十分重要，只有对本民族的文化自信，才能更好地在世界上弘扬本民族的文化。文化自信是一个政党、一个民族、一个国家对自身文化价值的充分肯定和积极践行，并对其文化的生命力持有坚定信心。习近平总书记指出："文化自信是一个国家、一个民族发展中更基本、更深沉、更持久的力量。必须坚持马克思主义，牢固树立共产主义远大理想和中国特色社会主义共同理想，培育和践行社会主义核心价值观，不断增强意识形态领域主导权和话语权，推动中华优秀传统文化创造性转化、创新性发展，继承革命文化，发展社会主义先进文化。不忘本来、吸收外来、面向未来，更好构筑中国精神、中国价值、中国力量，为人民提供精神指引。"中华民族拥有优秀传统文化的底蕴，拥有在中国革命、建设、改革的伟大实践过程中孕育的革命文化和社会主义先进文化。这种在优秀传统文化基础上的继承和发展，夯实了文化建设的根基，奠定了文化自信的强大底气。⑥

文化自信是建立在文化认同的基础之上的。文化认同，主要指个体对本民族文化的内涵价值与现实意义的一种理性认知、肯定性评价以及一种强烈的归属。它回答的是关于"我（们）是谁""我（们）从哪里来""我（们）到哪里去"的问题⑦。文化认同本是心理学的重要研究领域，认同是个人与他人、群体或被模仿人物在情感上趋同的过程⑧。在文化多样性成为潮流和趋势的今天，文化认同

① 韩延明，郭峰. 大学文化与大学生全面发展 [J]. 现代教育论丛，2013（4）：2-6.
② 郝桂荣. 高校文化育人研究 [D]. 沈阳：辽宁大学，2017：29.
③ 陈俊卿. 坚定文化自信 推动文化发展 [N]. 人民日报，2016-10-20（7）.
④ 习近平. 决胜全面建成小康社会 夺取新时代中国特色社会主义伟大胜利 [M]. 北京：人民出版社，2017.
⑤ 郝桂荣. 高校文化育人研究 [D]. 沈阳：辽宁大学，2017：29.
⑥ 刘敏. 高职院校文化自信建设浅探 [J]. 文教资料，2018（27）：71-72.
⑦ 刘黎黎. 当代大学生文化认同的困境及路径探索 [J]. 江西电力职业技术学院学报，2018（8）：153-154.
⑧ 车文博. 弗洛伊德主义原理选辑 [M]. 沈阳：辽宁人民出版社，1988：375.

成为一个多学科交叉的热点领域①。文化认同甚至被赋予军事、经济等"硬实力"所无法比拟的力量。文化认同被视为"人们对一定文化的理解、接受、保护和实践过程；它的最高境界是使人们把一定文化价值观促成自己内在的坚定信念，并形成一定的行为模式和生活方式"②。文化认同无论是从国家的宏观层面还是从微观的个体心理层面看，都具有一种"根基"的作用。当代大学生是国家和民族的未来，是实现伟大"中国梦"的坚实力量。在异质文化的交汇与碰撞中，无论是传统还是现代、东方还是西方，当代大学生应把所有的经验和智慧都吸收融入中华文化的母体中，为今天所用，主动传承、传播和引领中华文化，从文化认同走向文化自信。

文化认同和文化自信是高职院校发展的精神动力。其体现为高职教育工作者办好高职教育的理想、信念和满怀热情的身体力行，高职学生学好职业技术、技能的信心和从事这一职业的自豪，高职院校在弘扬职业教育理念、办好具有特色的职业教育方面的努力探索和积极践行③。

2. 文化育人的作用

中国科学院院士杨叔子说过："大学的主旋律应是'育人'，而非'制器'，是培养高级人才，而非制造高档器材"。高职院校培养的人才不仅要具有熟练的专业技能，还要具备高尚的道德品质和较高的职业素养。要推进高职院校人才培养的素质教育，必须加强学院文化建设，发挥文化育人的重要作用。

高等职业教育与普通高等教育的显著区别在于其培养的人才更注重与岗位需求相匹配。在高职人才培养过程中，由于职业岗位的需要，高职院校非常注重培养学生的专业技能，对其人文素养的培养不够重视，也缺乏量化的衡量指标④。在新形势下，高职院校必须坚守文化自信，把高职教育同文化育人紧密结合起来，着眼于加强学生的人文素养，提高学生的综合素质，用文化来教育、感染、熏陶学生，使文化在潜移默化中影响学生的思想意识、行为举止，从而使学生坚定理想信念、提升道德品性和创新能力，成为党和国家所需要的技术技能型人才。⑤现阶段，高职院校文化育人的作用主要体现在以下方面：

（1）满足经济和社会发展的需求。高职院校文化育人机制的不断创新能够为自身建立社会需求型人才培养体系提供坚实的基础。现阶段，高职教育旨在为社会培养富有创新精神和创新能力的高素质技能型人才。为实现其教学目标，高职院校应该进行高职教育的创新发展，只有这样才可以使人才培养体系逐渐完善。近年来，随着经济社会的日益发展，市场竞争变得愈发激烈。对企业来说，要想在激烈的市场竞争中处于优势地位，必须引入大批具备高技能以及高素质的社会需求型人才。对高职院校来说，其文化育人机制不仅能够满足企业对人才的需求，而且能够培养出更多的创造性人才。除此之外，创新高职院校的文化育人机制，能够为中国科学

① 董莉. 心理学视野中的文化认同 [J]. 北京师范大学学报，2014（1）：68-75.
② 吴灿新. 文化认同与和谐社会建设 [J]. 广东社会主义学院学报，2006（3）：49-53.
③ 祝士苓，张淑玲. 高职院校文化自信培育的路径探讨 [J]. 天津职业院校联合学报，2018（8）：20-25.
④ 殷海芳. 高职院校文化育人机制探索 [J]. 吉林省教育学院学报，2014（5）：118-119.
⑤ 李博. 文化自信视域下高职院校文化育人途径分析 [J]. 佳木斯职业学院学报，2018（4）：15.

技术以及生产力水平的不断提高注入新的活力。[①]

（2）推动高职教育的内涵式发展。高职教育内涵式发展道路分为四个阶段，分别是：第一阶段以规模求发展，第二阶段以质量求发展，第三阶段以品牌求发展，第四阶段以文化求发展[②]。我国高职教育经过示范性建设阶段，质量与品牌的理念已经深入人心。当前及未来一段时期，高职教育发展的关键是在推进文化育人、思想文化创新和产业文化融合中有所作为，发挥其文化传承的载体作用，强化立德树人的根本任务，着力培养学生的社会责任感、创新精神和实践能力。这是高职教育文化育人的核心任务，也是高职教育内涵建设与可持续发展的必由之路。文化育人已成为高职教育内涵建设的重中之重。党的十八大报告对教育做出了专门的阐述，指出"要把立德树人作为教育的根本任务"，强调要着力提高教育质量，关键是培养学生的社会责任感、创新精神和实践能力，要加快发展现代职业教育，则应推动内涵式发展[③]。

当前，高职教育内涵建设片面强调专业技能培养，专业建设、课程改革、实训基地建设等围绕职业知识和职业技能教育的内容成为内涵建设的主体，仅仅满足于让学生获得某种职业所需的专业知识和技能，而对独立人格、健康心理、创新实践能力、社会适应能力的培养重视不够，致使高职学生普遍存在人文素质偏低、人文知识缺乏、人文精神淡薄、职业精神不强等问题。提高高职人才培养质量，必须发挥文化育人的核心作用，改变高职教育内涵建设的片面性。[④]

党的十九大报告明确指出，文化自信是一个国家、一个民族发展中更基本、更深沉、更持久的力量。高校是弘扬文化精神、彰显文化力量的重要阵地，这就要求高职院校要以提高教育质量为目标，注重培养学生的社会责任感，提高学生的创新能力和实践能力，加快职业教育的发展，推动学校内涵建设。高职院校不仅要在专业建设、课改、校企合作上下功夫，更要在学生的人格、心理健康、创新意识、实践技能、社会适应能力等方面做功课，充分发挥文化育人的核心作用，提高文化软实力，促进文化兴校、文化强校，推动内涵建设全面发展。[⑤]

（3）提高国家的高职教育水平，推进德育创新。文化育人工作事关高职院校的教学和人才培养质量。通过不断创新文化育人机制，帮助学生树立正确的世界观、人生观和价值观，增强其社会责任感和民族自豪感，将文化教育与教学工作相结合，进而推进高职教育水平的提高。同时，通过开展文化育人工作，可以不断创新德育理念，树立人人都是德育工作者的意识，将文化育人融入教育教学的全过程，促进学生的全面发展。[⑥]

对于高职院校，其文化建设和人才培养之间存在着十分紧密的关系，在很大程度上会对所培养人才的质量产生直接影响。随着社会的不断发展以及教育机制改革的日益推进，同样需不断对高职院校的文化建设进行创新，最终提升校园文化品

① 杨旸. 高职院校文化育人机制创新研究 [J]. 市场周刊：理论研究，2015（10）：84-85.
② 李辉，牛晓艳. 注重示范院校内涵建设 打造高职校园文化 [J]. 中国职业教育，2010（8）：79-81.
③ 吴昀辰. 基于校企合作视角下高职院校生态校园文化的构建 [J]. 天津职业大学学报，2011（5）：20-22.
④ 卢亚莲. 文化育人：高职教育内涵式发展的必由之路 [J]. 河北广播电视大学学报，2014（10）：96-98.
⑤ 李博. 文化自信视域下高职院校文化育人途径分析 [J]. 佳木斯职业学院学报，2018（4）：14-15.
⑥ 李博. 文化自信视域下高职院校文化育人途径分析 [J]. 佳木斯职业学院学报，2018（4）：14-15.

位。同时，高职院校要始终坚持以人为本的基本原则，大力推动校园主流文化的形成，从而使社会主义主流文化得到推进。所以，文化育人机制的创新，能够推动学生树立正确的价值观以及人生观，能够有效激发学生的民族自豪感以及社会责任感，充分结合人文素质以及科学素质，从而推动高职院校的育人质量不断提高。①

（4）推进中华传统文化的传承与创新。高校作为中华传统文化传承与创新的重要基地，在继承和发扬中华传统文化方面起着重要作用，这不但是高校自身的使命，更是社会和国家的要求。习近平总书记在北京大学师生座谈会上强调："中华文明绵延数千年，有其独特的价值体系。中华优秀传统文化已经成为中华民族的基因，植根在中国人内心，潜移默化影响着中国人的思想方式和行为方式。""以文化人、以文育人"，不但可以通过文化熏陶、感染学生，培养他们正确的人生观和价值观，还能通过传承和创新的方式，把中国优秀的传统文化一代代延续下去。②

（5）充分满足学生个人发展的需求，提高育人成效。文化育人是高职院校进入内涵发展阶段的必然选择，是实现高职院校培养目标的必然要求，文化育人在高职院校的人才培养中发挥着重要作用。强化文化育人功能是满足学生个人发展、提高高职院校人才培养成效的重要途径。任何技能的培育、提高和发展，都要建立在一定的文化基础之上。③文化素养不高的人，不可能成为一名高素质的专业技能人才，因此要通过文化育人，不断提高从业者的基本素质，增强高职学生的职业能力和学习能力，为满足社会、企业对其职业技能的需求奠定坚实的文化素质基础。④

高职院校只有重视文化建设，不断丰富学校文化建设内涵，将学校文化作为推动学校发展的软实力，通过学校文化的建设和文化品牌的打造，构建高职院校文化育人机制，多途径开通文化育人路径，才能形成浓厚的文化育人氛围。学校文化潜移默化地发挥教育的力量，文化育人的功能才能得以显现，真正提升育人成效⑤。具体来说，文化育人可以为学生的全面发展提供良好的环境支持；可以为学生的个性发展创造条件；可以促进学生职业素质和综合素质的提高，从而起到促进学生职业发展、事业发展和可持续发展的作用。毛元金、陈慧仙对此进行了专门论述⑥：

第一，文化育人可以为学生的全面发展提供良好的环境支持。任何人都是在一定的环境中成长的，环境熏陶在人的成长中发挥着重要作用，良好的环境有助于人的健康成长和全面发展。高职院校作为培养高素质技术技能型人才的高等院校，要重视环境育人的功能，发挥环境育人的作用，通过文化育人的实施，创建充满文化气息的校园环境。学生在这样的环境中就会受到教育、受到感染、受到熏陶。充满

① 杨旸. 高职院校文化育人机制创新研究 [J]. 市场周刊：理论研究，2015（10）：84-85.
② 程伟."素质引领、文化驱动"——探索高职院校文化育人模式 [J]. 开封教育学院学报，2017（9）：199-200.
③ 鲁伟，刘承赫. 用人单位对高等职业院校毕业生评价的调查研究 [J]. 教育学术月刊，2013（10）：88-91.
④ 卢亚莲. 文化育人：高职教育内涵式发展的必由之路 [J]. 河北广播电视大学学报，2014（10）：96-98.
⑤ 殷海芳. 高职院校文化育人机制探索 [J]. 吉林省教育学院学报，2014（5）：118-119.
⑥ 毛元金，陈慧仙. 试论文化育人在高职院校人才培养中的重要作用 [J]. 思想战线，2015增刊：111-113.

文化气息的校园环境，会为学生的全面发展提供良好的环境支持。具体来说，文化育人可以为学生的全面发展提供四个方面的环境支持，即生动活泼的校园环境、团结协作的校园环境、积极向上的校园环境和互帮互学的校园环境。

第二，文化育人可以为学生的个性发展创造条件。高职学生在成长过程中会受到成长环境、家庭教育、生理因素等多方面的影响，从而形成有别于其他人的个性特征、心理品质、发展潜能和特长。在现代社会中，我们不仅要强调人的全面发展，还要强调人的个性发展。促进社会成员的个性发展、特色发展，既是现代社会发展的基本趋势，也是培养高素质人才的重要途径。高职学生要在全面发展的基础上，实现自身的个性发展和特色发展，这样才能适应现代社会的要求，才能成为高素质的技术技能型人才，才能成为合格的中国特色社会主义事业的建设者和接班人。高职院校文化育人的实施，不仅可以为学生的全面发展提供良好的环境支持，而且可以为学生的个性发展创造条件。这主要体现在三个方面：①文化育人可以为学生的个性发展提供多条路径的选择；②文化育人可以为学生的个性发展营造良好氛围；③文化育人可以为学生的特色发展创造条件。

第三，文化育人可以促进学生职业素质的提高，从而起到促进学生职业发展和事业发展的作用。高职院校以培养生产和服务第一线的高素质技术技能型人才为基本目标。要实现高等职业教育的培养目标，使学生毕业以后能够成为合格的职业劳动者，高职院校必须注重学生职业素质的培养。学生只有具备了较高的职业素质，才能适应社会及职业的需要，才能成为合格的职业劳动者，并在此基础上实现自身的职业发展和事业发展。高职院校文化育人的实施，可以起到促进学生职业素质提高的作用。文化育人在高职学生职业素质提高中的作用主要表现在三个方面：①文化育人所形成的积极向上的学习氛围有助于学生职业素质的提高；②文化育人系列活动的开展有助于学生职业素质的提高；③文化育人实施中企业文化和学校文化的融合有助于学生职业素质的提高。

第四，文化育人可以促进学生综合素质的提高，从而起到促进学生可持续发展的作用。在社会关系日趋复杂多样、竞争日趋激烈的当下，个人可持续发展的程度往往取决于其综合素质的高低。一般情况下，个人的综合素质越高，其可持续发展的能力就越强，人生、事业和职业发展的程度就会高一些；而个人的综合素质不高，就会影响其认识能力、判断能力、工作能力的提高，最终影响到其事业、职业和人生发展的程度。高职院校的文化育人，不仅可以提高学生的职业素质，而且可以提高学生的综合素质，为学生的可持续发展提供素质基础。文化育人在高职学生综合素质提高中的作用主要表现在三个方面：①文化育人所形成的文化氛围有助于学生综合素质的提高；②文化育人系列活动的开展，可以提高学生的实践能力，有助于学生综合素质的提高；③文化育人活动的开展有利于学生多种能力的发展，从而起到提高学生综合素质的作用。[①]

---

① 毛元金，陈慧仙. 试论文化育人在高职院校人才培养中的重要作用［J］. 思想战线，2015 增刊：111-113.

五、文化育人存在的问题

叶圣陶曾说过："教育是农业而不是工业""教育的方式主要是帮助优秀人性的自然生成"。高职教育承担着培养数以万计的高素质劳动者和技术技能型人才以支撑中国从制造大国迈入制造强国的历史使命。因此，高职教育不仅要高度重视受教育者的职业技术技能培养，更要通过文化育人战略，增强大学生对不同职业的适应性和工作实践中的创造性，并帮助学生树立正确的理想、信念、抱负和美好天性，提升生命质量[①]。

文化育人作为实施素质教育的重要途径，"是文化素质教育思想新的发展[②]"。近年来，随着高职教育的内涵发展和文化素质教育的普遍开展，大部分高职院校都开展了丰富多彩的校园文化活动，为文化育人工作提供了鲜活的载体；思想政治理论课教师在教学过程中注重帮助学生树立正确的世界观、人生观和价值观，为文化育人工作做出了不懈努力。特别是 2011 年以来举办的六届全国职业院校"文化育人高端论坛"，在全国高职院校乃至全社会引起了极大关注和强烈反响，高职教育"重技能轻人文"的现象有所好转，文化育人工作也逐渐得到了职教界的重视和关注，一批办学质量较好的品牌高职院校率先开展了文化育人的理论研究和实践探索。比如，深圳职业技术学院以"文化引领技能型人才培养"理念打造文化校园，浙江经济职业技术学院以中华诗教培养"和谐职业人"，浙江金融职业技术学院构建诚信文化、金融文化、校友文化"三维文化"育人体系，这些院校的做法取得了良好的育人效果，在高职教育界引起了热烈反响。[③]但是，目前不管通过何种途径开办的高职院校，其办学时间都不长，文化积淀薄弱，存在一些先天不足的情况，高职院校文化育人在其跨越式发展中并未受到应有的重视，加之由于文化的多样性和整体复杂性，对于什么是文化育人，应该树立怎样的价值理念，应该选择什么样的文化对学生进行教育和熏陶，仍然是许多高职院校开展文化育人工作面临的困惑和难题。归纳起来，高职院校文化育人存在以下一些问题：

1. 思想认识不够深刻，对文化育人缺乏顶层设计

由于"我国高职教育的快速发展正处在全社会'重物质，轻精神'的氛围中，办学理念普遍存在'重功利，轻素质；重技能，轻人文'的倾向"，高职院校对教育的本义、对文化育人重要性的认知还不够到位，特别是一些高职院校的领导对文化育人的内涵和实质认识不够，领悟得不深，对文化育人在学校发展过程中所起的重要作用认识不足。近年来，一些高职院校在物质文化建设上舍得花钱，搞建筑、买仪器设备、修道、种草、栽花，对这些外在的、收效快的项目比较重视，但对隐性的、潜在的精神文化的建设积极性不高。事实上，文化育人是学校的一项长期的

① 朱爱胜，承剑芬，奚小网，等. 高职院校文化育人体系构建与实施路径——以无锡职业技术学院为例 [J]. 无锡职业技术学院学报，2018（1）：1-5.
② 蔺伟，苟曼莉. 高校文化育人的工作原则和实现途径 [J]. 中国高等教育，2017（2）：37-39.
③ 朱爱胜，承剑芬，奚小网，等. 高职院校文化育人体系构建与实施路径——以无锡职业技术学院为例 [J]. 无锡职业技术学院学报，2018（1）：1-4.

系统工程，是一项"随风潜入夜，润物细无声"的工程，它对内涵建设的要求很高，一所好的学校的气质与内涵以及文化底蕴，不仅仅是从"大楼"上更要从"大师"身上透射出来。①

由于对文化育人的认识不深，一些高职院校的文化育人工作缺乏顶层设计和统筹规划，对文化育人理念、文化建设内容和文化育人体系缺乏系统性研究，常常以开设一些文化素质课程和文化讲堂，或者以校园文化活动来代替文化育人的整体设计。同时，没能把文化育人置于学校办学理念和价值取向的大背景下，割裂了人才培养模式、师资队伍建设与文化育人之间的关联性，缺乏文化育人的系统性、持续性，文化育人工作不能统筹规划，教务处、学生处、团委等职能部门常常各管一条线，难以形成合力②。

2.本位主义的"执着"和功利主义倾向，导致忽视学校文化育人工作

职业性是高职教育的基本特征，在高职院校的人才培养过程中，学校及教师往往专注于学生专业技能的习得，不够重视或忽视了学生人文素养的养成。"在某种程度上对技能过于本位化的思想，难免使教育出来的学生的文化积累略显单薄并缺乏可持续发展性"③。这既影响了学生个体的全面发展，也危及了学校自身的长足发展。一方面，日益开放的市场经济需要大量的专业技术人员。高职教育的大发展也是基于市场的广泛需求，这也促使以专业知识、职业技能、就业为本位的思想占据了高职教育的主流市场，高职院校更有动力加大实习实训基地建设，提高学生的专业技能，这种显性的效果是立竿见影的。另一方面，高等教育产业化的弊端之一——学校的功利主义倾向日趋明显。学校在生存与发展的重压下更重视市场利益，轻视乃至忽视学校文化建设。高职院校的学生已然成为一件件产品，经过三年的教育加工能够实现就业，进入行业企业一线，就被认为是合格的教育和成功的教育。一些高职院校为了追求高就业率，在育人方式上过于功利化，知识教育唯上。国家法律政策对高职院校学生的技能、实训等有明确的要求，而对人文素质、职业道德只有抽象的表述，也导致高职院校的价值诉求出现偏差。④

3.高职院校教书育人、管理服务与文化育人不相适应

首先，教书育人与文化育人不相适应。在高职院校的人才培养方案中，课堂教学是教书育人的主渠道。高职院校由于学制较短，课时较少，在课程设置上很难兼顾到文化素质教育，往往重点安排实用知识技能课程，文化素质教育课程常以"必需够用"的原则进行精选，课时安排非常有限，甚至依托课外选修或校园文化活动来完成，这与培养高素质人才的要求存在非常明显的差距。

其次，管理服务与文化育人不相适应。高职院校的文化育人过程应形成全员育

① 江秀华.高职院校文化育人的探索与实践[J].兰州石化职业技术学院学报，2010（9）：63-66.
② 朱爱胜，承剑芬，奚小网，等.高职院校文化育人体系构建与实施路径——以无锡职业技术学院为例[J].无锡职业技术学院学报，2018（1）：1-4.
③ 陈云涛.高职院校文化育人体系的构建与思考[J].高教探索，2009（4）：113-115.
④ 吉冬梅.困境与愿景——剖析高职院校文化育人之现状[J].辽宁医学院学报：社会科学版，2012（2）：89-91.

人的工作格局，但当前的现状是部分高职院校全员育人的理念还有待进一步提升，文化育人的自觉意识还有待加强。不管是教师还是管理服务人员，都应自觉树立文化育人意识，并将其渗透到教学、管理和服务的方方面面。学校各相关部门、二级学院（系）、教学部等在文化育人工作中要形成合力，打造文化育人的系统工程，真正实现用文化育人的理念来指导文化育人实践。①

4. 文化育人机制创新不够，缺乏合理有效的质量评价体系

当前，迅速发展的社会形势要求高职教育必须在文化育人机制的方法和途径上加以开拓和创新，使高职学生的人才成长规律与社会需求相符合。我国高职教育发展 20 多年来，虽然其办学目标明确，但是实现目标的方法、途径却存在着严重的滞后性，尤其在育人机制上仍旧沿用传统的模式，倾向于理论知识的传授，缺乏实践教学，或者是对其他一些成功案例进行盲目效仿，不能有效地激发学生对文化育人机制创新的兴趣，使得学生学习的主动性和积极性下降，难以取得文化育人的根本效果。部分高职院校文化活动的引导和管理力度不强，在组织开展校园文化活动时，注重的只是形式上的追求，忽略了内容的重要性，严重影响了文化育人机制的创新发展。②

（1）对文化育人机制创新的重要性缺乏足够的认识。经过 20 多年的发展，我国高职院校建设取得了非常大的成绩，然而，其文化育人机制创新仍然存在非常严重的问题。学生综合素质一定要在实践过程中得到培养，但是我国高职院校对文化育人机制创新的作用缺乏充分的认识，这就在一定程度上削弱了文化育人机制创新的效果，使其创新仅仅成为一种表面现象，并最终阻碍了高职院校教学质量的提高以及学生的全面发展。

（2）对文化育人机制创新的资金支持力度不足。现阶段，我国教育部门对文化育人机制创新的重视程度严重不足，资金投入相对较少；同时，我国高职院校的教育经费相对较少，在很大程度上对文化育人机制创新形成阻碍，严重制约了实践教学的顺利实施。除此之外，社会对高技能人才的要求相对较高，所以，高职院校一定要努力将自己的实验室以及校外实训基地建立起来，为学生实践技能的培养提供条件，从而为社会发展培养需求型人才。然而，在资金以及时间严重不足的前提下，很难配置上较好的实践性教学设施，从而使高职院校文化育人机制创新工作的顺利实施有非常大的难度。

（3）在文化育人机制创新方面缺乏合理有效的质量评价体系。对文化育人来说，其机制创新属于一个崭新的方向。随着高职教育机制改革的日益推进，大部分高职院校均构建起了教学质量评价体系，但缺乏科学性以及规范性。其主要表现为：在创新文化育人机制的推进过程中，缺乏统一的考核评价标准，使得高职教师在教学过程中各行其是，而学校很难对教师的创新水平做出科学、客观的评估，从而对文化育人机制创新的效率产生了较大影响。③

① 殷海芳. 高职院校文化育人机制探索［J］. 吉林省教育学院学报，2014（5）：118-119.
② 胡烨丹. 高职院校文化育人机制创新路径探析［J］. 中国职业技术教育，2012（34）：85-87.
③ 杨旸. 高职院校文化育人机制创新研究［J］. 市场周刊：理论研究，2015（10）：84-85.

5. 文化育人的内容和途径缺乏区域特色和时代特色

高职教育是与地方产业或行业结合得最紧密的高等教育。由于区域和行业、产业的不同，文化也各有差异，因此，高职院校应该根据学校所在行业或产业的文化和区域文化的特点来确定文化育人的内容、方式和途径，既要讲究整体性设计，也要注重历史积淀和与时俱进。但是当前许多高职院校缺乏对服务面向、发展特色、生源特点等的研究，文化育人缺乏特色，有的教育内容和形式过于生硬与直接，习惯于传统的课堂灌输，学生认可度、接受度不高；有些校园文化活动因缺乏理念设计和思路创新，活动缺乏内涵、流于形式，学生参与度不高；或者将大同小异的校训、标语、口号等当作学校文化建设重点，貌似很有文化，实际上无文化，缺乏与人才培养目标相匹配的文化特质与个性，难以取得应有的育人效果[①]。如何搭建文化融合的平台和桥梁，提高学生的产业文化素养等软实力，在校企合作中经常被忽略，成为校企合作的一大难点，学校与行业企业联合进行的文化育人往往只是通过某一活动或岗前培训的方式进行，使文化育人处于浅层次，难以彰显出高职院校文化育人应有的特色。[②]

6. 文化育人片面追求活动的规模、数量或形式，缺少文化内涵

校园文化活动和社会实践是高职院校文化育人工作的重要载体和途径。各项校园文化活动是课堂教育教学的延伸，是从文化知识向文化能力、文化素质提升不可或缺的重要环节。教育部门制定了一系列教育政策，倡导开展丰富多彩的校园文化活动，要求学生积极参与社会实践，促进学生的全面发展。但许多高职院校在开展校园文化活动或组织社会实践时，盲目跟风，热衷于搞形式主义，片面追求活动的规模、数量或形式，而对活动本身的文化内涵、价值取向重视不够，因而导致文化育人的内容单调空洞，缺少文化内涵。许多活动最后沦为"为了开展而开展"，后续工作环节无人问津。一些高职学院甚至出现了一种现象：不管是什么文化活动，哪怕是一次简单的歌咏比赛或书法比赛，也要请相关领导来宣布开幕或作重要讲话，讲话以后活动组织得如何、效果怎样，却无人问津，当然更没有实实在在的经验总结。笔者曾调查过一所高职院校组织的科技学术节活动，整个活动若干个竞赛项目，奖励总金额 2 000 元，而在学术节的启动仪式上做的大型彩色喷绘就花费了近万元，这就是太注重形式而忽视内涵建设实质的例证。在这种氛围下，学生耳濡目染，必然会成为只重形式不重实效之人，这与学校的人才培养目标是背道而驰的。[③]

校园文化活动和社会实践形式主义的"泛滥"，主要原因有以下三点：一是实际调研不深。活动虽五花八门，但脱离实际，不能与高职院校学生的切实需求相契合，难以形成共鸣，学生不是主动、自主参与，而是被动加入或不加入。二是教师参与指导不足。高职院校中学生社团众多，但因学生群体自身阅历的局限，其难以

① 朱爱胜，承剑芬，奚小网，等. 高职院校文化育人体系构建与实施路径——以无锡职业技术学院为例 [J]. 无锡职业技术学院学报，2018（1）：1-5.
② 王茂莉. 高职院校文化育人协同创新的探索及实践 [J]. 天津职业大学学报，2012（12）：66-68.
③ 江秀华. 高职院校文化育人的探索与实践 [J]. 兰州石化职业技术学院学报，2010（9）：63-66.

理解和把握高雅文化和正确的价值导向。三是社会支持力度不够。社会上的不少企事业单位缺乏足够的社会责任感，对学生的社会实践活动缺乏必要的支持，往往应付了事，甚至不接受学生实习或见习，使得学生的社会实践活动难以深入开展，实效性不强。①

六、文化育人的策略与路径

《国家中长期教育改革和发展规划纲要（2010—2020 年）》明确提出"把育人为本作为教育工作的根本要求"。到 2020 年，要"形成适应经济发展方式转变和产业结构调整要求、体现终身教育理念、中等和高等职业教育协调发展的现代职业教育体系"。高等职业教育理应在内涵发展的过程中注重学校精神的塑造、学生人文素质的养成和学校文化品位的提升。②高职院校应从人才培养目标要求的角度出发，完善文化育人机制，指导文化育人实践。高职院校要培养高素质、高技能人才，必须自觉树立文化育人意识，高度重视学生的文化素质和道德品质培养，把提高学生的综合素质作为人才培养质量的重要组成部分，并且贯穿整个人才培养工作的始终③。高职院校文化育人的策略与路径主要体现在以下方面：

1. 深刻认识文化育人，提高文化自觉意识

文化育人是更高层次的统摄性的教育思想，"所谓教书育人、管理育人、服务育人、环境育人，说到底都是文化育人"，它是高职教育进入内涵式发展阶段的必然选择。

何为文化育人？有学者说，"文化育人就是运用文化的力量培育大学生在文化环境中自主生存与发展的能力"④，"文化育人不是一种有形知识的灌输，而是向人们的思想理念注入人性中的诸如尚德、责任、包容、感恩、进取、良知、诚信、谦虚、勇敢、创新等崇高美德，基于此内化为一种健康向上的意识，潜移默化地形成人的灵魂和精神。文化育人的终极目标是铸就人性的美德"。⑤高职院校对文化育人的价值和功能应有更为深刻的认识，提高文化自觉意识，重视文化对人类文明和社会发展的重要作用，这样才能为我们创造精神财富的给养。

高职院校作为人才培养基地，应该以文化育人为首要目标，逐步树立文化育人观念。无论是办学宗旨、培养方向还是发展方式，高职院校都要以育人为本，尤其注重文化育人，杜绝急功近利的办学观。教育部门的领导者应从顶层设计注重文化育人的重要性，自上而下树立文化育人观念；高职院校的教师应注重提升学生的文化素质，在课堂教学过程中有意培养学生的人文情怀；学生应增强文化对人生大有神益的认识，将传承文化、实践文化、创造文化作为自觉行为。高职院校要深刻认

① 吉冬梅. 困境与愿景——剖析高职院校文化育人之现状［J］. 辽宁医学院学报：社会科学版，2012（2）：89-91.
② 吉冬梅. 困境与愿景——剖析高职院校文化育人之现状［J］. 辽宁医学院学报：社会科学版，2012（2）：89-91.
③ 殷海芳. 高职院校文化育人机制探索［J］. 吉林省教育学院学报，2014（5）：118-119.
④ 余加宝，余小波，范玉鹏. 文化自觉：高校文化育人的基本理论［J］. 文化育人，2016：27-35.
⑤ 徐公芳. 坚持文化育人，引领高职发展［N］. 光明日报，2012-05-05（10）.

识到文化育人是创造一个内部自治的文化生态的过程，让师生一同沉浸其中，老师作为引导者引导学生体味不同层次、不同维度的文化元素给个体生命品质带来的愉悦感，而老师也在与学生的互动中不断提升自身的修养和文化境界。[①]

在市场经济发展到转型时期，中国社会面临着各种文化思潮的冲击。高职院校应具有前瞻性眼光，看到文化缺失的重要危害，培育具有坚定文化自信的青年。高职院校必须树立人才强国的战略意识，使大学生掌握科学知识，具备健康心理、社会责任感、高尚情操和文化修养，在德智体各方面全面发展，在观念上，呈现出崇尚知识、信仰、艺术、法律、伦理道德、风俗等精神内涵的价值取向。[②]

2. 培育学校精神，凝练高职特色文化

高职院校的学校精神不是人为设定的，也不是与生俱来的，而是在其长期的办学过程中，对自己办学理念的提炼和升华，并在此基础上形成自己独有的价值理念及行为方式。首先，高职院校要把学校精神贯穿于各项活动和制度规范之中，以科学发展观为统领，增强学生的民族自豪感、自信心及其责任感，为学生树立建设中国特色社会主义的伟大理想奠定良好的基础。其次，高职院校要通过丰富的形式和载体，倡导校园精神、树立价值观念、规范道德行为，指导学生树立科学的世界观和正确的人生观、价值观，在潜移默化中熏陶、感化学生的思想和行为，塑造其健全人格。最后，要以科学发展观为指导，顺应时代发展潮流，弘扬自己的优秀文化传统，形成自己独特的理念体系，打造高素质教师队伍，激发和凝聚师生的内在动力，把学校精神贯穿到日常教学、科研工作和细微的言行中，用严谨的治学态度影响学生，用高尚情操激励学生，用远大理想鼓舞学生。[③]

3. 构建文化育人机制，营造齐抓共管的良好氛围

文化的意义在于以文化人、以文育人。高职院校的文化是由全体师生在学校长期的教育实践过程中积淀和创造出来，并为其成员所认同和遵循的价值观、精神、行为准则及其规章制度、行为方式、物质设施等的整合和结晶。其本质意义在于影响和制约校内人的发展，其最高价值在于促进校内人的发展。高职院校要发挥文化育人功能，必须在全校上下形成文化育人的共识，充分整合全院资源，形成学院的文化育人机制和工作体系，通过潜移默化的文化熏陶，有效达成提高学生人文素养、综合素质等的培养目标[④]。在文化育人体系构建的过程中，不是简单地设立几门课，增加几个学分，而是将高职院校的文化育人体系当作一个系统工程来设计，充分考虑物质文化、精神文化、制度文化和行为文化等层面，在校园里营造包括教学文化、教师文化、专业文化、行业文化、社团文化、环境文化等在内的文化生态，让学生沉浸其中，形成一个"浸润式"的以文化人环境。[⑤]

① 朱爱胜，承剑芬，奚小网，等. 高职院校文化育人体系构建与实施路径——以无锡职业技术学院为例 [J]. 无锡职业技术学院学报，2018（1）：1-5.
② 苏晔，林莘. 高校文化育人建设困境及其应对 [J]. 胜利油田党校学报，2016（7）：110-114.
③ 胡烨丹. 高职院校文化育人机制创新路径探析 [J]. 中国职业技术教育，2012（34）：85-87.
④ 殷海芳. 高职院校文化育人机制探索 [J]. 吉林省教育学院学报，2014（5）：118-119.
⑤ 朱爱胜，承剑芬，奚小网，等. 高职院校文化育人体系构建与实施路径——以无锡职业技术学院为例 [J]. 无锡职业技术学院学报，2018（1）：1-5.

高职院校的文化育人是一项系统工程，应有效整合全院各部门资源，在全院各个育人岗位人员中统一思想，制订切实有效的文化育人方案，多管齐下，积极发挥文化育人的功能。

（1）加强顶层设计。学院应在宏观层面对文化育人工作提出要求，负责育人的职能部门要联合相关部门制订切实可行的育人方案，宣传和思政部门应侧重宏观指导和统筹协调，学工团委和各系部侧重组织实施和具体落实，形成一套全员参与、各负其责、各有侧重又各具特色的文化育人体系，使学院的文化育人工作形成一个有机的整体。

（2）注重传承创新。文化育人还应进一步发挥全院各方力量，把传承和创新结合起来，既要结合学院的人才培养目标，又要充分挖掘优秀的文化资源，融入社会主义核心价值观，不断丰富文化育人内涵，创新文化育人载体，总结文化育人经验，形成富有学院特色的文化育人体系。[1]

（3）强化文化育人的制度建设。高职院校要强化文化育人指标，在课程设置、培养方案等方面增加文化教育投入，加强对学生入学、毕业测评体系的文化素养考核，开展通识教育。高职院校应以育人而非知识、技能等为教育目标，应减轻就业率等指标对高等教育的压力；学生应以锻炼能力、培育素质而非考各种证书为学习目标，应减轻成绩分数对学生的压力。高职院校应通过辅导员系统、团委、专职教育等组织机构综合开展文化育人教育实践，在组织管理上为文化育人提供支持；应注重文化育人的师资培养，培育专兼职教师人才，提升普通教师的文化素养，在师资力量上为文化育人提供保障。高职院校应加强对学生的文化素质教育，避免割裂文理教育，要打通文理精神；在人文学科中发展人性、完善人格，在对社会现象与发展规律的认识中，培养学生自由探索、实事求是的科学精神[2]。加强学生的文化教育与思想政治教育是相通的，有了良好的文化素养积淀，能够更深刻地感悟真、善、美，提升思想道德水平，积极践行社会主义核心价值观。[3]

（4）不断强化文化育人的机制创新。对于高职院校，要想使文化育人机制的不断创新得以实现，需在充分认识其重要性的基础上进行积极探索，对国内外先进的教学模式进行积极借鉴，结合自身特点，建立起科学合理的创新机制。第一，要充分认识到高职院校文化育人机制创新的重要性，并加强宣传。通过宣传教育，学校领导以及教师能够认识到文化育人机制应该与时俱进，应该以市场为导向，以培养并提升学生的技能、道德素质为目标。毋庸置疑，广大教学工作者只有认识到文化育人机制创新的意义，才能为社会培养出高素质的需求型人才。第二，要开展多样化的文化育人机制创新活动。高职院校可以鼓励教师主动参与到技术创新以及教育创新的工作实践中，建立专业性较强的学术团体，开展社团创新活动。同时，依据法律规定，在创新活动过程中要以科学发展观为指导，并对创新成果进行大力推广，使师生的探索和创造的积极性得到充分激发，从而为社会培养大量创新型高技能人才。通过创新型活动的开展，广大师生能够养成积极探索、勇于创新的精神，

① 殷海芳. 高职院校文化育人机制探索［J］. 吉林省教育学院学报，2014（5）：118-119.
② 习近平. 习近平谈治国理政［M］. 北京：外文出版社，2014.
③ 苏晔，林苹. 高校文化育人建设困境及其应对［J］. 胜利油田党校学报，2016（7）：110-114.

高职院校能够在实践中检验创新的成果，构建起创新的长效机制，最终能够为文化育人机制创新活动的开展营造一个良好的氛围①。高职院校可以建立专门的高职教育管理机构，强化现有的教育指导功能，在宏观上对高职教育进行指导、规划、监督、检查和研究，促进创新长效机制的形成，为开展文化育人机制的创新活动提供良好的环境。②

4. 建设校园文化，创新育人载体

校园文化具有强大的育人功能，是大学文化育人的重要载体。把文化育人转化为现实途径就要打造优质校园文化品牌，创新育人载体，使学生在良好的校园文化中受到熏陶，促使学生自我教育，发挥校园环境"无声"之教化功能。"校园环境作为育人文化的一种载体，对良好教风、学风的养成等具有潜移默化的作用"。③大学物质文化涵盖教学、科研、生活环境和基础设施等物质构件，它们承载着特定的文化内涵，是人们精神世界对象化的物化，蕴含着一定的思想感情。良好的校园文化环境能给人以舒心愉悦之感，使人在温暖友爱的氛围中学习与生活。校园中的花草树木、各种建筑、水池和雕塑等蕴含着学校的历史、精神面貌、办学思想和理想追求，这些物化的东西能给人以思想启迪、文化滋养和心灵净化，是良好的育人载体，需要精心加工和利用，主动引导学生学习校史，了解校情，以情感陶冶和行为养成等方式施加教育影响。学校要积极进行校园文化环境建设，包括校园绿化建设和人文景观设计，保护好历史建筑和各种有纪念价值的景点，重视图书馆建设；对校园建筑合理布局，食堂和宿舍的位置尽可能方便师生，教学、实验和办公环境要凸显安静。除静态实物外，积极创新各种动态育人载体，抓好学生社团工作，组织丰富多彩的文化娱乐活动。校园文化活动中要严格规范学生的行为，使学生养成健康向上、文明高雅的行事作风。④

5. 以行业为依托，加强文化育人的内涵建设

高职院校要营造良好的育人氛围，应以行业为依托，加强文化育人的内涵建设。具体来说，主要体现在以下三个方面：①学校的整体文化育人集中体现在办学理念、办学特色及专业建设上。行业高职院校对接区域经济，面向行业发展，首先要进行专业结构优化，合理设置专业，做强做大品牌及特色专业，形成一定的专业文化；在专业课程体系构建上，注重学生岗位能力分析，针对职业岗位能力模块，融入行业企业所需要的创新创业能力知识，进行课程体系的构建；在实训基地和实践教学体系的构建上，建立校内外仿真实训基地，引入行业企业最新标准，让学生在真实环境中进行体会与感受。例如，青海交通职业技术学院突出专业建设特色，依托校企合作，成立校内实训基地，建成了路桥苑、汽车苑、航空模拟演练基地等一大批融入交通元素、处处透着交通职业教育的特色功能区。②将传统文化、行业文化与校园文化"三化"融入日常教学之中。在各类通识教育课程和基础课程的设

① 杨旸. 高职院校文化育人机制创新研究 [J]. 市场周刊：理论研究，2015（10）：84-85.
② 胡烨丹. 高职院校文化育人机制创新路径探析 [J]. 中国职业技术教育，2012（34）：85-87.
③ 刘珂珂. 大学育人文化刍议 [J]. 高校教育管理，2013（4）：21-25.
④ 陈波，王祖林. 论大学文化育人的困境与自我诊治 [J]. 高校教育管理，2014（1）：65-69.

置、课程标准的编制、教材的选择、学生实习实训以及毕业考核等方面，邀请行业企业专家与技术骨干参与其中，从学生进校开始培养其承担行业发展的责任感和使命感，逐渐引导学生树立"学什么、爱什么、献身什么"的价值追求。例如，江苏食品药品职业技术学院创新延展食品课程，推进食品资源全校共享化，目前已形成特色专业群人才培养优势。其创新增加"素质拓展课程"模块，设计开发了五个素质拓展课程群，凸显了食品药品特色；开发专业文化类教材，进课堂、进学生头脑，强化职业道德、工作态度和工匠精神的培养。③文化育人需要通过一定的载体来实现。行业高职院校要通过实物、雕塑、图片、视频和场景等多种形式将行业精神具体化，使学校师生员工不断地了解、学习、传承行业文化精神。例如，交通行业院校可以通过实物船体、仿真救生艇、实体雕塑，以交通名词命名道路与建筑等，使学生在耳濡目染中感受行业的光荣感、责任感和使命感。这些文化育人的物化载体越多，学校的特色就越发明显，文化育人的影响力就越大。例如，黄河水利职业技术学院的建筑风格是以水文化为特色，学校圆形主大门取材于水利工程渡槽，同时，又和地上悬河黄河结合起来，寓意"黄河之水天上来"；学校食堂的造型取材于水利工程大型钢闸门，纵横主梁不仅反映了闸门本身的结构，也寓意着水利人强健的体魄，肯挡水、控水、治水的责任担当①。

6. 充分利用信息技术手段，建立完善的网络文化教育体系

在创新文化育人机制的探索过程中，应该将文化当作重要载体，不断丰富育人机制的内容，特别是计算机以及信息技术的高度发展，为高职院校网络文化建设的推进提供了丰富的高科技手段，从而使文化育人机制的创新得以推动。教师通过多媒体教学，能够为学生提供一个生动形象的教学过程，使学生的学习积极性提高。一方面，随着网络技术的发展以及广泛应用，学生接受信息以及新事物的能力有了很大程度的提升，所以，高职院校应该积极应用最新的网络技术，对文化育人机制创新的内涵以及重要性进行积极宣传，搭建畅通的校园网平台，充分利用网络开展校园文化建设，使高职院校校园文化得到有效拓展。此外，高职院校要开展网络心理咨询教育，对学生的心理以及行为进行正确引导，使他们能够树立正确的价值观以及人生观。另一方面，努力与其他高校以及外网进行有效对接，实现信息共享；打造一支专业的网络文化教育团队，负责网络管理、网络维护以及利用网络开展文化教育等工作。②

文化育人是教育的永恒主题，有特色的高水平高职院校无不重视自身的文化建设。在当今技术理性盛行的时代，保持高职院校文化理性和文化自觉，将文化育人落实到高职院校办学的方方面面，是每一所有为的高职院校的应然诉求，也是提升高职院校人才培养成效的重要途径。高等职业教育的使命是培养高素质、高技能的专业人才。因此，全面提升学生的综合素质是增强高职院校人才培养实效性的关键。高职院校应充分发挥其文化育人功能，增强文化育人的自觉性，推进自身的文

①　刘喻，朱强，陈玲. 行业高职院校文化育人：意义、困境与路径 [J]. 职教通讯，2018 (19)：27-32.
②　杨旸. 高职院校文化育人机制创新研究 [J]. 市场周刊：理论研究，2015 (10)：84-85.

化建设，紧抓教风、学风和校风，进一步加强文化育人机制建设，彰显高职院校文化育人的魅力，从根本上提高高职院校人才培养的质量①。诚然，推进高职院校的文化建设，凸显文化育人功能，是高职院校永无止境的追求，需内外部环境的支撑和合力推动，更需社会各界的关注和支持②。真正的文化育人不应仅限于高校，应举全社会浩大声势竭力而为。我国教育家陶行知先生曾提出"社会即学校""生活即教育"，育人不止于学校，整个社会都包含育人的环境。高职院校作为公益事业单位，不是谋利的机器，应该以追求真知、育人树人为办学的根本宗旨。③

案例研究

无锡职业技术学院"一体两翼三融合"文化育人模式

思考与讨论：

1. 请你谈谈对高职院校文化育人的理解。

2. 无锡职业技术学院"一体两翼三融合"文化育人模式有哪些特点？

3. 结合本案例谈谈高职院校文化育人怎样才能取得明显成效。

近年来，无锡职业技术学院始终抓住文化育人这一根本，从组织管理、制度建设、课程开发、校园文化建设等方面精准发力，一年一个重点，一步一个脚印，不断取得阶段性成效，形成了独具特色的"一体两翼三融合"文化育人模式，并取得了显著的育人效果，赢得了社会的认可。

一、无锡职业技术学院"一体两翼三融合"文化育人模式的实践探索

无锡职业技术学院文化育人模式的形成并非一蹴而就，而是在 10 年探索的过程中逐步明晰的。2008 年，在"全国百所示范性高职院校文化建设与可持续发展论坛"上，学校率先提出"高职院校校园文化与区域文化的对接和交融"，得到与会专家、代表的高度认同；2012 年，学校承办了"第二届全国高职教育'文化育人'高端论坛"，介绍了学校文化育人的经验；2013 年，江苏省教育厅"高职院校公共艺术课程建设现场推进会"在学校召开，学校"以艺术浸润技术，技术教育和素质教育融合"的公共艺术教育经验和做法在全省 35 所国家示范和省级示范高职院校中得到应用和推广，评估获得优秀。2014 年以来，学校承办全国机械行业文化素质教育高级师资研修班、专题研讨会 10 多次，接待江苏省内外高职院校来校参观交流 200 多家，参与师资达到 800 余人次。学校"一体两翼三融合"的文化育人模式为全国同类高职院校提供了经验借鉴，在教育理念、制度体系、运行模式等方面起到了示范和引领作用。

学校根据机械行业产业转型升级和区域经济社会发展对高职人才培养的要求，以马克思主义人的全面发展理论为指导，以"立德树人"为根本，以社会主义核心价值观教育为引领，经过多年的研究与实践，构建了"一体两翼三融合"文化育人

① 殷海芳. 高职院校文化育人机制探索 [J]. 吉林省教育学院学报，2014（5）：118-119.
② 陈波，王祖林. 论大学文化育人的困境与自我诊治 [J]. 高校教育管理，2014（1）：65-69.
③ 苏晔，林苹. 高校文化育人建设困境及其应对 [J]. 胜利油田党校学报，2016（7）：110-114.

模式（如图 1-1 所示），即以课堂教学为主体，以课外文化活动和网络学习教育为"两翼"，融合区域文化、行业企业文化、多元文化为主要内容的高职文化育人模式。

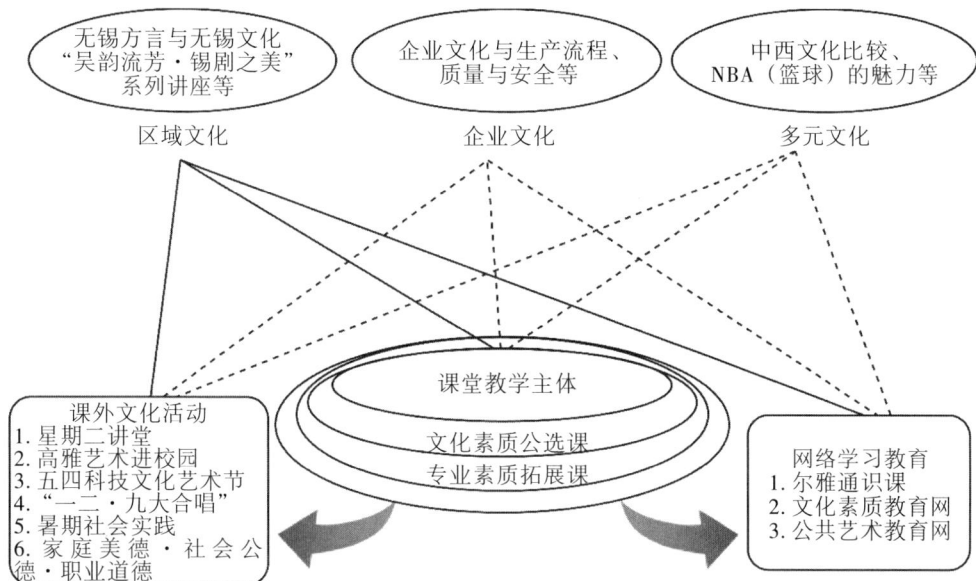

图 1-1 "一体两翼三融合"文化育人模式①

1. 以课堂教学为主体，占领文化育人的主阵地

学校坚持以德为先、以能力为重，通过课堂教学这个主渠道、主阵地，把思想道德、实践能力、科学精神和人文素养的培养贯穿于人才培养的全过程。

（1）优化文化育人课程设置，把社会主义核心价值观教育和职业素质教育有机融合，形成价值引领、文化熏陶、专业渗透的文化育人课程体系。学校以思想政治理论课、文化素质公选课、心理健康和职业生涯规划、创新创业等为主干课程，突出文化育人的主渠道、主阵地作用；同时，加强专业课程的文化渗透，用素质教育理念设计专业课程教学，实现专业教育与文化素质教育的有机贯通。课程涵盖必修与选修、理论与实践等多种类型，既注重文化育人的系统完整，又注重学生学习的个性需求。

（2）突出特色文化教学内容，积累教学优势。学校把区域文化、制造业企业文化、跨文化交流等作为教学的重要内容，特别是把艺术教育作为培养高职学生感受美、欣赏美、创造美能力的重要内容和手段，通过"以艺术浸润技术"促进学生的全面发展。

（3）创新文化教学方式，提升教学针对性和实效性。针对高职学生对实践操作课程的兴趣大于抽象理论课程的特点，推出理实一体课程、体验式课程和系列讲座，如"泥塑""国画实践"等，让学生在"学中做""做中学"，在实践中体悟和升华。

2. 以课外文化活动和网络学习教育为"两翼"，延长文化育人时间，拓展文化育人空间

（1）开展形式多样的课外文化活动，将文化育人从课堂延伸到课外，从校内延

---

① 朱爱胜，承剑芬，奚小网，等. 高职院校文化育人体系构建与实施路径——以无锡职业技术学院为例［J］. 无锡职业技术学院学报，2018（1）：1-5.

伸到校外。学校主要开展讲座、社会实践、志愿者服务等活动，其中，"星期二讲堂""高雅艺术进校园""五四科技文化艺术节""一二·九大合唱""暑期社会实践""家庭美德·社会公德·职业道德"专题教育活动等成为学校多年打造的文化品牌活动。

（2）充分利用"互联网+"手段，使文化育人从线下延伸到线上。学校开设了30多门在线课程，打造了数千个微课、动画、视频等数字化教学资源；建设了文化与艺术教育专题网页、红色网校等，并通过微信、PU平台及时传播文化艺术思想和成果；设立了"第三虚拟学期"，即充分利用寒暑假时间在线学习文化课程，既满足了学生个性化、多样化的需求，又缓解了优质教学资源不足、课时紧张等压力。

3. 彰显"三融合"文化育人特色，提高文化育人的针对性和有效性

（1）融合区域文化精髓，培育文化自觉与文化自信。学校把区域文化作为学习中华优秀传统文化和社会主义核心价值观教育的重要切入点，积极探寻吴文化与社会主义核心价值观之间的契合点，把"家事国事天下事，事事关心"的东林精神，"经世致用、实业报国"的民族工商业爱国主义情怀，乡镇企业"四千四万"的创业精神等优秀吴文化融进课堂、活动、校园网和校园环境中；开设"无锡方言与无锡文化""锡商""吴韵流芳·锡剧之美"等吴文化课程和系列讲座；建设校内"吴文化名人苑""惠山泥人制作体验馆"等文化育人基地；校园文化石上镌刻"经世致用""格物致知"等哲言；与东林书院、中国（无锡）民族工商业博物馆等20多个文化单位签订共建校外素质教育基地协议；带领学生深入农村街坊开展社会调查和"无锡华氏家风家训"课题研究，充分挖掘利用地方历史文化资源，对传统德育资源进行创造性转化和创新性发展，使学生从区域文化中了解中华文化的人文精神，挖掘无锡这个吴文化发祥地和中国现代民族工商业发源地、乡镇工业发源地所蕴含的人文内核，传承吴文化精髓，提高学生的思想道德素质。

（2）融合行业企业文化元素，涵养工匠精神和职业素养。学校按照国务院"把提高职业技能和培养职业精神高度融合"的要求，针对应试教育带来的职业素养培养"盲点"和学生职业文化缺失造成的职业认知度低、缺乏吃苦耐劳和创新创业意识等问题，充分借助机械行指委、政研会、校企合作单位的优势，创立了"学校与行业、专业与企业、教学与生产"相融合的办学模式，形成了"产业文化进教育、工业文化进校园、企业文化进课堂"行企校协同育人机制。学校定期邀请机械行业领导、企业高管、杰出校友开展"名企名家进名校""杰出校友报告会"等系列讲座，讲解中国制造业的发展趋势、人才需求、企业文化、职业素养、创业故事，指导学生职业生涯规划；聘请"大国工匠"顾秋亮担任学校教师，通过主题班会、专题教育、创业计划大赛、创业实践等，培养学生敬业爱岗、精益求精、不断创新的"工匠精神"；开设"企业文化与生产流程"等课程，在专业实训、工学结合和顶岗实习中培养严谨、务实的工作作风和心智技能；在实训场所引入"5S"管理法，培养学生的职业规范、职业情感、质量意识、环保意识和可持续发展理念；在校园环境建设中，与合作企业共建校园文化广场、人文景观、校园道路、实验实训室，共同设立企业奖学金等，激励青年学子树立制造业强国的历史担当意识和社会责

任感。

（3）开展多元文化交流，培养国际视野和包容胸襟。在学习借鉴国外先进职教模式的同时，学校开设了"英美文化""跨文化交流""海外见闻"等课程和讲座，组织学生海外研学。学校招收了新疆等地的少数民族学生和260多名海外留学生，与汉族学生共同编班、共同学习与生活、同台进行文艺表演，让学生在与不同地区、国家、民族、信仰的多元文化相互对话、交流、合作中开阔视野，学会尊重、借鉴和包容，培养自信而又开放的心态，同时也使中国的优秀文化和社会主义核心价值观得到传播，实现中国文化的输出。

4. 建立文化育人组织管理体系、教学管理规章、质量监控体系和经费保障体系

学校组建了素质教育领导小组、素质教育办公室和公共艺术中心文化育人组织管理机构；出台了《关于制订专业人才培养方案的原则意见》《大学生文化素质教育实施方案》等制度，把文化素质教育纳入专业教学计划，要求学生必须修满9个素质学分方可毕业，形成了专业教育和素质教育并举的高职人才培养方案；制定了"学分互换"制度，课外文化活动可获得素质教育学分，激发学生参与社团活动的积极性；把文化育人教育教学纳入质量监控体系，覆盖从大纲制定到教学资料归档的各环节；设立文化育人专项经费，每年投入600多万元经费用于相关课题的研究、项目的开展等，让文化育人工作落地生根。

二、无锡职业技术学院"一体两翼三融合"文化育人模式的实践效果与社会认可

1. 实践效果

无锡职业技术学院能够在文化育人领域取得较为显著的效果，形成系统的架构，源于校领导层面的高度重视以及实践中的不断思考、总结和提升。10年时间，学校教师先后在《江苏高教》等期刊发表论文近百篇；编写了《大学生公共艺术教程》《书香无锡》等教材和专著10多本；完成市厅级以上研究课题20多项。在此基础上，文化育人的成果在师资队伍和毕业生身上得到了证明。一方面，学校建设了一批具有区域性、时代性、职业性特点的高职文化特色课程，打造了一支能够把握区域文化精髓、熟悉企业文化特点、掌握网络话语的文化育人师资队伍。另一方面，学生的人文素质和创新能力得到逐步提升，毕业生深受企业好评。学生学习的获得感以及参与公益活动的积极性、主动性明显增强，每年参与社区、农村志愿者行动近2万人次；学生社团参与率达到80%，对社团活动的满意度达到86%，近3年来学生在省部级文艺展演、人文知识大赛等比赛中获奖180多项。有11 400多名学生获得了学分奖励。麦可思2016年年度报告显示：毕业生对人生理想与道德、人文美感教育的满意度达到90%以上；用人单位对毕业生的满意率在85%以上。2011届毕业生4年后年平均收入为6 173元，高于全国平均水平（4 812元），66%的学生获得了晋升，高于全国平均水平6个百分点。

2. 社会认可

无锡职业技术学院的文化育人成果犹如深巷美酒，逐渐辐射。10年来，其文化育人的相关成果不断获得同行和社会的认可。学院先后获得"全国首批国家职业院校文化素质教育基地单位""江苏省诗教先进单位""全国职业教育先进单位"

"江苏省高等学校文明学校""江苏省教学工作先进高校""江苏省教育国际合作与交流先进学校""江苏省高等学校思想政治教育工作先进集体""江苏省高等学校和谐校园"等 10 多项荣誉。

目前，学校还是全国机械行业职业院校文化素质教育指导委员会主任单位、教育部职业院校文化素质教育指导委员会委员单位。《光明日报》、《中国教育报》、人民网等省级以上媒体对学校文化育人成果进行了 50 多次报道[1]。

---

① 朱爱胜，承剑芬，奚小网，等. 高职院校文化育人体系构建与实施路径——以无锡职业技术学院为例 [J]. 无锡职业技术学院学报，2018（1）：1-5.

第二章　校园文化育人

要更加注重以文化人以文育人，广泛开展文明校园创建，开展形式多样、健康向上、格调高雅的校园文化活动，广泛开展各类社会实践。

——习近平在全国高校思想政治工作会议上的讲话（2016 年 12 月 8 日）

高职院校校园文化作为高校校园文化的一种类型，是社会主义先进文化的重要组成部分，对高职院校的思想政治教育及高职院校的改革、发展、稳定有着极大的影响，对青年学生的成长、成才更是有着其他文化无法替代的作用。

一、校园文化的概念和特点

正确界定高职院校校园文化的概念是开展校园文化建设的基础。当前，一些高职院校在校园文化的概念界定和如何建设校园文化上还存在着认识上的误区，不澄清这些认识上的误区将误导校园文化建设，不利于校园文化的发展，对社会主义先进文化建设也会带来负面影响。为了更好地认识高职院校校园文化，首先要弄清什么是高校校园文化。

1. 校园文化的提出与概念界定

在世界范围内，大学始终将特色校园文化作为文化建设的重要内容。最早关注校园文化的是美国学者华勒（W.Waller），他于 1932 年出版的《教育社会学》中第一次提出"学校文化"这一概念。

在我国，校园文化概念的提出相对比较晚，通常以两件事为代表：一是上海交通大学 1986 年 4 月召开的第 12 届学代会；二是共青团上海市委学校部 1986 年 5 月召开的"校园文化理论研讨会"[①]。"校园文化"这一概念提出后，立即引起了学

---

① 李阔，李继利. 大学特色校园文化建设要素研究［J］. 法治与社会，2015（4）：210-211，214.

术界的广泛关注。2004 年中共中央、国务院《关于进一步加强和改进大学生思想政治教育的意见》明确指出："校园文化具有重要的育人功能"，并要求"要建设体现社会主义特点、时代特征和学校特色的校园文化，形成优良的校风、教风和学风"[①]。

近年来，我国逐渐出现了对校园文化的关注和研究，人们从多种角度对校园文化做了界定，出现了各种不同的观点和表达。

学者蔡克勇认为，校园文化有广义和狭义两种：广义的校园文化是指大学生活存在方式的总和[②]，其主体包括生活在校园内的大学生、教师和行政人员三大群体，是在物质财富、精神产品和氛围以及活动方式上具有一定独特性的文化类型；狭义的校园文化是指大学精神文化，是在大学发展历史过程中形成的，反映着人们在生活方式、价值取向、思维方式和行为规范上有别于其他社会群体的一种团体意识和精神氛围。这里将校园文化等同为大学精神文化，显然没有充分体现出校园文化的丰富内涵。

学者卜令元、胡宁认为，校园文化是指以社会先进文化为主导，以师生文化活动为主体，以高等学校校园精神为底蕴，在长期的办学过程中所有成员共同创造而形成的学校物质文明与精神文明的总和。[③]这个定义将高校校园文化归纳为高校师生共同创造的物质文明与精神文明的总和，似乎还不能涵盖高校校园文化的全部内涵。比如，依据高校的教学与管理制度所形成的制度文化就无法简单地归入物质文明或精神文明的范畴中，且以师生文化活动为主体的说法也有偏颇。事实上，文化活动并非高校校园文化形成与传承的唯一方式，且文化的主体应该是人，而不应是活动本身，活动的开展仅仅是一种方式。

学者邵春晓、曹景文、孙宝元认为，校园文化是高校师生员工的课外文化活动，是高校长期形成并为全体人员所认同的校园精神以及培育这种精神所需要的文化环境的总和。[④]这个定义将校园文化仅仅理解为高校师生员工的课外文化活动，则更有以偏概全之嫌，无论从哪个角度考虑，高校的课堂教学活动都是一种校园文化活动，教师在课堂教学中不仅传授知识给学生，而且在教学环节中教师对教学的态度、对真理的追求、对学生求知的回应、对事业的责任感等都会对学生产生很大影响。

学者程利认为，所谓校园文化，是指在大学生社区成员中所共同拥有的校园价值观以及此种价值观在物质和意识层面上的具体文化形态，相对于社会主流文化而言，它是一种隐性而独特的亚文化形态。[⑤]这个定义将校园文化仅局限于大学生社区成员中所共同拥有的校园价值观以及此种价值观在物质和意识层面上的具体文化形态，主体与内涵都过窄，不能完全阐释高校校园文化的真正含义。

学者张萍认为，校园文化是学校全体教职员工和学生在长期办学实践中逐步形成的具有学校特色的群体意识，以及体现、承载这种群体意识的行为方式和物质形

① 王鹏程，王薇薇．刍议高职院校校园文化育人功能［J］．职教通讯，2017（17）：15-17.
② 蔡克勇．大学校园文化与创造性培养［J］．北京大学教育评论，2004（4）：11-14.
③ 卜令元，胡宁．高校校园先进文化的建设与实践［J］．理论学习，2006（2）：25-26.
④ 邵春晓，曹景文，孙宝元．高校校园文化建设与大学生素质培养［J］．思想政治教育研究，2001（1）：48-49，51.
⑤ 程利．浅议高校校园文化内涵［J］．中国成人教育，2003（5）：44-45.

态。①这个定义只是反映了一所学校校园文化的个性一面，校园文化还有共性的一面，因为校园文化不可能完全脱离校园而存在，它的有些内容必然是社会文化在校园中的折射。此外，各高校之间虽然千差万别，但也具有共同特征，所以校园文化必然有共性的一面。

学者李树芳、张宏岗认为，大学校园文化是大学校园精神以及培养这种精神所需要的文化环境的总和，它包括环境文化、制度文化、行为文化和精神文化等，集中表现为一种共同的行为准则、价值观念和道德规范，具有先导、辐射、熏陶、教育、约束等功能，在大学发展中具有举足轻重的作用。②这个定义相对而言比较全面，但是也只反映了校园文化共性的一面，因为一所高校里可能有一种共同的行为准则，在不同的高校里可能有完全不同的行为准则，不同高校的校园文化必然会留有不同高校的烙印。

学者方志华认为，校园文化是在特定的地域（大学校园）由特定的主体（高校的师生员工及校友，注意在谈论高校校园文化时不能忽视校友群体）所共同营造、以大学精神为主题、以"育人"为根本目的的各种亚文化的总和。其内涵包括环境文化、制度文化、行为文化、精神文化及观念文化等。各高校之间的校园文化具有一些共性，而每所高校又有其特有的校园文化特征，此乃其个性。共性体现在高校校园文化集中表现为一些共同的行为准则、价值观念和道德规范；个性体现为各高校所特有的办学传统、办学理念、培养目标等。

校园文化是一个类概念，相对于社会文化而言，它是一种亚文化；但相对于学生文化、教师文化、干部文化以及寝室文化、教室文化等而言，它又是主文化。校园文化有先进与落后、健康与不健康之分。本书谈论的校园文化主要指先进的校园文化或健康的校园文化③。

2. 高职校园文化概念模型

高职教育是我国高等教育的一个类型，作为高等学校一个类型的高职院校，它所拥有的群体共同文化意识和物质载体与其他类型的高等学校有明显不同，这些差异源于高职教育自身的办学特色。例如：以市场需求为导向的办学理念、校企合作和工学结合的人才培养特色、培养高端技能型人才的价值取向、"双证书"的培养制度、校内外结合的实训基地、校企合作的办学模式以及"专兼结合"的双师型教学团队等。因此，高职院校校园文化是指高职院校的管理者在高职教育理念的导向下，在人才培养的具体过程中，与各利益相关者一起，逐步形成的具有自身特色的一种学院发展价值取向和学院发展轨迹。这种文化涵盖高职院校的全体成员及办学过程中所出现的利益相关者，为实现高职教育的各项职能而开展的各种活动以及这些活动所创造的所有的物质、制度、行为和精神产品的集合体。

高职教育必须以市场需求为导向，以产业和行业企业为支撑，因此在人才培养规格、培养模式方面以及人才培养过程中，都必须充分考虑校企合作、工学结合的

① 张萍. 论新形势下高校校园文化建设的价值 [J]. 文教资料，2006（15）：12-14.
② 李树芳，张宏岗. 大学校园文化建设存在的问题及对策思考 [J]. 陕西教育学院学报，2006（2）：90-93.
③ 方志华. 高校校园文化的概念、内涵及认识上的几个误区 [J]. 高等农业教育，2012（1）：24-27.

基本特质。在整个人才培养过程中，由于众多利益相关者的加入，高职院校形成了自身特有的校园文化积淀和培育路径。根据以上研究结果及高职校园文化的特性，学者楚金华、刘兴民、杨雪提出了一种"陀螺型"的高职动态校园文化模型，具体如图 2-1 所示[①]。

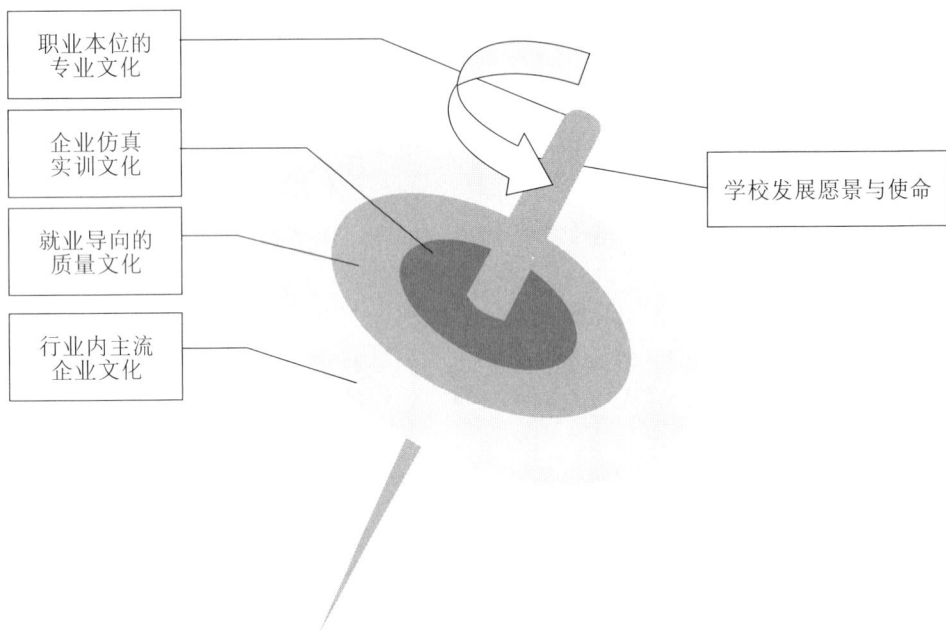

图 2-1　高职校园文化陀螺模型

"陀螺型"高职校园文化模型，具体包括学校发展愿景与使命、职业本位的专业文化、企业仿真实训文化、就业导向的质量文化及行业内主流企业文化。

（1）"陀螺型"高职校园文化模型的特点。和其他学者提出的高职校园文化概念相比，"陀螺型"高职校园文化具有以下特点：

第一，陀螺具有动态的适应能力。旋转着的陀螺适应能力非常强，可以任意摆放。如果高职校园文化能够像陀螺一样，那么高职院校适应环境的能力就会增强，同时也能增加专业与社会经济发展的联动，更好地服务于区域经济，并且在这种专业文化熏陶下培养出来的学生具有较强的迁移能力和可持续发展能力。

第二，陀螺的快速旋转决定了其整体稳定性。陀螺旋转越快，则整体越稳定。文化犹如空气中的温度与湿度，无时无刻不影响着生活在这个氛围中的个人和组织。良好的校园文化能够使师生如鱼得水，使校园的各个细胞充满活力，加快学校的弹性扩张速度，这种活力和速度相当于陀螺旋转的速度。

第三，陀螺的整体稳定性与其质量成正比。因此，为增强陀螺的稳定性，可以加快校园文化的制度、行为、器物及外围的幔层建设，夯实高职校园文化建设的基础，从而使高职校园文化具有稳定性、可持续性和对学校工作的指导性。

第四，陀螺的轴心与惯性盘要匹配。轴心太大、惯性盘太小或轴心太小、惯性盘太大，都会导致陀螺效应失灵。因此，作为轴心的高职院校发展愿景与使命必须

---

①　楚金华，刘兴民，杨雪. 高职院校校园文化概念模型研究［J］. 职教论坛，2011（33）：4-9.

与作为幔层的职业本位文化、实训文化、质量文化和行业企业文化保持一致。

第五，陀螺的旋转需要动力。推动陀螺运转需要扭矩，推动高职院校运转的是学校的发展愿景与使命。

（2）"陀螺型"高职校园文化模型的意义。和高职校园文化的其他研究成果相比，"陀螺型"高职校园文化的提出与研究，在以下几个方面更能凸显其价值和意义：

第一，克服了现有关于校园文化定义研究中普遍存在的静态性缺陷，引导人们从动态的角度去看待和建设高职校园文化，更形象、直观，从人才培养理念和办学定位的角度提出了高职校园文化的概念模型。

第二，突出了高职院校发展愿景和使命等核心价值观的重要地位，它支撑着院校的存在和发展。高职院校的发展方向、过程及所表现出来的行为特征都是由校园文化决定的。

第三，动态地建设高职校园文化可以增强高职院校对环境的适应性，更好地服务区域经济和促进校企合作的开展，同时能增强校企合作模式的生命力和持续性。

第四，学校的发展愿景是校园文化建设的原动力，特别强调校长等一把手领导对校园文化建设的重要性。

第五，文化的各组成部分要匹配和保持一致性，只有这样学院才能顺利发展，并且在发展过程中尽量避免出现各利益相关者之间的文化冲突。

第六，更加强调动态建设校园文化是高职院校获取可持续竞争力的唯一因素与有效途径。

第七，将行业内主流企业文化引入高职校园文化中来，不仅体现了高职教学的特色，还体现了高职校园文化建设的动态性、开放性及职业性；同时，还能推进与企业的合作。

陀螺模型也有明显的缺陷：一方面，这一模型没有表现出校园文化的动态发展（不断丰富和提升）途径和方向；另一方面，没有表现出各层内容之间的互动关系。此外，该模型只流于概念形式，没有提出具体的校园文化建设方案。①

3. 新时期高职校园文化的内涵特质②

根据百度百科的"校园文化"词条，校园文化是以学生为主体，以校园为主要空间，涵盖院校领导、教职工，以育人为主要导向，以精神文化、环境文化、行为文化和制度文化建设等为主要内容，以校园精神、文明为主要特征的一种群体文化。校园文化蕴含了广大师生的群体意识，是一所学校精神的集中反映，是根植于师生内心的行动力量，体现了学校在推进各项事业发展中的思想理念、目标方向、品德意志和精神力量。从质态结构来划分，高职校园文化包括物质文化、精神文化、制度文化、行为文化等方面的内容。它是高职院校在发展过程中，历经沉淀、积累、提炼、继承和发展等诸多环节而形成的一种师生普遍认同的地域性文化，是

---

① 楚金华，刘兴民，杨雪. 高职院校校园文化概念模型研究［J］. 职教论坛，2011（33）：4-9.
② 刘襄河，孔江红. 校园文化建设的问题分析与对策研究［J］. 襄阳职业技术学院学报，2018（9）：6-8，48.

学校在竞争中得以生存与持续发展的精神根基。高职校园文化是学校宝贵的精神财富，与本科校园文化相比，它凸显出职业性、社会性、技能性和实践性等个性特征。同时，它是一个相对独立的理论与实践系统，渗透到学校的各个角落，以凝聚力量、鼓励人心的姿态，助力学校各项事业改革创新、内涵发展。

随着高职教育改革的深入，国家倡导高职教育走内涵发展之路，部分高职院校有意识地选择以加强校园文化建设为突破口，提升学校的建设内涵。校园文化建设是高职院校"软实力"的重要组成部分，也是其打造自身品牌、提高学校实力的推动力[①]。高职院校以文化的传承与发展为路径，以服务育人工作为落脚点，不断为学校内涵发展提供文化保障和精神驱动，凝聚力量、集中智慧，实现学校的可持续发展。高职院校对文化的传承与发展，最直接的影响体现在人才培养效果上。文化以一种渗透心灵的内在力量，潜移默化地影响着高职学生的思想与行为，以优秀的文化陶冶人，以先进的文化引领人，文化在育人过程中发挥着隐性作用。可见，高职院校的内涵发展，不仅是制度上的改变、物质上的变化，更应是思想观念、思维方式、行为习惯、精神状态等内在体系的革新发展，它必然以一个新型校园文化体系作为保障，以深厚的、创新性的校园文化作为支撑，这需要不断提升校园文化构建的有效性。高职校园文化构建的成效如何，对产业人才培养、学生个体发展及学校社会竞争都有着重要影响，高职院校应将校园文化建设视为学校内涵发展的重要战略来实施[②]。

新时期高职院校正大力推进"双高"内涵建设，其校园文化建设应具备以下特点：①建设层次要体现"高等性"。高职校园文化应是具有高等教育属性特征的大学文化，其建设过程中要充分体现出以精神文化为核心、学术为基础、自由为思想、自律为特征等大学精神，突出其培养具有可持续发展能力的技术技能型人才的本质。②建设类型要强调"职业性"。高职校园文化应突出生产性、经营性、市场性、服务性、实践性等高等职业教育特征，其建设内容应根据地方经济社会发展、支柱产业结构格局、技术技能人才需求的变化而与时俱进，形成自己的品牌与特色。③建设主体要突出"合作性"。高职院校专业设置与所在地域的行业企业有密切的天然联系，校园文化建设应体现出合作育人的特征，要充分发挥行业企业在校园文化建设中的主体作用，通过校企合作、工学结合加强校企文化对接的深度和力度。④建设方式要突出"融合性"。高职校园文化建设应加强中华优秀传统文化、地域特色文化、社会主流文化、行业企业文化、网络新媒体文化与校园文化的深化融合，提升高职校园文化的建设功能和成效。[③]

二、校园文化的要素分析

经过专家学者多年的研究与理论探索，大家一致认为，高职特色校园文化建设是一个庞大复杂的系统工程，要建设高水平和独具特色的高职校园文化，需要从四

① 王佳丽. 新时期高职校园文化建设的理论及思路探讨 [J]. 求知导刊，2016（1）：39-40.
② 林漫森. 基于内涵发展视野下新时期高职校园文化体系构建 [J]. 南宁职业技术学院学报，2018（5）：58-62.
③ 周建松. 关于高等职业院校校园建设文化的思考 [J]. 中国职业技术教育，2015（13）：70-78.

个方面着手：校园物质文化、校园精神文化、校园制度文化和校园行为文化，这也是高职校园文化的四大要素。

1.校园物质文化——高职校园文化的基础

高职院校的校园物质文化，是指高职院校为了实现教育教学目的而建设的硬件设施和校园环境。它是校园文化的载体，是能够看得见、摸得到的实实在在的东西。它主要表现为校园建筑风格的和谐一致；自然环境的绿化、净化和美化；教育和教学设施的完备以及先进科学的管理。美丽的校园、宏伟的建筑、明静的教室、幽雅的宿舍、完善的实训室、吸引人的活动中心等是广大师生学习和生活的场所，是高职院校开展教育教学工作的物质基础，也是整个大学校园文化的重要外在表现和物质载体。

校园物质文化中优美的校园环境，一方面能够开阔学生的视野，给学生带来美的、愉悦的身心体验，起到春风化雨、润物无声的作用；另一方面也能给人以熏陶和感染，既能增强学生的环境保护意识和集体荣誉感、自豪感，又能激发学生刻苦学习、勤奋钻研、积极进取的精神。

古朴典雅的校园建筑群本身就是一种文化。苏联著名教育家苏霍姆林斯基曾说过："要让学校的每一面墙都会说话"。校园建筑不仅能够丰富师生的知识，陶冶师生的情操，而且可以警示教师爱岗敬业、为人师表、终身学习、与时俱进，激励学生传承中华民族优良传统、勤奋努力、健康成长、全面发展。

校园物质文化中完善的基础设施为广大师生员工开展丰富多彩的教学活动提供了重要条件，使广大师生员工能够寓教于乐、陶冶情操，在学习知识、探求美好、品味快乐中受到潜移默化的熏陶和启迪。

网络作为新兴媒体，已成为影响力最大的文化平台，校园网络在大学校园里发挥着举足轻重的作用，是大学生关注度最高的媒体，是高职院校进行舆论宣传和文化引领的重要阵地和窗口，是特色校园物质文化建设中不可或缺的组成部分。[①]

2.校园精神文化——高职校园文化的核心

一所学校的前进，需要精神力量的引领；一所学校的发展，需要文化力量的滋养。高职院校的校园精神文化，是指广大师生员工在实现教育教学目的的过程中逐渐形成的校园历史文化传统、价值观念、生活态度、思维观念和审美情趣的总称，是一个学校精神风貌和本质特征最集中的体现。校园精神文化既是对高职校园文化的历史传承，又是对高职校园文化的不断创新。校园精神文化是校园文化的灵魂和核心，集中反映一所高职院校的凝聚力、向心力和学生的精神风貌，是校园文化最高层次的东西。其具体体现在高职院校的校训、"三风"（校风、教风、学风）、班风以及校歌、校标等方面。

校训是大学的文化符号。大学是什么？"大学之道，在明明德，在亲民，在止于至善"。一所大学的发展不能没有高楼，也不能没有大师，更不能没有文化。文

---

① 李阔，李继利. 大学特色校园文化建设要素研究［J］. 法制与社会，2015（4）：210-211，214.

化是灵魂，是旗帜，是一种大境界，是大学求知育人的坐标。高职院校的文化往往集中体现在校训里，校训是高职校园精神的言说和表达。校训作为大学精神的精华和浓缩，集中体现了一所高职院校的精神文化和办学者的孜孜追求，是一所高职院校对历史的传承和扬弃，具有极强的凝聚力和向心力，激励着一代又一代师生不断地前进。

校风就是学校的风气，是学校教职员工和学生在工作、学习、生活中所体现出的精神面貌，好的校风是一种巨大的精神力量和优良的传统。它有着强大的同化力、促进力和约束力，潜移默化地影响和制约着教风、学风。我国教育理论家杨贤江曾经明确指出："校风是一个学校内的人物在各方面生活上所表现出来的一种态度和趋向。"①

教育机构在教学精神、教学态度和教学方法等方面形成的长期的、较为稳定的教育教学风气被称为教风。它是教师在道德、才学、作风、素养、治教等方面的集中反映和综合体现，是教师核心素质的外在表象。在良好的教风环境中，教师必然具有良好的教育教学价值观，这也决定着教师能做到既教书又育人，甘于奉献、为人师表、从严治学和精心施教等。

学风主要指学生与教师的行为风范和思想道德表现，是一种在学习过程中所表现出来的精神面貌。从狭义层面讲，它指的是大学生的学习态度与目的、思想与心理状态、学习方法与能力、求学精神等内在品格在学习行为上的外在作风表现。学风的作用是无形的，但却是影响深远的，优良的学风能使学生之间相互激励、奋发向上、取长补短、你追我赶、致力成才。这种无形而强大的精神力量直接影响和决定着一所学校的人才培养整体质量。②

校风、教风、学风作为高职校园文化的重要组成部分，相互联系、相互影响、相互促进。③"三风"作为一所高职院校的重要治学文化和精神食粮，对提高人才培养质量、提升学校的社会影响力、凝聚办学合力、建设和谐向上的校园文化具有重要的作用。④如常州信息职业技术学院从校园文化中凝练出"常信人"担当使命的思想和行动标识，增强了师生对学校的感知和认同。学院相继凝练出学风建设"八荣八耻"（以追逐梦想为荣，以浑浑噩噩为耻；以自信自强为荣，以轻视懈怠为耻；以主动学习为荣，以荒废青春为耻；以沟通互动为荣，以游离课堂为耻；以上课关机为荣，以不做笔记为耻；以争做楷模为荣，以逃课挂科为耻；以身心健康为荣，以沉溺网游为耻；以诚实守信为荣，以抄袭舞弊为耻）、教风建设"十点"（教态美一点，精神振一点，微笑多一点，说话实一点，观察细一点，思考勤一点，方法巧一点，情绪稳一点，表扬多一点，批评少一点）、学生"六个一"（每天学背一篇课文，每天听一小时广播，每周看一份外文报，每周写一篇作文，每月看一场原版电影，每年读一本好书）和教师"八者"（做先进文明的传播者，做正向能量的激发者，做纷繁人生的解惑者，做美丽心灵的塑造者，做教学改革的探路者，做习

① 参见百度百科．
② 王丹中．校风建设：高职院校提高教育质量的重要途径——以常州信息职业技术学院为例 [J]．职教通讯，2014（11）：8-10．
③ 朱科文．对高职院校校风教风学风建设的反思 [J]．科技创新导报，2014（26）：157．
④ 牛国阳．高职院校校风教风学风建设探究 [J]．智库时代，2018（11）：120-121．

惯养成的推进者，做思维训练的导航者，做前沿科技的领路者）。

班风，是由班级成员共同营造的一种集体氛围，反映了班级成员的整体精神风貌。良好的班风具有一种无形的约束作用和强大的同化力量，对班级建设、未来发展具有重要的导向作用，是保障学生学习成才的重要力量；良好的班风有助于通过同类引导，树立起积极乐观的学习态度，从而促进学生的健康成长。

校歌，是校园精神文化的重要组成部分，是学校办学理念、精神风貌和办学特色的外在形象，是学校优良传统、校风、校纪的高度概括，是引领学校发展方向的精神宣言。它不仅展示了教育者的理想和追求，也反映着受教育者的感受和心声。如歌曲《大爱》是广西幼儿师范高等专科学校的校歌，该曲简洁明快、情深意浓，既朗朗上口又寓意深远，充分体现了幼专的办学特色、教育理念和优良传统，在催人奋进的同时又丰富了校园精神文化。①

校标是高职院校办学理念、办学特色以及发展中沉淀和积累下来的人文精神，经巧妙的构思和设计，将具有象征意义的图像、色彩和文字组合成的具有寓意的图形。校标作为校训和校风的重要载体，是校训、校风等的视觉符号和显化形式，是一种空间的艺术造型，是一所学校较完整的文化形象组成部分之一，是校园文化建设的重要内容。校标作为高职院校的象征，应该是其自我形象的外在展示和自我身份的内在认同，更是传统的积淀和对未来发展追求的艺术体现。既结合学校特征又富有思想内容的好校标本身，会使师生在可以感触的艺术形象中受到美的感染，热爱自己的志向，并且捍卫它的尊严。如长江工程职业技术学院在对学院历史轨迹、现实追求、未来取向的研究思考中，确定了学院校标必须体现的重要元素"长江"乃学院名称范围；学院建立和接续中至关重要的关键词"水利"乃学院的办学特色；"教育"意旨培养人才乃根本。学院校标在表现这三个关键要素的同时，还要蕴含学院的办学理念和人文精神，图形要简约实用，具备唯一性，且内涵丰富深刻，让人们在读解时有充分的想象空间和丰富的联想因子，对师生具有良好的教育功能。其校标以小见大，见微知著，以简寓繁，形式婉曲，意蕴深隐，已成为校园文化和学院无形资产的重要组成部分，取得了内涵丰富、特色鲜明、使用方便、广泛认可之效果。②

3.校园制度文化——高职校园文化的保证

高职院校的校园制度文化，是指高职院校在长期的发展历程中所形成的独特的管理理念和思想观念，以及在这种管理理念下制定的具体的规章制度、管理体制和组织机构的总和。校园制度文化，是维系高职院校正常秩序不可或缺的保障体系。俗话说：没有规矩，不成方圆。高职院校只有建立起一整套完整、系统的规章制度，才能更好地规范广大师生员工的行为，形成优良的校风，使高职院校各个方面的工作顺利地开展与落实。③

① 杨春锋. 师范院校精神文化建设对良好师德的形成探究——以广西幼专校歌《大爱》传唱活动为例 [J]. 戏剧之家，2017（3）：215-217.
② 黄少臣. 校徽：学校文化内涵和精神底蕴的表征——写在长江工程职业技术学院校徽启用之际 [J]. 长江工程职业技术学院学报，2014（9）：43-44.
③ 王碧斓. 谈高职院校校园文化育人的价值诉求 [J]. 辽宁师专学报：社会科学版，2013（5）：116-118.

　　高职院校的校园制度文化主要包括各项制度管理规范、组织机构设置状况以及制度的产生过程。其十分注重显性制度之外附加的隐性制度及蕴含的价值观、制度约束下师生员工的行为动机和行为效果。制度文化是显性制度与隐性制度的内在结合与有机统一。它以学校管理制度为表现形式，通过对管理制度的不断调整与完善，促进管理的科学化和规范化，具有规范性、历史性、多层次性和隐蔽性等特点。[①]

　　一般来说，制度文化是保证高职院校正常运转的规范性文件，它规范、指导和制约着学院中每一个人的举动和行为，具有普遍约束力。高职院校的章程就是高职院校的宪法，是高职院校办学的纲领性文件，对学校其他制度建设起着统领性作用，并且学校其他规章制度的制定必须以章程为依据。章程也是高职院校成为法人组织的必备条件，是政府、社会及高职院校自身依法治校的重要依据。人事管理制度是高职院校有关教师和行政管理人员招聘、调转、任免、晋升、考核、弹劾、奖惩、培训等方面的管理制度的总称，是高职院校进行师资队伍建设的制度保证，对学校的所有教师都具有普遍的约束力，是教师学习、工作、职务晋升的重要依据，也是教师个人权益的重要保障。学生管理制度一方面最大限度地维护着学生的权益，使其健康成长；另一方面对学生进行社会化、道德化、规范化及人格的培养。[②]

4. 校园行为文化——高职校园文化的表现

　　行为文化是高职校园文化的表现形式，是在校园中生活的领导、管理者、老师、学生工作学习生活过程中通过对社会、对学校、对自己活动的认知而形成的具有特色的行为规范，是学生在多元文化碰撞和交融中衍生出的行为文化活动，是领导和管理者组织教职工开展教育、管理、科研，使学生按照学校的系统教育树立正确的价值观、人生观、道德观，顺利完成学业，成为全面发展的专业人才的重要人文环境。[③]

　　行为文化是学校精神、价值观和办学理念的动态反映，是校园文化在师生身上的具体体现，主要指师生的行为习惯、生活模式、各类群体（社团）活动以及在此基础上表现出来的校风、学风等。行为文化是推进校园文化建设的良好载体，全员参与是推进校园文化建设的关键。[④]行为文化的主体是所有"大学人"，在这里，教师是主导，学生是主体。"亲其师，信其道"，大学教师的人格魅力、真挚的师爱、渊博的知识，这些非强制性影响因素会使学生对教师产生敬佩感、依赖感、亲切感、信任感。学生会把对老师的这种认同迁移到自己的学习和生活中去，对学校的规章制度、校风、学风产生强烈的认同感，激发学习热情，进而对学校产生强烈的依赖感、归属感和荣誉感，大大激励其探求知识、追求真理的欲望[⑤]。所以，加强教师的学术修养和道德素质，通过教师的示范引领，把"学为人师，行为世范"作

　　① 袁燕，吴亚萍. 高职现代学校制度与学校文化、制度文化的关系及融合路径研究 [J]. 教育与职业，2014（6）：28-30.
　　② 李阔，李继利. 大学特色校园文化建设要素研究 [J]. 法制与社会，2015（4）：210-211，214.
　　③ 成荷萍. 关于高校校园文化相关要素的思考 [J]. 中国劳动关系学院学报，2007（4）：115-118.
　　④ 刘荣. 新时期高职院校特色行为文化建设路径研究 [J]. 经济师，2012（12）：117-119.
　　⑤ 朱博辉. 大学特色校园文化建设要素探析 [J]. 辽宁医学院学报：社会科学版，2015（2）：76-79.

为其行为标准和行动指南，才会在高职校园不断营造"亲其师，信其道"的良好氛围。

高职院校品牌文化活动以及文化、科技、卫生"三下乡"等大学生暑期社会实践活动是行为文化的重要表现形式之一。品牌文化活动反映着大学的办学水平和艺术素养，具有很强的吸引力和凝聚力，是校园文化活动的集中表现。文化、科技、卫生"三下乡"等大学生暑期社会实践活动是引导学生走出校门、了解国情、服务社会，促进大学生健康成长成才的必要途径，是校园文化活动在空间上的拓展和延伸。①

三、校园文化育人的功能

什么是校园文化育人的功能？王文锋认为："所谓校园文化育人，是通过一定的物质环境和精神氛围，使生活在校园内的每一个成员都能潜移默化地受到影响，在思想观念、心理因素、行为准则、价值取向等方面与现实文化产生认同，从而实现对人的精神、品质、心灵和性格的塑造。"②高等职业教育作为高等教育的一个组成部分，其校园文化除了具有普通高等院校的一般特征外，还具有鲜明的职业性。经过20多年的发展，高职院校也形成了自己的校园文化，并且高职院校的校园文化对高职学生的成长、成才发挥着越来越大的作用。

1. 潜移默化，价值导向

校园文化是学校在长期的教育实践中形成的，具有潜移默化的价值导向作用，即校园文化能对学校内每个成员的价值取向及行为取向起引导作用，把个人行为引导到学校规定的目标上来。积极向上的校园文化会引导学校的个体成员为实现学校的发展而积极学习、努力工作，从而形成一种正确的价值取向，陶冶师生员工的情操，净化师生员工的思想。张旻桓等人认为，校园文化的本质意义和最高价值在于促进人格的发展。③从生理上看，高职学生年龄在18～22岁之间，正是世界观、价值观和人生观的形成时期。他们自我意识强，思想活跃，情感丰富，情绪容易波动，模仿性和可塑性强，但辨析能力差，很容易受到外部环境的影响。校园内的规章制度及健康的舆论导向等校园文化对学生的学习、生活及思想言行具有规范作用，当思想言行不符合制度规范要求时就会自我矫正。良好的校园文化能够规范学生的言行，有利于塑造其优秀的道德品质。因而，可以说，学校风气就是一种独特的教育，有利于培育学生的健康人格。正如马克思所说的："人创造环境，同样，环境也创造人"。④总之，健康向上的校园文化，切合大学生的生理、心理特点，有利于其良好思想道德的养成，对其塑造灵魂、健全人格起着巨大作用。⑤

---

① 李阔，李继利. 大学特色校园文化建设要素研究 [J]. 法制与社会，2015 (4)：210-211，214.
② 王文锋. 论大学校园文化的育人功能 [J]. 山东理工大学学报，2011 (1)：102-105.
③ 张旻桓，马振山，陈名虎. 高校校园文化现状分析与思考 [J]. 广西青年干部学院学报，2008 (7)：44-46.
④ 马克思，恩格斯. 马克思恩格斯选集（第1卷）[M]. 中共中央马克思恩格斯列宁斯大林著作编译局，译. 北京：人民出版社，1972：43.
⑤ 王鹏程，王薇薇. 刍议高职院校校园文化育人功能 [J]. 职教通讯，2017 (17)：15-17.

校园文化的价值导向主要体现为通过举办一些文化活动，广大教师和学生共同致力于学校整体目标的实现，充分展现在校人才的专业素养和高尚情操，为决胜全面建成小康社会、夺取新时代中国特色社会主义伟大胜利贡献一份力量。重视校园文化的导向功能，能够充分发挥其四个综合效应：一是使广大师生树立坚定、正确的政治目标；二是丰富广大师生的业余生活，养成良好的生活、娱乐习惯；三是提高广大教师和学生的审美能力和欣赏能力；四是确保学校教学任务的高效、按时完成。导向功能的发挥是高职院校贯彻落实无产阶级文化思想的重要途径，也是在社会主义条件下，提高办学实力、传颂传统文化的主要渠道。校园文化作为意识形态的主要载体，要严禁落后、腐败思想的渗透，始终坚持以马克思列宁主义、毛泽东思想、邓小平理论、"三个代表"重要思想、科学发展观、习近平新时代中国特色社会主义思想等重要思想为校园文化建设的指导方针，对学生的思想动态和精神需求进行充分的了解和把握，遵循校园文化的发展规律，帮助学生树立正确的人生观、价值观、世界观，为实现文化多样性、创新性而努力奋斗。①

2. 引领成长，激励成才

高职院校是一个以学生为主体、以教师为主导的传授知识的场所，是教书育人的地方。其本身起着一种文化传承的作用，通过大学教育使师生汲取文化营养，获得人生蕴意的体验，进而磨炼意志、陶冶情操、增长才干。校园环境、教师的言行举止、知识水平、敬业态度都时刻对学生产生着影响。苏联教育家苏霍姆林斯基曾经说过："我们的教育应当使每一堵墙都说话"。学校的一切设置都是精心设计的，目的是育人。毋庸讳言，高职学生文化成绩普遍偏低，但高职校园布置的名人画像、格言警句等能鼓舞士气，催人奋进。校园丰富多彩的文化生活不仅能提高学生的思维能力和组织能力，而且能补充与扩大学生的知识面，使其各种能力得到提高与锻炼。如演讲、书画展览、歌咏比赛等活动的开展，能够唤醒高职学生沉睡已久的梦想，意识到自身的差距，明里或暗里以先进同学为榜样而紧追不舍。高职院校与普通大学不一样之处还在于它的职业性。校园内建有实习工厂或实习车间，这些工厂或车间通常免费为学生开放，很多平时不爱学习的高职学生由于受学习兴趣小组的影响，端正了学习态度，由平日里的无所事事到主动动手学习。②

校园文化中良好的校风、学风等价值观念无时无刻不影响着学生的成长、成才。崇德厚道、弘扬学术、严谨治学、追求卓越的校风使得整个校园都沉浸于勤教力学、立己树人、教学相长的良好环境中，通过教师在学术上的精益求精、作风上的勤勉严谨、教学上的言传身教来引领学生的成长，激发学生的才能。教师尤其是优秀教师在校园文化中释放的正能量尤为巨大。高职院校有很多优秀教师，他们是学生崇拜的偶像。他们对学生要求严格，对工作认真负责，讲课风趣幽默，人品高尚，知识丰富，在行业内和社会上享有较高的知名度。在他们的感召和教育下，很多差学生会变成好学生。教师只有具备高尚的师德、渊博的知识、高超的教学技艺，才能真正赢得学生的尊敬和爱戴。正是老师关爱学生，学生信赖老师，师生之

---

① 杨雪. 高职校园文化内涵与建设路径 [J]. 改革与开放，2015（5）：118-119.
② 王鹏程，王薇薇. 刍议高职院校校园文化育人功能 [J]. 职教通讯，2017（17）：15-17.

间这种互相尊重、心心相印的和谐氛围，开启了学生关闭已久的心扉，其结果是学生对自己开始有自信了，平时不爱学习的开始爱学习了。教师对学生的这种影响正如俄国著名教育家乌申斯基说过的，是"任何教科书、任何道德箴言、任何惩罚和奖励制度都不能代替的一种教育力量"。①

"榜样的力量是无穷的"，高职院校要通过优良的学风建设，表彰一批先进集体和先进个人，达到表彰一批、影响一批、教育一批的目的；充分发挥榜样师生的示范带动作用，广泛宣传他们的先进事迹，教育引导广大学生以"优秀师生"为标杆，勤奋学习，追求卓越，努力成长为德才兼备、全面发展的高素质创新型人才。②

3. 审美教育，愉悦身心

审美教育是高校全面教育的重要组成部分，校园文化是高校进行审美教育的一条重要途径。高职院校通过校园文化设施、管理制度、行为规范、校园文化活动等方式可以激发学生的审美情趣，帮助学生树立正确的审美观念，可以愉悦其身心、陶冶其情操、完善其人格，有利于提高学生的审美能力和审美素质。高职校园文化对学生审美能力的提高主要体现在以下两方面：一是引导学生树立正确的审美追求。高职校园文化能引导学生自觉形成高尚的人格精神，帮助学生养成一种健康向上、崇尚科学、崇尚文明的情操，同时，学生也会用高尚的、理想化的精神去衡量和约束自己的行为；二是提高学生对美的感受能力和鉴赏能力。高职院校通过整洁优美的校园环境、形式多样的校园文化活动，可以让学生直接感知美、发现美、欣赏美，并通过对学生审美追求、道德情操、行为方式等的影响，提高其审美能力。③

4. 激发想象，不断创新

创新是人类的希望，也是一个国家和民族进步的动力，更是一个人在工作乃至事业上永葆生机和活力的源泉。因此，学生创新思维能力培养是高职院校素质教育中极其重要的一个环节。《中共中央国务院关于深化教育改革 全面推进素质教育的决定》明确要求："智育工作要转变教育观念，改革人才培养模式，积极实行启发式和讨论式教学，激发学生独立思考和创新的意识，切实提高教学质量④。要让学生感受、理解知识产生和发展的过程，培养学生的科学精神和创新思维习惯。"高职校园文化能够激发学生的想象力，培养他们的创新意识，是创新人才培养的有效途径。

高职校园文化中的物质文化、制度文化、精神文化以及行为文化等共同对学生创新性的培养起作用。首先，物质文化对学生创新性的影响是显性的、直接的，如高雅整洁的校园环境能启迪想象、触发灵感；特色、有创意的校园建设能够有效激发学生的好奇心与创造力。其次，制度文化是高职院校师生的活动准则，对学生创

① 戴本博. 外国教育史 [M]. 北京：人民教育出版社，1989：385.
② 王辉. 浅谈高校校园文化的育人功能 [J]. 职业与教育，2009，26：77-78.
③ 贺兰. 高校校园文化的教育功能 [J]. 教书育人·高教论坛，2018 (6)：57-59.
④ 中共中央国务院. 关于深化教育改革，全面推进素质教育的决定 [R]. 1999-06-13.

新能力的导向作用体现在：一是制度文化规范学生创新性的发展方向；二是制度文化规范学生的价值取向，科学的价值观和正确的是非观是学生创新人格的应有之意；三是制度文化通过一系列的奖惩制度促进学生人格的发展和创新性人格的塑造。再次，精神文化具有强大的辐射功能，在创新能力教育上发挥着潜移默化的作用。校园精神文化通过强大的凝聚力，激励全体师生共同努力，营造一个充满活力、激情创新的环境氛围，处于这种氛围中的学生在长期的耳濡目染下，必然激发创新意识，最终通过自身的内化，形成自身的一种创新能力[①]。最后，校园文化中的行为文化能够引导高职学生广泛开展课外科技活动，培养他们探究科学奥秘的兴趣，激发他们的想象力和创新能力，十分有利于高职学生创新意识和能力的培养。[②]

5.凝聚人心，塑造心灵

校园文化育人具有凝聚人心的功能，这主要反映在校园文化构成的内在机制中：一是使教师和学生对文化有归属感的机制；二是约束师生行为规范的准则机制；三是将教师和学生亲密融合成大集体的情感机制；四是促进高职院校实现统一协调的内聚机制。正是因为校园文化育人的凝聚人心功能以及对多层次文化的满足，才促使来自四面八方的教师和学生，即便在年龄、性格、价值观等方面存在巨大差异，也能在这一方天地融洽地生活、和谐共处，最大程度地减少生活差异。而正是因为这样，校园文化才紧紧地将教师和学生融为一体，在校园内部产生强大的向心力和凝聚力，形成崇高的集体精神和团队精神，一方面促使教师勤奋工作、热爱学校；另一方面促使学生刻苦学习、珍惜荣誉。经过长时间的实践我们可以发现，校园文化育人的凝聚人心功能是教师、学生积极投身于本职工作和学习的重要保障，有助于激发师生的潜力，对提高高职院校的教学效率和办学能力有莫大的帮助。[③]

校园文化育人对塑造学生健康的心灵、培养其阳光的性格也具有重要作用。大学时期是人生向社会过渡时期，也是心灵由幼稚转向成熟的重要时期，校园的风气、舆论和评价对学生的心灵会产生直接影响。校园里团结互助的气氛浓厚，师爱感召力强，丰富多彩的文娱活动催人向上，能把学生从封闭的"自我"之中解脱出来。个别学生有困难，老师和同学们都会伸出双手齐心协力来帮助，让困难同学感到身边有爱、有温暖，不再孤独，心灵不再受伤害，也就不会产生自卑心理，不会形成内向、孤僻、嫉妒、固执、多疑、心胸狭窄等性格。总之，积极向上的校园文化氛围有利于学生形成健康的心灵，丰富的校园文化活动有利于培养学生阳光的性格，步调一致的集体生活有利于造就合作精神。[④]

6.规范自身，提高素养

校园文化是高职院校内部师生共同遵守的信念，是师生的共同目标、共同追

① 贺兰. 高校校园文化的教育功能 [J]. 教书育人·高教论坛，2018（6）：57-59.
② 王鹏程，王薇薇. 刍议高职院校校园文化育人功能 [J]. 职教通讯，2017（17）：15-17.
③ 杨雪. 高职校园文化内涵与建设路径 [J]. 改革与开放，2015（5）：118-119.
④ 王鹏程，王薇薇. 刍议高职院校校园文化育人功能 [J]. 职教通讯，2017（17）：15-17.

求、共同利益的集合。它明确提出了师生在日常生活和工作、学习中应遵守的原则和社会道德,对师生起着约束、制约的作用。校园文化的力量十分强大,它能通过极其微妙的方式,对教师和学生的言行举止、行为动作等进行约束和制约,促使人人做好分内工作。例如,其促使教师为人师表,坚持言传身教;促使学生自觉遵守课堂纪律,发扬优良传统,养成良好习惯。文化是一个十分宽泛的概念,它不仅是社会道德的重要组成部分,还是社会伦理的构成要素和支撑力量。在文化的建设和发展过程中,除了要坚持正确的方向之外,还需要充分结合当前社会的发展现状,以及市场经济的发展要求,确保其与时俱进,拥有长久、鲜活的生命力。①

校园文化的约束功能,有助于大学生职业素养的形成和提高。职业素养是指职业内在的规范和要求,是在从事某一职业的过程中表现出来的综合品质,是一定的职业要求和规范在从业者个体身上的内化②。各种学历证明和职业资格证书只能证明一个人所具有的基本知识和技能,不能证明其职业素养高。职业素养是通过长期的职业训练得来的,也只有通过相当的职业实践,才能展现或检验出来。高等职业教育是培养技术应用型人才的教育,高职院校肩负着为社会培养生产一线需要的高技能型人才的历史使命。为了加强对学生职业素养的培养,各高职院校普遍遵循的原则是"针对市场设专业,针对企业定课程,针对岗位练技能"。为了增强学生的实际操作能力,实训、实习等实践教学环节在教学计划中占有很高的比例。从校园环境看,校园实习工厂的环境与真实生产企业几乎没什么区别,墙壁上的"时间就是生命,时间就是效益""今天工作不努力,明天努力找工作"等标语让人身临其境。高职院校这种职业性与理论性兼顾、学术性与企业性相融的特殊校园文化让高职学生既有一定的文化理论,又有相应的专业知识,提前进入工作状态接受锻炼,形成一定的职业素养。③

7. 适应社会,辐射社会

校园文化育人还具有促进大学生适应社会的功能。校园文化作为社会文化的一部分,既有自己鲜明的个性,又有社会文化的烙印。校园文化与社会文化的这一特殊关系为学生提供了一个了解社会的良好平台,也为学生提供了一个在进入社会前成为社会人的良好练习机会。高职学生通过参与学校的教学和管理、校园文化建设和校园文化活动,可以深入接触和了解社会生活,积累丰富的生活实践经验,通过不同角色的转换和体验,学习和领悟更多的实践知识和社会经验,从而加速其社会化进程。"大学校园就是一个小型的社会",多种多样的校园文化生活也是社会生活的一个缩影,是学生了解社会的重要途径。校园文化潜移默化的影响,促进了学生从校园人到社会人的转变,从而为成为一名合格的社会人做准备。④

校园文化育人本身也具有辐射社会的作用,即校园文化以独特的方式,在向师生进行教育传输的同时,也会对社会产生潜移默化的影响,可以带动社会整体的精神文明建设,对社会、经济发展起促进作用。这种辐射作用主要是通过提升学校的

① 杨雪. 高职校园文化内涵与建设路径 [J]. 改革与开放, 2015 (5): 118-119.
② 江波. 高职生职业素养的培养途径探析 [J]. 出国与就业, 2010 (6): 23-24.
③ 王鹏程, 王薇薇. 刍议高职院校校园文化育人功能 [J]. 职教通讯, 2017 (17): 15-17.
④ 贺兰. 高校校园文化的教育功能 [J]. 教书育人·高教论坛, 2018 (6): 57-59.

文化品位来实现的。一方面，学生和教师来自不同地区，会吸收、借鉴社会其他文化；另一方面，学校把毕业生输送给社会，把先进的教学理念和教学成果展示给社会，在繁荣社会文化的同时，也会对社会发展起到积极作用。①

四、校园文化育人的策略

校园文化活动是学生在学校生活、学习和成长的重要组成部分。校园文化育人是高职院校人才培养的重要方面，是不断提高人才培养质量、提升生产一线就业人才综合素质的重要途径。为提升高职校园文化育人成效，应注意采取以下策略：

1.以校园精神凝聚校园文化，提升校园文化内涵

校园精神是高职校园文化的灵魂和核心，它并不是与生俱来的，而是通过学校的校训、校风、教风、学风等一系列教育活动来体现的，并鼓舞着广大高职学生奋发成才。历数国内外的一流大学，它们在长期的发展历程中累积了深厚的文化底蕴，并形成了浓郁的校园文化氛围，身处其中，都会不知不觉地受到熏陶和感染。因此，培育具有高职特色的积极向上的校园精神，是增强高职校园文化育人功能的内生动力。以高尚的校园精神凝聚校园文化，丰富和提升校园文化内涵，是激励和引导师生积极向上的一面旗帜，是做好育人工作的重要组成部分，对实现高职校园文化育人功能会产生广泛而深远的影响。高职院校要做好精神文化育人工作，就要切实加强校风、教风、学风和班风建设，为高职学生创造良好的"化人"环境。②

提升校园文化内涵要结合新时代的热点，贯彻落实党的十九大精神，突出文化建设的核心思想，提升思想教育战略化高度，深化校园文化建设的主题工作，鼓励学生学习党的十九大内容，在注重教育的同时，更加注重全面化发展的应用型人才培养。高职院校要以立德树人为根本目标，牢固树立"四个意识"，坚持"四个自信"；进行校园品牌化建设，提高校园实践活动的质量；紧紧围绕"强国，强教育"这一主题，找准校园文化发展的定位，推动文化建设机制的变革。③

2.明晰校园文化活动的育人目标，确定项目内容

新形势下，校园文化活动育人目标的形成应与高职院校人才培养需求、行业企业人才需求和高职院校校园文化活动的开展情况紧密结合。高职校园文化活动的具体目标包括以下几方面：一是基本能力，即不断加强学生从事任何职业或岗位所需的较好的思想价值观念、健康的身心和通识技能的培养；二是专业知识及技能，即不断加强学生从事某种具体职业或岗位所需的系统化知识的学习，提高其操作技能；三是职业素养，即不断加强学生从事某种具体职业或岗位所需的职业道德、礼仪等的培养；四是可持续发展能力，即不断提升学生自身发展和完善的能力，包括职业规划、团队协作、社会活动和解决问题等方面的能力；五是创新能力，即不断

① 韩笑真. 高职院校校园文化建设育人探析 [J]. 教育探索, 2014（12）: 109–110.
② 王碧澜. 谈高职院校校园文化育人的价值诉求 [J]. 辽宁师专学报: 社会科学版, 2013（5）: 116–118.
③ 蒋丹. 高职院校学生特点与校园文化建设的实践研究 [J]. 智库时代, 2018（12）: 204–205.

加强学生从事任何职业或岗位所需的创新思维的培养。[①]

通过调研高职校园文化活动开展情况和用人单位的用人需求情况，并对高职院校人才培养目标、校园文化活动育人目标、用人单位的人才需求内容进行对比分析，可以确定高职校园文化活动项目的内容（见表 2-1）[②]。

表 2-1　　　　　　　　　　高职校园文化活动项目的内容

素质能力	具体指标	文化活动项目
基本能力	主动践行社会主义核心价值观	社会主义核心价值观活动月、志愿服务、社会实践、党团活动等
	具有较广泛的通识知识	读书活动、各类讲座、文化艺术活动、社团活动等
	具有健康合格的身心	心理健康月、趣味体育节、运动会、"一二·九"长跑、体育竞赛等
通用能力	具有自我职业规划能力	通用能力培训、文体艺术活动、志愿服务、社会实践、社团活动等
	具有较好的团队协作能力	
	具有较强的社会活动能力	
	具有解决问题的能力	
	具有自我学习能力	
专业知识及技能	具有从事某种具体职业或岗位所需的系统化知识	各类技能竞赛、社会实践、志愿服务、社团活动等
	具有从事某种具体职业或岗位所需的较高水平的操作技能	
职业能力	具有从事某种具体职业或岗位所需的职业道德	校企竞赛、社会实践、技能竞赛、礼仪竞赛、礼仪培训、挂职锻炼、社团活动等
	具有从事某种具体职业或岗位所需的职业礼仪	
	具有从事某种具体职业或岗位所需的职业认同	
创新能力	具有不断产生工作新想法和新做法的能力	创新、创意、创业竞赛，创新创业培训，社团活动等
	具有将新想法和新做法付诸行动或付诸说明的能力	

值得注意的是，校园文化活动是高职校园文化建设的重要内容和主要载体，追求形式创新是新时期大学校园文化活动的重要特征。高职院校要不断提升校园文化活动的层次和品位来最大化地发挥其育人功能，通过将校园文化建设的内容创新与形式创新深化结合，打造出"学术科技活动突出创新性、学生社团活动突出品牌性、文体艺术活动突出才艺性、社会实践活动突出知识性"系列文化活动品牌项

① 谢涛. 高校素质教育再思考 [J]. 江苏高教，2016（3）：97-99.
② 张妍妍，高强. 高职院校校园文化活动育人体系构建研究 [J]. 教育理论与实践，2018（24）：24-25.

目，把学生的专业技能提高与德育素质提升融为一体。[①]

3. 提升教师的文化素养和责任意识，发挥其育人主导作用

近几年来，受高校不断扩招的影响，高职院校的生源质量越来越差，再加上高职教育功利化、工具化倾向的影响，高职教师在教学中很难体会到价值感和幸福感，职业倦怠的情绪日益严重，教师的人文情怀被淡化。教师文化的缺失意味着教育枯萎而失去灵性，教师的文化觉醒对校园文化育人具有独特的意义。高职院校要建立一支以专职辅导员、思想政治理论教师、专业课教师为主体的工作队伍，加强校园文化育人的研究与实践。学校领导首先要有高度的文化自觉，要深入基层和课堂一线，了解教师的工作、生活和教学实际，及时发现问题并为教师排忧解难，引入激励机制；要善于发现典型人物和感人事迹，及时给予表扬和奖励，弘扬正能量，鼓舞其干劲，让教师在努力工作中获得价值感和职业幸福。领导者的责任是激发教师的工作热情和创新精神，挖掘教师的工作潜能，为教师创设一个身心愉悦的校园环境。学校要从师德、教学和科研三个方面引领教师，狠抓校风、教风、学风，促进教师业务能力和精神境界的提高。正如苏联教育家苏霍姆林斯基所说："如果你想让教师的劳动能够给教师带来一些乐趣，那么，就应当引导每一位教师走上从事研究这条幸福的道路上来。"教师自身也要调整好心态，在日常的工作中学会体验职业幸福感，并把自己的幸福感传递给学生，用正能量引导学生。教师要有文化意识、文化行为，要用文化去教育和感染学生。教师应博览群书，自躬反省，不断提高自身的文化修养和人格魅力，使自己的思想和行为充满文化韵味，并把文化元素带入课堂教学之中，让学生在学习科学知识的同时感受到人文情怀，使课堂教学从入脑、入心到塑造心灵、启迪思维和升华精神。[②]

4. 夯实高职校园文化的基础地位，形成"三全"育人的合力机制

高职院校要全方位、多维度地进行精神文化、制度文化、行为文化和环境文化建设，打造特色示范校园文化，形成全员育人、全程育人、全方位育人的合力机制，促进学生的自我全面发展和健康成长，从而实现高职院校的人才培养目标。首先，高职院校应着力完善与校园文化氛围相配套的各项软硬件基础设施，打造外在的硬件环境文化和具有人文教育功能的软件环境文化，构建"绿色、高雅、开放、和谐"的校园环境文化，充分发挥环境育人的重要作用。其次，高职院校应从科学、规范和齐全的视角制定各项规章制度，将已形成的具有鲜明职业特色的科技文化、双创文化、社团文化、教室文化、宿舍文化等列入规章和管理制度中，帮助学生丰富专业知识和提升综合素质。再次，校园精神文化是高职校园文化建设的核心，高职院校要通过对优秀传统文化和主流文化的弘扬，形成具有职业教育特点的职业道德文化，培养学生的民族精神、时代精神、创新精神和职业精神。最后，高职院校应鼓励师生参与教学实践类和人际互动类活动。夯实高职校园文化的基础地

---

① 刘襄河，孔江红. 新时期高职院校校园文化建设的问题分析与对策研究 [J]. 襄阳职业技术学院学报，2018（9）：6-8，48.
② 吴晓彤. 高职院校校园文化育人路径探究 [J]. 科教文汇，2014（2）：146-147.

位，必须注重打造高职校园文化的特质形象。高职院校应认真梳理自身建设和发展中的独特文化历史，深层次地挖掘自身的文化精髓，在未来的发展中有效传承文化特质基因。为此，高职院校要从三个方面发力：一是高职校园文化特质的形成受到办学历史、传统、理念、目标、战略、区域、行业、特色等因素的影响，其具有稳定性、持久性和独特性，主要集中在校训精神和办学理念上；二是高职院校应通过编撰校史档案、整理校史资源、修建校史展馆等方式保存、积累相关资料，展现办学文化底蕴，并通过校史专题大讲堂、校训校风解读、突出贡献人物讲座和在校园里播放校歌等形式，逐步形成一种文化氛围、文化意识和精神品格，唤醒广大师生员工的自豪感、荣誉感和责任感；三是高职院校应高度重视文化先进典型的示范引领作用，通过校园网、校园广播、文化长廊、工作简报等宣传平台加强宣传，推动师生文明素质和单位形象的提升。①

5. 加强"三个课堂"建设，打造校园文化育人的主阵地

（1）立足于课堂专业教学（第一课堂），探索校园文化育人的新思路。课堂专业教学文化育人要注重加强与职业基础教育的衔接，改变传统的教学思维方式、管理方式和工作方式，实现课堂专业教学文化育人的三维目标，即知识与技能、过程与方法、情感态度与价值观教育。其中，在日常教学环节，教师应将职业教育和专业教育相融合，既要注重培养学生的专业素养和实际操作能力，又要有意识地对学生进行职业道德熏陶，把人文精神渗透到专业课教学环节中，培养良好的道德情操和职业素养；要优化课程结构和内容，突出课堂文化育人的主渠道作用。课堂文化是校园文化的重要组成部分，课堂是文化传承和育人的主渠道。当前，多数高职院校为了在短短的三年时间里让学生更多地掌握专业技能，保证和提升专业课教学效果，从教学计划中缩减人文课程的课时，给各种专业课和实践课让路，这在一定程度上影响了高职院校对学生的文化素质教育，学校文化育人的办学职能被架空。要实现校园文化育人的目标，必须优化课程结构。高职教育既要突出学生就业的岗位技能的培养，又要保证人文课程的比重，重视学生的可持续发展。高职院校可以尝试开设文化选修课或者文化育人的专题讲座，作为必修课程的补充；也可以把中国传统文化、区域文化、企业文化引入文化素质教育课堂，开设具有地域特色的课程和讲座，使学生不断加深对中国传统文化、区域文化和企业文化的了解和认同。针对高职学生文化基础差、一部分学生连中小学阶段应该养成的文化素养都不具备的现状，高职课堂文化育人无论在教学内容还是教学方式上都要注重与基础教育衔接，利用课堂对学生进行补偿性教育。高职院校要注重人文课程内容的调整和优化，"努力把高职学生培养成为具有与他们所受教育层次相称的文化积淀与文化修养的人"。②课程内容应选择通俗、易懂、贴近学生生活的，能真正通过课堂教学提高学生对人文知识的兴趣，在学生理解、接受人文知识的同时提升他们的人文素养，培育他们的人文精神。③

① 刘襄河，孔江红. 新时期高职院校校园文化建设的问题分析与对策研究 [J]. 襄阳职业技术学院学报，2018（9）：6-8，48.
② 刘洪一. 文化育人（第1辑）[M]. 北京：商务印书馆，2012：64.
③ 吴晓彤. 高职院校校园文化育人路径探究 [J]. 科教文汇，2014（2）：146-147.

（2）丰富具有职业特色的校园文化活动（第二课堂），用精神文化达到育人目的。以学生为主体的校园文化活动是校园文化育人的重要内容，而反映学生需求、贴近学生生活是校园文化活动能够为学生喜爱和接受的重要前提和必要条件。因此，高职院校应充分挖掘专业特色，通过开展具有职业特色的丰富多彩的校园文化活动，如专业技能大赛（计算机编程比赛、服装设计展、动画作品大赛等）、创业实践、社会服务、就业指导等各类职业活动，来提高学生的职业能力和职业素养。这既能够丰富校园文化活动的内涵，又能够发挥校园文化的熏陶作用，把科学的世界观、人生观、价值观和爱国主义精神渗透到各类活动中去；既丰富了学生的课余生活，又净化了校园的精神环境；既增长了学生的才干，发展了个性，又使学生接受了教育，提高了其综合素质。

（3）以校外社会实践（第三课堂）为载体，实现实践育人。俗话说："实践是检验真理的唯一标准。"高职学生在学校学习专业理论知识的过程中可能会产生一些疑问，这些问题只有在社会实践中才能得到更好的解决，离开实践检验就很难做出正确的评判。可以说，离开了校外社会实践，再完美的专业理论知识也无法转化成高职学生的思想素质和道德境界。高职学生可以利用课余时间和寒暑假深入开展社会调查、勤工助学、学生社团等校外实践活动，从而磨炼其意志，培养其健康的心理品质。①

6. 探索高职校园文化的多元融合，实现校园文化和企业文化对接

校园文化建设是高职院校"双高"内涵建设的重要内容，是学校办学综合实力、文化软实力和核心竞争力的重要组成因素。新时期高职校园文化的多元融合，是指高职院校根据其培养目标、办学理念和办学定位等，将传统文化、行（企）业文化、地域文化、社会文化、新媒体文化等融入校园文化建设，使之有机渗透和交融。②首先，高职校园文化建设要充分融入中华优秀传统文化，将其与现实文化有机统一起来，增强文化自觉和文化自信，并转化为广大师生的情感认同和行为习惯，为增强学校发展的核心竞争力、营造浓厚的校园文化氛围和培养高素质技术技能型人才做出贡献。其次，新形势下高职教育人才培养供给侧和产业需求侧在结构、质量、水平上还不能完全适应，这要求必须深化产教融合来全面提升人力资源质量。最后，地域文化与高职院校办学特色有着天然联系，高职院校的办学定位是服务区域经济社会发展，招生和就业具有较强的地域性，其培养的技术技能人才大多服务于学校所在区域企业，因此高职校园文化建设要主动导入区域文化基因，融入地域特色标签。③

高职校园文化育人具有自身的特色和侧重点，即重视和加强对高职学生企业文化素质的培养。企业希望高职毕业生能够"零距离"就业，即能"下得去，用得上，留得住"，但是目前高职学生走上工作岗位以后，如果仅靠所掌握的专业技

① 王碧娴. 谈高职院校校园文化育人的价值诉求 [J]. 辽宁师专学报：社会科学版，2013（5）：116-118.
② 张文春，桑雷. 基于多元融合的高职校园文化构建 [J]. 职业时空，2010（12）：33-35.
③ 刘襄河，孔江红. 新时期高职院校校园文化建设的问题分析与对策研究 [J]. 襄阳职业技术学院学报，2018（9）：6-8，48.

能，是不能满足就业需求的，即很难在自己的岗位上出色地、富有创造力地工作。一部分高职学生刚刚进入企业不久就被淘汰了，有的频繁跳槽，究其原因就是不具备企业所需要的职业道德和文化素养。因此，为了更好地服务企业，满足企业对人才的需求，高职院校需要在校园文化育人实践中引入优秀的企业文化理念，将企业文化教育纳入学校整体教育教学计划，将企业文化融入校园文化的各个层面，通过多渠道、多途径实现校园文化与企业文化、行业文化的融合。在课堂教学之外，学校可以邀请企业名人来学校做企业文化的专题讲座，实现校企合作；利用第二课堂、社会实践让学生深入企业，通过教学和育人实践让学生了解企业的文化、企业的精神，培养学生的团队意识、责任意识、诚信意识、权益意识、敬业精神、职业道德、对企业的认同感，实现企业精神与学校精神的有机结合、互相促进，根植于行业，养成于校园，服务于社会。①

总之，文化育人是高职教育可持续发展的动力，良好的校园文化能够对高职学生的全面发展产生深远影响。新时期，高职院校应深入探究校园文化育人的新路径，更好地发挥校园文化育人的功能，整合和开发高职院校应有的文化资源（包括制度文化、管理文化、精神文化、行为文化以及环境文化等），通过学校的一切教育渠道（包括课堂教学、社会实践、校园活动、社团组织、学生的日常管理以及学校的整体环境建设）实现多层次互动，融文化元素于学校的一切教育活动中，实现全方位多渠道育人，为高职院校人才培养目标的实现和学生思想政治教育提供新思路，真正体现文化育人的价值诉求。

案例研究

广东科学技术职业学院的特色校园文化建设

思考与讨论：

1. 请你谈谈对校园文化育人的理解。

2. 广东科学技术职业学院校园文化建设的特色体现在何处？

3. 新媒体环境下，高职校园文化育人亟待解决的问题有哪些？

特色就是水平，特色就是质量，特色就是生命，特色就是竞争力。高职的特色校园文化建设必须立足自身实际情况，在长期的校园文化活动开展中逐步积累和沉淀，走出自己的特色文化建设之路。下面以广东科学技术职业学院为例来阐述特色校园文化建设的具体实践探索。

一、依托红色资源，创新党课教育模式，推进红色文化育人

（1）学校依托珠海红色资源，创新党课教育模式。学院组织实地走访红色革命遗迹，感受和体会革命历史的丰富感召力，运用寓教于思、寓教于行的教育方式，深化"课堂+体验"模式，让党课理论教学与实践相对接，使学生在党课培训期间获得更多的知识。一方面，在党课专题教学中注重思想政治教育、党的基本理论教

---

① 吴晓彤. 高职院校校园文化育人路径探究 [J]. 科教文汇，2014（2）：146-147.

育和党性教育的融合；另一方面，将党校课堂与教育基地相结合，理论联系实际，在实践体验中感受红色文化和革命精神，把讲党性、重品行、做表率内化于心并外化于行。

（2）弘扬红色精神，以红色文化引领学生党建。学院组织开展丰富多彩的红色校园文化活动，将高校党建工作与校园文化活动有机结合，进行形式多样的主题教育，包括到革命遗址、爱国主义教育基地进行实践教学，举办以红色文化为主题的征文大赛、演讲比赛、知识抢答赛等。这既丰富了校园文化活动，营造了积极向上的氛围，也开辟了红色文化传播路径。

（3）发挥红色资源的教育作用，将红色资源纳入社会实践中。学院以实践考察带动学生深入学习革命精神内涵，在缅怀先烈丰功、继承先烈遗志中，锤炼党性修养，弘扬红色革命文化，传承革命精神，增强学生党建工作的实效性。学院组织学生参加身边的爱国主义培训，现场进行体验式教学；利用节假日和纪念日，组织学生参与红色教育实践活动；将红色资源教育主题的社会实践纳入学生党员的培养计划中；定期邀请党建专家、老红军等来校开设专题讲座等。与单一的理论教育相比，红色资源实践教育可以生动具体地展现革命先贤的精神，潜移默化地影响学生党员的思想认识，学生党员党性修养的提升取得了润物细无声的效果，彰显出了实效性。

二、建立自主学习基地，以文化人，以文育人

为适应学校建设"广东省互联网+创新创业示范校"的需要，图书馆努力构建"互联网+"时代下的新型图书馆，于 2012 年启动了实践育人项目——以实践模式开展校园文化活动。通过对馆内的信息资源、物理空间进行升级改造，实现了馆藏自动获取环境、信息空间及创意学习空间的优化，为实践模式的文化活动开展奠定了硬件基础。

（1）图书馆实现馆藏自动获取环境的优化。2012 年 5 月，图书馆开始把书库资源与院系教学、课外学习及科研需求进行对接，将同专业资源集中并合理布局，实现了学习资源查找和借阅便利化，使馆藏书籍资源流通更灵活，最后形成了与学院专业相对应的专业馆：文学馆，计算机科学馆，语言、史地馆，机械、电子馆，政法、哲学馆，经济、管理馆，文体馆和建筑、艺术馆。图书馆在已有的数字化基础上开辟信息共享空间（Information Commons，IC），改造后的 IC 包括 8 个组成部分：咨询台、学生工作站、协作学习室、电子教室、多媒体工作站、写作实验室、休闲区、虚拟 IC。IC 空间成为一个集研究、学习和社交于一体的公共场所和信息空间。图书馆创建了 4 个学习空间，分别位于三楼和四楼外围中庭，以"梅兰竹菊"命名，宽敞明亮、整体风格休闲舒适、细致幽雅，与图书馆的文化气氛相得益彰，面向全校师生开放。创意学习空间的建立，是为了让学生更好地自主学习、沟通协作，通过举办各类创意活动，营造学习共享空间的氛围。

（2）积极参与社区文化建设，向群众学习。在校内图书馆升级取得一定的经验后，带领学生团体走进社区，向群众学习。图书馆每年的主题活动都与当地的文化单位合作，积极参与当地社区的文化建设。例如，2015 年，学院图书馆协助岭南文化博览协会特邀金湾区戏剧曲艺家协会李慧红老师为大家普及粤剧文化，与金湾区社区居民积极互动；2016 年 4 月 23 日世界读书日，馆员带着藏书和服务队在金湾农家书屋举行了"我爱记诗词"活动，同时挑出上百本诗词书籍在农家书屋进行了"漂流"。此外，图书馆还与学生社团积极互动，增强广大学生的实践能力。图书馆会定期举行能够让广大学生发挥技能的有益比赛，从中发掘学生的潜能。图书馆的实践育人项目受到了广大师生的欢迎，在各类学术会议交流和比赛中获得了多个奖项。

三、构建"2+2"模式的创新创业校园文化二维培养体系

学校机电学院以"科技"为办学特色，以"培育创新创业校园文化，促进大学生成长成才"为目标，构建了"2+2"模式的创新创业校园文化二维培养体系。该培养体系中"2+2"指两个平台："三创"工作室和创新创业大赛；两类载体：创新创业大讲堂和创新创业类学生社团；"二维"指创新创业理念引领维度和创新创业实践提升维度，两个维度相辅相成、相互促进。二维培养体系重视参与性、创新性和实践性。

（1）搭建两个平台。一是成立"三创"工作室。"2+2"模式的创新创业校园文化二维培养体系重点立足专业，以二级学院（系）为单位，组建了以创意、创新、创业为核心的"三创"工作室。工作室由专业老师组建导师团队，定期开展培训、研讨、交流、竞赛、论坛等活动，提高大学生的创业、就业能力和素质；发掘、表彰、推荐、宣传优秀创业、就业大学生典型，营造大学生创业、就业成才的良好氛围；加强与各类大学生、青年创业组织的交流与合作，培育、孵化大学生创业项目，做好与孵化基地、金融投资机构等的沟通联系和对接，为大学生创业者提供政策、法律、信息、技术、资金、阵地等服务；制定了一年选苗、两年孵化、三年选树一批创业典型的工作思路。二是开展科技创新活动，参加创新创业大赛。"三创"工作室指导学生社团开展科技创新培训、技能竞赛、创业大赛、大学生作品展、联合企业开展技能竞赛等系列活动；发挥专业优势，服务区域，以珠海航展文化为依托，校政、校村、校校联合多次举办大型竞赛活动。

（2）打造两个载体。一是办好创新创业两类大讲堂。由学校宣传部主办的创新创业大讲堂以"弘扬创新文化，引领创业风气，树立创新理念，推动创新强校"为宗旨，积极服务广东省创新驱动发展战略和学校创新强校工程，大力弘扬创新创业文化，丰富师生人文底蕴，营造浓厚的人文教育和创新创业氛围。创新创业大讲堂已经举办 10 余期，邀请了 10 多位创业专家学者、企业精英、创业先锋前来开讲授课，展现了创新创业的思想精髓和前沿动态。珠海电视台、金湾区电视台、《南方都市报》、《珠海特区报》等媒体对创新创业大讲堂进行了多次报道，极大地推动了学校及珠海的创新创业事业。二是组建创新创业类学生社团。创新创业类学生社团以专业为依托，学生作为社团的主要组织者和参与者，重视参与性、创新性和实践性。以学校机电学院为例，以专业为依托组建了 8 个创新创业类学生社团，由专业教师担任社团指导老师，学生社团活动与专业学习紧密结合，开展专业技能培训，参与各类技能竞赛，为企业提供产品设计、技术改进等方案，创造了良好的经济效益和社会效益，学生社团成为技能竞赛人才培养的摇篮和科技创新的主阵地。学院立足"科技"特色，提出了"技能竞赛和行业企业结合，技能竞赛和教学实训结合，技能竞赛和创业大赛结合"三结合的创新创业教育工作方案，将技能竞赛打造成发掘和历练技能人才、创新人才、创业人才的平台；将技能竞赛中涌现出的具有科技性、创新性、独创性以及商业价值大的作品，通过"三创"工作室的进一步挖掘提炼形成满足市场需要的产品。学校首届大学生创业大赛参赛作品，80% 来自技能竞赛的成果转化。

四、"知 shu 达礼"促学风，营造浓厚文化氛围

学校人文学院把校园文化建设作为加强和改进大学生教育的重要途径，在工作目标与思路上，强调要注意紧跟时代特征和"95 后"学生的成长特质，紧紧围绕高校育人目标，重点突出理想信念教育和学生综合素质培养；在具体的实施操作中，注意针对高职学生的特点，结合 7 个专业的办学特色和人才培养目标，本着引导学生活动的开展朝着以知识技能学习为主、全面提高综合素质与修养、培育良好的育人文化氛围的方向发展的工作目标，创新工作方式，采取有效措施，确保校园文化建设稳步推进。2016 年的系列活动以"知 shu 达礼"为主题，通过对"shu"的不同解读，开展了融思想性、知识性、教育性、趣味性和专业性于一体的"书、淑、叔、舒、梳"五大专题的 14 个系列活动。辅导员和专业教师共同策划指导，学生社团负责组织和开展，共同营造主题突出、健康和谐、积极向上的校园文化氛围，通过学生喜闻乐见的方式和便于参与的形式，极大提升了全院师生共同参与的深度和广度，增强了活动的吸引力和实效性，形成了独具人文特色的校园文化品牌。

（1）开展"书香人文"读书交流会。学院根据教师和学生推荐的书单购买了一批包括经典小说、专业著作、励志人物传记等在内的优秀书籍，并专门设立了人文学院的读书阅览室，定期组织读书交流会，通过"微观人文"的官方微信公众号每周发布推荐书单和原创书评，线上线下同步分享读书心得。

此外，学院还组织开展了评选品学兼优的专业代言人——"我的专业，我代言"活动，由 7 个专业教研室根据学生的专业成绩和日常表现等情况，评选出各专业的品学兼优的学生作为本专业的形象代言人，充分发挥朋辈的榜样作用，让专业代言人在新生入学教育中深入课堂，有效引导学生了解本专业、激发学习热情。

（2）开展知"淑"达礼活动。"淑"，即淑女。这里的淑女气质和风范的含义绝对不等同于中国传统意义上的礼教阐释，它是新的历史条件下女人在仪表、谈吐、举止、思维、行为习惯上一种独具中国特色的魅力。针对人文学院女生多的实际情况，学院特邀高级礼仪培训师申卫群老师举办了"窈窕淑女"职场及日常交往礼仪的专业讲座，并举办了以个人形象设计、日常言行举止、即兴演讲、个人才艺等为考核标准的"娴淑似我"淑女形象风采大赛。

（3）开展知"叔"达礼活动。"叔"是一种辈分的象征，现在"95 后"的学生个性十足，总被人误解为没礼貌，不善于与长辈沟通，不懂得尊重师长。通过"礼顺人亲"——吐槽小品剧本的征集、"飞鸽传情"——师生情感交流、"澧兰沅芷"——最美班主任评选等活动，让师生间有了一个更好的交流平台和渠道。

（4）开展知"舒"达礼活动。"舒"，取舒适、舒心、舒展之意。通过开展"舒居宜人"——宿舍文化节系列活动、"舒心乐活"——户外心理团体辅导活动、"舒

行绿意"——公益徒步环保活动，让学生更好地体会集体生活的乐趣。在学校除了学习专业技能外，与人和自然和谐地相处、拥有强健的体魄和健康的心理同样重要。

（5）开展知"梳"达礼活动。"梳"，即梳理。学院引导学生对所学知识技能、自我认知和职业认知进行系统梳理，组织全院学生开展职业生涯规划比赛，通过筛选职业生涯规划书、面试答辩等评选出优秀作品，并发布到"微观人文"上供大家学习。通过比赛，提高了学生的规划意识，使其能在日常学习和生活中注意职业素养的养成，提升了其就业竞争力。①

五、用科技文化活动做引领，助力 IT 学子强技能

学校计算机学院 IT 技能文化节经过 8 年的探索与实践，现已形成以计算机技术为载体，以全面开展学风建设、创新意识、IT 技能、科技文化等方面的教育为主线的系列 IT 技能文化活动；同时，兼顾针对珠海企业和市民开展的 IT 技能服务、科普文化宣传、科技体验、家电维修等大型社会实践活动。IT 技能文化节以计算机技术为载体，以科技活动引领，积极发挥第二课堂优势，努力构建高校智育与德育相结合的新平台。IT 技能文化节通过 IT 技能竞赛、读书文化活动、IT 科技文化讲座、IT 科技校园体验日、IT 技术服务和 IT 技术科普展等一系列活动，激励全校师生崇尚科学、勤奋学习、勇于实践、敢于创新；丰富学生的第二课堂，培养学生高度的社会责任心，锻造过硬的社会竞争力与创造力，充分展现当代高职学生的风采；加强政府、企业和高校间的合作，为技能型人才的培养打造良好平台。

开展 IT 技能竞赛，主要通过数学建模、打字、电子排版、网页设计、程序设计、游戏策划与设计、信息检索、网络综合布线等提升学生的职业技能。同时，也通过这些比赛选拔有潜力的同学参加省级和国家级的技能比赛。此外，计算机学院还举办了"书香浸润"活动，主要通过读一本好书、征文比赛、读书心得等形式，使学生在掌握职业技能的同时，提升人文素养。为探索前沿科技，学院还组织开展了 IT 前沿讲座，如移动互联网开发、手游开发、思科网络知识等；同时，还举办了创业、职业规划、人际沟通等提升学生综合素质的专题讲座。

计算机学院举办的 IT 科技文化校园体验日活动，通过现场讲解、现场演示、自主开发产品试玩等形式，向在校大学生展示 IT 科技最新的发展，体验科技带给我们的便利。同时，向在校大学生宣传如何安全地运用网络，做文明网民。学院积极开展校企合作，为企业提供 IT 技术服务；借助校企合作平台——学校移动应用研发中心，对学生在 IT 技能文化节中的创意进行转化，开发了多款热门手机游戏；根据企业需求，开发、设计、调试企业需要的网站、软件以及 App 客户端等；面向市民开展 IT 科技文化科普展活动，与当地政府合作，通过宣传海报、视频、现场演示、科技体验以及趣味游戏等形式，向市民普及 IT 科技文化知识，让学生成为宣传 IT 科技文化的主体，使学生学思践悟，培养学生的社会责任感。②

① 广东科学技术职业学院校报评论员. 以立德树人为中心，把思政工作贯穿全程 [J]. 广东科学技术职业学院校报，2016（9）：2.
② 李嘉伟. 高职院校特色校园文化建设路径探究——以广东科学技术职业学院为例 [J]. 包头职业技术学院学报，2017（6）：29-32.

第三章 文化素质教育

　　高等职业学校要把社会主义核心价值体系、现代企业优秀文化理念融入人才培养全过程，强化学生职业道德和职业精神培养，加强实践育人，提高思想政治教育工作的针对性和实效性。重视学生全面发展，推进素质教育，增强学生自信心，满足学生成长需要，促进学生人人成才。

　　——教育部关于推进高等职业教育改革创新引领职业教育科学发展的若干意见（教职成〔2011〕12 号）（2011 年 9 月 29 日）

　　随着我国高职教育规模的持续扩大与内涵的不断提升，学生可持续发展的需求不断增强，高职文化素质教育作为提升高素质技能型人才培养质量的突破口已成为共识。① 《国家中长期教育改革和发展规划纲要（2010—2020 年）》及《关于全面提高高等职业教育教学质量的若干意见》（教高〔2006〕6 号）等文件，为高职院校加强教学改革、推进素质教育指明了方向。高职院校加强文化素质教育建设，明晰文化素质教育内涵，确定文化素质教育的基本内容，从而构建高职文化素质教育体系，已成为高职院校文化育人和教学改革的一项重要任务。②

一、文化素质教育的概念

1. 文化素质教育——世界教育发展的趋势

　　不管是中国还是西方，古代的教育都十分重视人的素质的培养。中国的教育一直以人的培养为基本目标。《大学》里讲，"修身、齐家、治国、平天下"。所谓修身，就是要培养自己的良好素质，而这是服务好社会的基础。孔子强调德、智、

---

① 王文涛. 高职文化素质教育的历史发展与基本特征 [J]. 高等教育研究，2015（6）：73-79.
② 王彦高. 高职文化素质教育体系的建构与实施保障探索 [J]. 教育与职业，2013（4）：38-39.

体、美全面发展的教育，提倡除"六经"（诗、书、礼、乐、易、春秋）之外还要学御、射。

在西方，重视人的素质的培养也一直是教育的传统。古希腊哲学家亚里士多德认为，最高尚的教育应以发展理性为目标，使人的心灵得到解放与和谐发展，为享用德行善美的自由、闲暇生活，进行理智活动。因此，他提出了著名的博雅教育（Liberal Education，或译作自由教育）的概念。这种观念对西方的教育产生了深远影响。中世纪欧洲的大学学习文法、修辞、逻辑、算术、几何、天文、音乐七个科目，称七艺，渗透着宗教的精神。文艺复兴冲破了宗教的束缚，倡导解放个性，教育目标被重新定为谋求个人身心的自由发展。但是，近代以来，随着科学技术的发展，传统的人文教育逐渐被专业技术教育所取代，"人"的培养逐渐被"才"的训练所取代。18 世纪中叶，美国开始出现专业教育，最初出现的是神学、法学和医学讲座。19 世纪以后，技术教育（Technical Education）也开始出现，一些技术学院开始建立。传统的文科学院也开始建立工程学院或系科。1847 年，哈佛建立了劳伦斯学院。同年，耶鲁也建立了一个新的科学技术系。①欧洲的其他大学也相继仿效。英国的大学比较传统。一般认为，英国的工业革命与大学之间没有什么关系。直到 19 世纪，牛津和剑桥两所大学仍然只维持其传统学科的发展。但是，科学技术的冲击是抵挡不住的，因而英国新建了伦敦大学来解决科学技术专业教育的问题。

中国在 19 世纪后期开始学习西方，发展专业技术教育。20 世纪初，专业技术教育得到蓬勃发展。1952 年院系调整以后，工程技术教育受到前所未有的重视。

专业技术教育的开展在人类教育史上曾经是一次革命。但在发展专业技术教育的同时，对人自身的培养却受到了不应有的忽视。对此，一些富有远见的教育家很早就向人们发出了警示。著名教育家卡蒂诺·纽曼（Cardinal Newman）一再强调大学必须以人文精神的培养为主要目标。但是，由于科学技术和现代经济的强大冲击，教育把培养适应经济发展的技术人才作为主要目标，而忽视了对人的自身素质的培养。

到了 20 世纪中叶以后，这种忽视人自身素质培养的专业技术教育的弊端越来越明显。科学技术的发展在给人类带来物质财富的同时，也给人类带来了很多社会问题，如核扩散、环境污染、精神危机，出现了所谓的发展综合症。这些问题是专业技术人员无法解决的。此外，技术误用也常常是因为工程技术人员缺乏对自然、对人类社会的全面理解。一些著名的大学开始注意到这个问题，并试图加以改进。哈佛大学 1945 年发表了题为《自由社会中的通识教育》的报告，通称哈佛"红皮书"。这个报告将教育分为一般教育和专门教育。一般教育主要关注学生作为一个认真负责的人和公民的生活需要。专门教育则给予学生某种职业能力训练。一般教育包括学习人文科学、自然科学和社会科学的有关基本内容，帮助学生提升有效地进行思维、表达与交流思想、做出判断和鉴别价值的能力，从感情和理智两方面促进人的发展，使个人与社会的需要得以调和。根据这个报告，哈佛提出了核心

① 陈学飞. 美国高等教育发展史 [M]. 成都：四川大学出版社，1989：32-35.

课程计划。其他大学也纷纷模仿，以必修或者选修等各种形式推出了自己的一般教育课程。美国所谓的一般教育从内容到目标都和我们进行的文化素质教育类似。

　　一些学者也对此进行了很深入的研究。美国著名教育经济学家、斯坦福大学教授亨利·莱文（Henry M.Levin）从高科技的发展与教育的关系的角度阐述了通才教育的意义。他所阐释的"为学生提供优良的公民教育和优良的通才教育"的内容包括"足够的文化、语言、社会和科技知识，以及应用这些知识和吸收新知识的能力"①。美国科罗拉多大学的 Athanasios Moulakis 教授专门写了一本名为 "Beyond Utility—Liberal Education for a Technological Age" 的书，把我们这个时代称为技术时代（Technological Age）。他认为，在这个时代，许多有聪明才智的人都被吸引去学习工程技术，去学习"正确地做事"（doing things right），但是，他们对人类的处境甚至自己的本性缺乏正确的理解，因此必须进行超越实用（Beyond Utility）的博雅教育。这样，他们才能学会"做正确的事"（doing the right things）②。他还举了两个对我们很有启发意义的事例：一是 1981 年美国电话电报公司（AT&T）做了一项研究，发现学习人文科学的毕业生在经过 25 年以后，比学习商业或工程的毕业生在管理头衔上提升得更快。③二是一项对毕业生的调查，刚刚毕业的人希望学到更多的技术方面的知识；具有 10 年左右工作经历的人后悔没有学到更多的商业和管理方面的知识；而工作了 20 多年的人则后悔没有更多地学习文学、哲学和历史。④由此可见，加强文化素质教育是人类教育史发展的必然结果，也是世界教育发展的一个普遍趋势。⑤

　　20 世纪 50 年代，由于试图急于摆脱落后面貌、进行工业化和现代化建设的特殊时代的需要，中国高等教育全面学习苏联模式，实行文理分家，强调专业教育，淡化文化素质教育，工程技术专业教育在整个高等教育中的位置被抬得过高，文化素质教育受到前所未有的忽视。这虽然是时代使然，但这一模式导致中国的高等教育出现了严重的偏颇与不足。到了 20 世纪 80 年代，为了挽救失落的人文教育，找回失去的"人"，我国兴起了人文教育运动。1995 年，针对当时我国高等教育的实际情况，大学生文化素质教育进入试点阶段，将清华、北大、华中理工大学等 52 所院校作为试点，并将文化素质教育逐步纳入高等教育的人才培养目标领域，成为高等教育改革的热点问题。经过 3 年多的实践，试点工作取得显著成效。为进一步推动这项工作的深入开展，1998 年，教育部决定撤销试点，高等院校文化素质教育进入全面推广阶段，并逐步走向规范化、制度化。高职教育是国民教育体系中高等教育的一种类型和层次，我国高职教育以培养生产、建设、管理、服务第一线需要的技术应用性人才为目标，为了避免出现只懂科学技术而缺乏人文素养的灵魂苍白的"空心人"和不懂科学技术、缺乏科学素养只能侈谈人文的"边缘人"，当前

　　① 莱文. 高科技、效益、筹资与改革：教育决策与管理中的重大问题 [M]. 曾满超，等，译. 北京：人民日报出版社，1995：3-4.
　　② MOULAKIS, Beyond Utility— Liberal Education for a Technological Age [M]. Columbia：University of Missouri Press, 1994：1.
　　③ MOULAKIS, Beyond Utility— Liberal Education for a Technological Age [M]. Columbia：University of Missouri Press, 1994：12.
　　④ MOULAKIS, Beyond Utility— Liberal Education for a Technological Age [M]. Columbia：University of Missouri Press, 1994：10.
　　⑤ 王义遒，金顶兵. 文化素质教育问题再探讨 [J]. 北京大学学报：哲学社会科学版，1998（1）：57-62.

的高职教育必须积极推进人文素质教育，使学生成为一个和谐发展的人，成为一个全面发展的"完人"。①

2. 相关概念的界定

（1）素质。对素质的理解主要有三种：一是生理学和心理学的界定，指人由先天遗传得到的品质，它为后天能力的发展提供基础。如《辞海》对素质的解释为"人的先天的生理解剖特点，主要指感觉器官和神经系统方面的特点"。二是一般的界定，指人的修养和素养。三是教育学的界定，如素质是指"在人的先天生理基础上，经过后天教育和社会环境的影响，由知识内化而形成的相对稳定的心理品质"，②是人的身心特点的综合的、内在的、整体的体现。③第一种界定太狭窄，第二种界定太宽泛，我们选择第三种界定，即教育学上的界定，经过几年来的探讨和实践，已为大多数人所认同。它既承认遗传的作用，又注重后天环境的影响，还强调内化的重要性和素质作用的长期性，表述较为科学、合理。这个定义，大致包括三个方面的内涵：①这里所讲的"素质"有别于人的生理素质，不是先天的、生来就有的，它是通过教育和社会环境的影响逐步形成和发展的，即素质是教化的结果，是可以培养、造就和提高的。②素质是知识内化和升华的结果，单纯具有知识不等于具备一定的素质，知识只是素质形成或提高的基础；没有知识作基础，素质的养成和提高便不具有必然性和目标性，但只具有丰富的知识并不等于具有较高的素质。③素质是一种相对稳定的心理品质，是知识积淀、内化的结果，因而它具有理性的特征；同时，它又是潜在的，是通过外在形态（人的言行）来体现的，因此，素质相对持久地影响和左右着人对外界和自身的态度。④

陈怡认为，素质的含义有多种，现在多指人在某一方面的修养或者各方面修养的综合表现，主要取后一义。⑤可见，素质具有综合性，"是指人才在思想上、道德上、心理上、文化上、能力上必须具备的条件"。⑥其内在地明确了素质和知识、能力有密切关系，以及素质包含的主要方面。素质还有后天性，正因为人的素质是可变的，素质教育和文化素质教育才有必要和可能。在素质的形成过程中，后天的养成具有重要作用，知识由外而内的转化是素质养成的关键。素质又具有社会性，对人和社会都有积极的意义和价值。⑦

（2）素质教育。将提高人才素质作为重要内容和目的的教育就是素质教育。但关于素质教育的内涵，目前学术界还存在异议。有些学者提出素质教育应包括思想道德素质、科学文化素质、身体和心理素质教育。但普遍认同的观点是，素质教育包括思想道德素质、专业素质、文化素质、身体和心理素质四个方面的教育。其中，思想道德素质是根本、是灵魂；文化素质是其他各种素质的基础，是加强素质

① 杨义菊. 素质教育背景下高职文化素质教育研究 [J]. 职教通讯，2015（26）：31-36.
② 周远清. 素质·素质教育·文化素质教育——关于转变高等教育思想观念的再思考 [N]. 光明日报：教育周刊，2000-04-05.
③ 文辅相. 论素质与素质教育 [J]. 高等教育研究：教育思想研究专刊，1997：10.
④ 周远清. 素质·素质教育·文化素质教育——关于转变高等教育思想观念的再思考 [N]. 光明日报：教育周刊，2000-04-05.
⑤ 陈怡. 关于大学生文化素质教育的思考与实践 [J]. 高等工程教育研究，1995（4）：7-10.
⑥ 国家教委高等教育司. 文化素质教育与人才成长 [M]. 北京：高等教育出版社，1999：20.
⑦ 宋彩萍，王丽平，王静. 文化素质教育内涵探讨 [J]. 吕梁高等专科学校学报，2006（3）：7-12.

教育、改革人才培养模式的切入点。

在人才培养方面，素质教育强调传授知识、培养能力、提高素质三者融为一体，尤其是更加注重素质的提高。在提高素质中，又以提高思想道德素质为根本，以提高文化素质为基础。全面提高人才的整体素质，是一种新型的人才培养观念，即人们常说的素质教育观念。从这一意义出发，素质教育是一种更加注重人才人文精神的养成和提高，重视人才人格的不断健全与完善，即通常所说的更加重视使学生学会"做人"的教育理念。①

（3）文化素质。文化素质（Cultural Quality）是知识与能力的总汇，它通过人的态度、能力、办事方式来具体体现。文化素质包含知识、能力、方法、仪态等，还具有鲜明的民族特色。②胡显章认为，文化素质包括科学精神和人文精神，主要指人文素质或人文精神。朱永新认为，文化素质主要指人的精神文化修养方面的内涵。周远清等认为，"我们所讨论的'文化素质'一定程度上是与'业务素质'概念相对举的"。③北京大学的王义遒认为，文化素质包括人对人、对自然、对周围环境的一种正确态度，是人处理各种关系的总和。它还包括人生观、世界观、价值观、爱国主义、社会责任感等。④

文化素质和文化知识是两个既有联系又有区别的概念。文化知识是指经过对各种文化课程的学习而得到的各种具体知识。而文化素质则指一个人的知识、才能、鉴别力所构成的文化造诣或素养的一般表现，即精神层面的东西。所以，文化知识固然是形成文化素质的必要条件，但并非其充分条件。⑤

文化素质是一个人外在精神风貌和内在精神气质的综合体现，也是一个现代人文明程度的综合体现。大学教育很大一部分就是文化素质教育，也可以广义地全部归结为文化素质教育。⑥

由上可见，文化素质是人的综合修养的体现，具有基础性、层次性、内在性、精神性等特点。⑦

（4）文化素质教育。关于文化素质教育的内涵，有学者认为，文化素质即人文素质，包括语言文字修养、文学艺术修养、伦理道德修养、文明礼仪修养、政治理论修养、历史和哲学修养等，是一个人外在精神风貌和内在精神气质的综合表现，也是一个现代人文明程度的综合体现。⑧学者杨义菊通过文献研究发现，目前，学术界对文化素质教育存在着两种代表性观点：第一种观点认为，文化素质教育主要是人文精神的教育；第二种观点认为，全面的文化素质教育，应该包括科学精神的培养和人文素质的培养两个方面。⑨其中，第二种观点是主流观点，当前，学术界普遍认为，文化素质教育包括科学教育和人文教育两个方面。原教育部副部长、清

---

① 杨义菊. 素质教育背景下高职文化素质教育研究 [J]. 职教通讯，2015（26）：31-36.
② 陈怡. 关于大学生文化素质教育的思考与实践 [J]. 高等工程教育研究，1995（4）：7-10.
③ 周远清，阎志坚. 论文化素质教育 [M]. 北京：高等教育出版社，2004：10.
④ 王义遒，金顶兵. 文化素质教育问题再探讨 [J]. 北京大学学报：哲学社会科学版，1998（1）：57-62.
⑤ 刘家和. 文化素质教育与人才成长 [J]. 文化素质教育简报（华中理工大学），1998（5）：1-3.
⑥ 陈怡. 关于大学生文化素质教育的思考与实践 [J]. 高等工程教育研究，1995（4）：7-10.
⑦ 宋彩萍，王丽平，王静. 文化素质教育内涵探讨 [J]. 吕梁高等专科学校学报，2006（3）：7-12.
⑧ 杨德广. 加强人文教育，提高人文素质 [J]. 教育研究，1999（2）：31-38.
⑨ 朱世宏，陈胜. 近十年来我国大学生文化素质教育研究评述 [J]. 西南民族大学学报：人文社科版，2005（12）：395-398.

华大学副校长周远清也指出，文化素质教育"主要是文史哲学科的基本知识、艺术修养、国内外的文化精华。当然，对文科学生需要加强自然科学知识的教育"，即文化素质教育要更加深入，必须把科学教育与人文教育融合起来。①

总而言之，文化素质教育的基本点是培养学生的人文素质。而人文素质，是指随着人类社会的不断发展演变，人们在对自然、社会及自身的认识不断提高的进程中逐渐形成的人文体验和人文知识积累；它通过个体内心的接纳、积淀、升华而形成追求人的全面发展的精神态度，倡导高品位的价值境界和深层次的品行修养。因而，文化素质不仅是指具体的知识，更着重于知识的内化，强调的不是表面知识，而是融入人的气质、素质之中的内在修为；是知识的内化、融合、升华，从而把正确的做人、办事、处事的原则渗透到灵魂里，落实到行动上。文化素质教育就是以人文知识、人文思维、人文精神为教育内容，以知识传授、环境熏陶、实践体悟、自身修养为教育方法，使（高职）学生成为有良好道德修养与文化素养、心理健全、人文精神丰满的和谐发展的人。其中，人文精神的涵养是高职院校文化素质教育追求的最终目标，是文化素质教育的核心。②

随着社会的发展，人才竞争日趋激烈，社会对高校毕业生的要求越来越高，不仅要求他们具有过硬的专业技能，还要具备良好的人文素养和心理素质。③因此，加强文化素质教育意义重大，且势在必行。

3. 相关概念辨析

（1）文化素质教育与思想政治教育。思想政治教育作为我国独特的一种教育观念，是中国共产党在长期革命、建设和改革实践中形成的优良传统和政治优势，早已超越了一般的教育理念的意义和所能涵盖的范围。作为一种高等教育理念，思想政治教育是指用爱国主义、集体主义和社会主义思想对大学生施加有目的、有计划、有组织的影响，使他们养成符合社会需要的思想政治素质。文化素质教育则是通过对大学生进行文学、历史、哲学、艺术等人文社会科学和自然科学方面的教育，提高全体大学生的审美情趣、文化品位、人文素养和科学素质。人才素质不仅包括思想政治素质、文化素质，还包括业务素质和身体、心理素质。素质教育就是通过思想政治教育、文化素质教育等使大学生在这几个方面形成相对稳定的品质。其中，思想政治素质是最重要的素质，是人才素质的灵魂；文化素质是基础，是思想政治素质、业务素质和身体、心理素质形成和提高的重要条件。也就是说，思想政治教育要渗透到文化素质教育、业务素质教育中，起主导性作用，文化素质教育要对思想政治素质的形成起基础性作用。④

（2）文化素质教育与通识教育。通识教育是一个内涵丰富、多维度、多阶段的历史范畴，是由西方的自由教育发展而来的，在我国台湾、香港地区被译为通识教育。根据美国哈佛大学 1945 年发表的《自由社会中的通识教育》报告，通识教育

① 周远清. 挑战重理轻文，推进人文教育与科学教育的融合［J］. 中国高教研究，2002（1）：11-12.
② 王彦. 高职文化素质教育体系的建构与实施保障探索［J］. 教育与职业，2013（4）：38-39.
③ 孙萃. 高职院校文化素质教育存在的问题及对策［J］. 教育与职业，2016（1）：57-59.
④ 巫阳朔. 美国通识教育与我国文化素质教育、思想政治教育比较研究［J］. 继续教育研究，2011（10）：174-176.

是指"学生在整个教育过程中首先作为人类的一个成员和一个公民所接受的那部分教育"。①对通识教育和文化素质教育而言，其概念内涵有相互交叉和重叠的现象存在，即有共同之处，亦有个性差异。作为教育理念的通识教育和文化素质教育，二者在教育价值取向上有相通之处，究其实质，二者都致力于改善人的知识结构，促进人的全面且和谐发展。在一定意义上，文化素质教育所体现的关于高等教育目的和内容的思想实质是与通识教育贯通的，但文化素质教育不等于通识教育，它只是通识教育的一部分。

从培养目标上来说，通识教育和文化素质教育都以克服专业教育的狭隘性，培养视野开阔、知识广博、适应性强的人才为宗旨。通识教育较文化素质教育有更为悠久的历史，因而作为新生事物的文化素质教育可从通识教育中借鉴许多有益的观念和做法；同时，可以吸取通识教育实施过程中的一些经验教训，避免走弯路。

就二者在教育体系中的地位而言，目前的文化素质教育远没有通识教育的影响深远，还没有一个固定的阵地，人们还存在这样或那样的疑虑。要想把文化素质教育深入实施下去，必须把对它的重视提到一个新的高度，如把它从被普遍认为无关紧要的选修课上升为必修课，使它真正成为教育界的共识和指导思想。

在深层意义上，通识教育不仅是培养全面发展的人的教育，还通过学习者对共同文化课程的学习，形成以西方价值观为核心的文化，这从通识教育的课程所包含的内容中就可见一斑。种类繁多的教育内容共同的目的是宣扬西方的价值体系。受文化背景的影响，我国的文化素质教育不完全等同于西方的通识教育，它有民族特色和时代特色。文化素质教育是中西合璧的产物，综合了中国传统文化的精华和西方文化的经典，因而可以预期它会更有生命力。②

二、文化素质教育的发展

在我国，作为一种新兴的高等教育类型，高职教育起步较晚，但在规模快速扩大的基础上，其充分发挥"后发优势"，吸收普通高等学校文化素质教育的经验，从 20 世纪 90 年代末期开始提出在高职院校开展文化素质教育，并在部分院校进行了探索和实践。高职教育作为另外一条高等教育脉络，其文化素质教育从最初的模仿开始，历经各种论争，经过近 20 年的探索和实践，现已初步构建起具有自身特色的文化素质教育体系。根据学者王文涛关于我国高职文化素质教育历史发展的研究成果，具体它可分为如下三个发展阶段。③

1. 酝酿提出阶段

20 世纪 90 年代末至 21 世纪初是高职文化素质教育的酝酿提出阶段。在这一阶段，我国高职教育在人才培养目标上强调通过工学结合、校企合作等举措，培养技术过硬的熟练工人和各种实用人才。这一时期高职院校的人才培养以单纯的就业

① 杨春梅. 通识教育三论 [J]. 江苏高教，2002（3）：3.
② 宋彩萍，王丽平，王静. 文化素质教育内涵探讨 [J]. 吕梁高等专科学校学报，2006（3）：7-12.
③ 王文涛. 高职文化素质教育的历史发展与基本特征 [J]. 高等教育研究，2015（6）：73-79.

为导向，以向学生传授实用专业技术知识与技能（谋生和就业的手段）为主要内容，课程体系围绕这一目标来设计，没有给文化素质教育的开展留出时间和空间。1999年，《中共中央国务院关于深化教育改革全面推进素质教育的决定》（以下简称《决定》）颁布，高职教育作为高等教育的重要组成部分被正式确认，文化素质教育也开始进入高职教育的视野之中。《决定》指出："实施素质教育应当贯穿于幼儿教育、中小学教育、职业教育、成人教育、高等教育等各级各类教育""职业教育和成人教育要使学生在掌握必需文化知识的同时，具有熟练的职业技能和适应职业变化的能力"。这在一定程度上为高职教育人才培养目标的转型奠定了基础。2000年，教育部开始组织实施《新世纪高职高专教育人才培养模式和教学内容体系改革与建设项目计划》，要求"大胆借鉴世界各发达国家高等技术应用型人才培养的有益经验，大力弘扬祖国的优秀传统文化，培养和造就适应时代发展需要的建设者"，并将"高职高专教育文化素质教育体系改革、建设的研究与实践"作为一个单独的项目列出，足以显示国家对高职院校实施文化素质教育的认同和对掌握高职文化素质教育相关信息的需要。同年，教育部印发了《教育部关于加强高职高专教育人才培养工作的意见》，提出"高职高专教育要培养德、智、体、美等方面全面发展的高等技术应用性专门人才""学生要具有良好的职业道德和敬业精神""毕业生应具有基础理论知识适度、技术应用能力强、知识面较宽、素质高等特点""要主动适应社会经济发展对高职高专教育的需要，全面推进素质教育"等。上述计划的实施和文件的出台，不仅重新定位了高职教育的人才培养目标（由"基本劳动者"到"全面发展的高等技术应用性专门人才"），也说明国家对高职院校开展文化素质教育有了初步的认识和基本的设想，高职院校的文化素质教育建设与改革由此开始起步。

这一时期，一些学者及高职院校的教师开始关注普通高等学校文化素质教育的实施，他们将高职院校人才培养中存在的问题作为切入点，探讨高职院校开展文化素质教育的条件与思路，并提出了对高职文化素质教育的初步看法。[①]如有的学者从高职文化素质教育理念对转变高职教育观念的作用方面进行了探讨，认为要转变传统的专业教育思想，树立素质教育思想和人才培养主动适应社会需要的思想[②]；还有学者对高职文化素质教育的目标及其实现路径进行了分析，对高职文化素质教育改革的具体措施和实现方法提出了建议[③]。总的来看，这一阶段的研究开始提出高职文化素质教育的初步概念，形成了一些基本认识，虽然较大一部分研究是通过对普通高等学校文化素质教育的研究来反思高职院校人才培养中存在的问题，但毕竟开启了高职教育一个新的视界。但在这一阶段，高职文化素质教育理论研究还未涉及，高职文化素质教育实践也相对不足，对高职文化素质教育的认识更多停留在基础课程建设、校园活动开展等方面，显然还处在比较感性的认识阶段。

---

① 秦都雍，孙丽华. 转变教育观念是高职教育改革与发展的先导 [J]. 平原大学学报，1999（4）：73-75.

② 陈桃源. 浅谈高等职业学校学生文化素质教育 [J]. 江苏广播电视大学学报，1999（9）：38-39.

③ 曾文斗. 夯实基础 着眼创新——浅议"高职生"的文化素质教育 [J]. 黎明职业大学学报，2000（9）：49-52.

2.初步实践阶段

2001—2009 年是高职文化素质教育的初步实践阶段。2002 年发布的《国务院关于大力推进职业教育改革与发展的决定》是一个具有转折性和标志性意义的文件，不但明确了高职教育是高等教育的一个类型，同时指出"职业教育要认真贯彻党的教育方针，全面实施素质教育"，从国家层面对高职院校实践中技术和就业至上、忽视学生综合素质能力提升的人才培养逻辑进行了审视和重新定位，为高职文化素质教育的大力开展奠定了基础。2004 年，教育部等七部门联合印发了《关于进一步加强职业教育工作的若干意见》，强调"职业院校要全面实施素质教育，加强学生思想道德建设。深入开展中华传统美德和革命传统教育，不断培育青少年学生的爱国情感和民族精神。努力把职业道德培养和职业能力培养紧密结合起来，培养学生爱岗敬业、诚实守信、办事公道、服务群众、奉献社会的精神和严谨求实的作风"。2006 年，教育部印发了《教育部关于全面提高高等职业教育教学质量的若干意见》，明确提出要"加强素质教育，强化职业道德，明确培养目标"，强调"高等职业院校要坚持育人为本、德育为先，把立德树人作为根本任务"。五年三个重要文件的发布，标志着高职文化素质教育将成为今后高职院校开展教育教学改革的一个重要方面。

2007 年 4 月，全国首届高职高专院校文化素质教育工作研讨会召开。会议发表了《关于向全国高职高专院校发出进一步推进文化素质教育的倡议书》，提出"要正确理解和全面把握人的全面发展的内涵，促进职业教育与人文教育相结合。同时，要加强各高职高专院校之间在文化素质教育方面的交流与合作，积极开展文化素质教育工作的探索"。倡议书同时建议，"在条件成熟的时候成立高职高专文化素质教育校际组织，以加强对全国高职高专院校文化素质教育的统筹、规划与指导，推动全国高职高专文化素质教育，努力开创高职高专文化素质教育的新局面"。[①]这一事件的酝酿、发生，充分体现了部分高职院校对文化素质教育已经从被动接受发展到了自发推动。2008 年年底，教育部高等学校高职高专文化教育类专业教学指导委员会改组成立，被非正式地赋予了指导和协调高职高专院校开展文化素质教育活动的使命。

这一阶段高职文化素质教育的地位逐步明确，作用不断显现，但与中央文件精神相适应的高职文化素质教育理论尚处于梳理和论争过程，理论研究仍相对缺乏，高职文化素质教育实践量少面窄，不够充分，缺乏顶层设计与宏观指导，呈现出政府主导、文件先行、实践落后的显著特点。

3.体系构建阶段

2010 年至今是高职文化素质教育体系构建阶段。2010 年，《国家中长期教育改革和发展规划纲要（2010—2020 年）》颁布，提出"职业教育要面向人人、面向社会，着力培养学生的职业道德、职业技能和就业创业能力"。这就要求我们要坚

---

① 佚名. 全国首届高职高专院校文化素质教育工作研讨会在浙召开［EB/OL］.［2007-04-09］. http://www.zjitc.net/info/1015/36817.htm.

持以人为本、推进素质教育,"面向全体学生、促进学生全面发展,着力提高学生服务国家服务人民的社会责任感、勇于探索的创新精神和善于解决问题的实践能力"。①2011 年,教育部印发了《教育部关于推进高等职业教育改革创新 引领职业教育科学发展的若干意见》,提出"高等职业学校要把社会主义核心价值体系、现代企业优秀文化理念融入人才培养全过程,强化学生职业道德和职业精神培养,加强实践育人,提高思想政治教育工作的针对性和实效性。重视学生全面发展,推进素质教育,增强学生自信心,满足学生成长需要,促进学生人人成才"。以上内容的阐述,进一步确立了高职文化素质教育在高职院校全面实施素质教育过程中的地位,明晰了高职文化素质教育的基本内容和关键作用。2011 年年底,在教育部高等学校文化素质教育指导委员会和教育部高等学校高职高专文化教育类专业教学指导委员会的共同策划下,以"文化引领技能型人才培养"为主题的首届全国高职教育文化育人高端论坛召开,论坛倡导成立了由首批 82 所高职院校组成的"全国高职院校文化素质教育协作会",致力于搭建高职文化素质教育的民间平台,以倡导、推动具有中国特色的高职文化素质教育工作,努力提高全国高职院校学生的文化素质、教师的文化素养以及校园文化品位,培养高素质高技能人才。深圳职业技术学院成为协作会会长单位。其后,该协作会协同 2012 年成立的教育部职业院校文化素质教育指导委员会,每年都举办一次文化育人高端论坛,以推动高职文化素质教育的发展。由此,高职院校也开始以高度的自觉意识积极推动文化素质教育的开展,高职文化素质教育进入了一个普及推广的新阶段。

这一时期,随着高职文化素质教育内涵的不断明晰,一大批高职院校开始深入开展文化素质教育实践,尤其以江浙地区和广东地区的高职院校为甚。其实践既体现了共性,也彰显了特色,并开展了各自的理论反思,形成了相关的研究成果。在江浙地区,浙江金融职业学院提出了立体化、多方位的素质教育实践模式②;浙江经济职业技术学院从文化素质教育对人才质量提升的角度进行了反思③;无锡职业技术学院从"知""行"统一的角度构建了其文化素质教育体系④;南京交通职业技术学院则立足行业,探索具有交通文化特色的高职文化素质教育体系⑤。在广东,广州地区的高职院校开始关注高职文化素质教育的现状及其实现方式⑥,深圳职业技术学院从文化素质教育系统设计、课程体系构建、实施路径与方法等方面,对高职文化素质教育体系构建进行了全面的思考和实践⑦。可见,高职文化素质教育已逐步成为高职院校追求内涵发展、实现人才培养目标的自觉实践。

(1)在普遍实践的基础上,努力构建高职文化素质教育理论体系。经过近 15 年的探索实践,高职文化素质教育的方法、路径,以及文化素质教育与专业教育、

---

① 佚名. 教育学国考大纲 [EB/OL]. [2014-10-17]. https://www.docin.com/p-936033739_2.html.
② 周建松. 高职院校立体化、多方位素质教育的研究与实践——以浙江金融职业学院为例 [J]. 高等工程教育研究, 2012 (5): 152-160.
③ 俞步松. 关于高职文化与文化素质教育的再思考——以浙江经济职业技术学院为个案 [J]. 职教论坛, 2012 (34): 20-23.
④ 朱爱胜. 高职文化素质教育的"知"与"行"——无锡职业技术学院文化素质教育体系的构建和实施 [J]. 无锡职业技术学院学报, 2013 (2): 1-4.
⑤ 贾俐俐. 有效渗透 注重突破 构建交通特色高职文化育人体系——南京交通职业技术学院文化素质教育谈 [J]. 无锡职业技术学院学报, 2013 (2): 10-14.
⑥ 刘楚佳. 高职院校文化素质教育的有效途径和方式——基于广州市高职院校的调查与分析 [J]. 高教探索, 2011 (5): 127-132.
⑦ 刘洪一, 等. 高职院校文化育人的系统设计与实践 [J]. 深圳职业技术学院学报, 2014 (6).

社会教育、岗位教育的关系等问题得到了深入的探讨。在中国知网上以"文化素质教育"并含"高职"为关键词进行检索，这一阶段的研究成果相当于之前研究成果的总和，可见业界对高职文化素质教育已经形成了基本的共识，研究成果开始集中出现。值得注意的是，一批专家学者在上述研究的基础之上，开始着力探寻高职文化素质教育的内涵特征和体系构建，经过这一时期的积累，研究成果不断涌现，内容包括高职文化素质教育的内容形式、方法手段、体系构建以及校园文化建设等方面。这其中以体系构建最为关键，不少学者从理论高度，从学生可持续发展与成才的角度，对高职文化素质教育的理论和内涵进行了梳理，并在路径分析的基础上对高职文化素质教育的体系进行了初步设计。如俞步松等人从"做强高等职业教育"的角度对文化素质教育的理论体系进行了较为深入的阐述[①]；刘洪一[②]、周建松等人[③]则针对这一阶段人们对高职文化素质教育存在的误区进行了澄清，并提出了实现路径。

（2）高职文化素质教育的组织与制度建设日益完善，体系初步形成。继"全国高职院校文化素质教育协作会"成立后，教育部根据实际需要，于2012年12月发文成立了教育部职业院校文化素质教育指导委员会，并将该组织定位为针对职业院校文化素质教育开展研究、咨询、服务的专家组织，以期为全国职业院校文化素质教育的开展提供指导与管理。这一组织的成立，结束了高职文化素质教育长期以来缺少官方组织和权威研究机构的尴尬局面，但相比代表普通本科院校的教育部高等学校文化素质教育指导委员会，其成立整整晚了15年。该组织成立后，通过建章立制、策划活动、开展研究，逐步推动高职文化素质教育走向规范化、制度化、可持续化。同时，"全国高职院校文化素质教育协作会"也在该委员会的指导下，协同各高职院校成功举办了以"文化引领技能型人才培养"（2011年），"融合·创新·特色"（2012年），"立德树人的高职实践"（2013年），"职业教育转型升级与文化育人深化发展"（2014年），"文化传承与创新实践"（2015年），"工匠精神与文化育人"（2016年），"学习贯彻党的十九大精神，扎实推进职业院校文化育人"（2017年），"学习贯彻习近平文化育人重要论述 推进职业院校文化育人创新发展"（2018年）为主题的八届高端论坛。在此基础上，2012年，全国高职院校文化素质教育协作会、深圳职业技术学院以及商务印书馆共同主办的高职文化育人文集——《文化育人》（第1辑）出版，每年出版一辑，截至2018年10月，《文化育人》已出版了7辑。《文化育人》的创办，旨在以文化人，砥砺德行，使教育回归文化本位，使学生进德修业、德艺双馨，为国家培养建设脊梁，为民族文化传承尽责尽力。[④]

总之，高职教育作为高等教育的一个类型，应当结合教育实际，以学生的可持续发展需求为依托，充分吸收中华优秀传统文化、工业文明、企业文化、职业道德等要素，按照人才培养规律、职业教育规律，科学构建满足学生需求、符合教育规

① 俞步松."做强高等职业教育"视野下高职院校文化素质教育的哲学审视 [J]. 中国高教研究，2010（4）：87-89.
② 刘洪一. 误区与路径——高职教育中的文化素质教育问题 [J]. 中国高教研究，2011（2）：68-71.
③ 周建松，邹宏秋. 全面推进素质教育 促进高职学生健康成长 [J]. 中国高等教育，2012（8）：44-46.
④ 刘洪一. 文化育人（第1辑）[M]. 北京：商务印书馆，2012：1.

律、具有职教特色的高职文化素质教育体系。①

三、文化素质教育的基本特征

文化素质是由一个人的知识、能力、观念、情感、意志等多种因素综合而成的内在品质，表现为人格、气质、修养、学识等。文化素质的培养可以归结为人的人生观、审美观和价值观的教育。文化素质的特征和功能决定了文化素质教育的特征和功能。高职教育作为高等教育的一种类型，在学生培养目标、课程设计、教学资源、修业年限等方面必然有别于其他高等教育类型。高职院校的文化素质教育在借鉴普通高等学校文化素质教育经验的同时，必须遵循高职教育的发展规律与发展特征。高职文化素质教育现具有以下基本特征：

1. 基础性

文化素质教育的基础性是由文化素质的基础性决定的。首先，文化素质教育在提高人才的整体素质中居于重要的基础性地位。一般认为，素质包括思想道德素质、文化素质、业务素质和身体心理素质。思想道德素质是灵魂，它的形成离不开文化素质，注重文化性的文化素质教育可以提高思想道德素质的实效。至于对业务素质的影响，文化素质教育可以为学生学好专业知识打下文化基础，有助于学生理解专业知识，并汇通各方面知识，从更深层次上推动专业教育。具有较高文化素质的大学生，可凭借坚韧不拔的毅力和高度的社会责任感，克服一切困难，出色地完成学业。就心理素质而言，如果文化底蕴不足，很容易导致心理素质的脆弱；反之，具有较高文化素质的人，能够正确地看待生命和生活，形成科学的思维方式和积极的生活态度，进而使自己能应付和承受来自外界的各种困难和压力。可见，文化素质是提高思想道德素质、业务素质、身体心理素质的基础。因此，我们强调把加强文化素质教育作为高等教育阶段实施素质教育的切入点和突破口，正是体现其基础地位之意。文化素质教育的主要任务就是教会学生做人，做人是一切素质中最基本、最核心的素质。文化素质在人的素质结构中处于基础地位，文化素质的提高有助于其他素质的提高。其次，文化素质是知识更新和能力养成的基础。一方面，文化素质的提高有利于构建合理的知识结构。知识是形成能力和素质的基础，这是毋庸置疑的。然而，随着知识的不断积累，知识还面临着一个更新的问题。知识的创新既需要有知识的选择、更新，更需要知识的综合和创造，这既需要把所学的知识转化为能力，也需要有较好的素质。文化素质属于非认知心理的范畴。一般来说，认知因素和非认知因素是相互促进、相辅相成的。文化素质教育重视人的情绪、情感，注重在拓宽知识的基础上，增强人的综合能力，强调学科之间的横向渗透，形成跨学科、跨专业的知识和能力结构。文化素质教育的这种知识观符合教育的整体性要求，合理的知识结构有利于知识之间的融会贯通和整合，使教育效果达到最优化。另一方面，良好的文化素质可以为创新能力奠定基础。科学发展的实践

① 王文涛. 高职文化素质教育的历史发展与基本特征 [J]. 高等教育研究，2015（6）：73-79.

证明，创新能力不仅来源于对问题的深入钻研，也得益于深厚的基础知识和宽广的知识面。人的文化背景越深厚，融会贯通的能力就越强，越有可能产生创造性思维。有了丰富的知识才能产生联想和综合，才能有新的思想产生，尤其是当代社会问题越来越复杂，需要人们综合运用各种知识来考虑问题。著名学者杨叔子先生认为，只有整体的思维才是完备的思维，才是创造性的思维。要想创新，就必须突破原有的思维模式和框架，就要有开放的形象性思维，而形象性思维则源于丰富的人文文化。以人文文化为主体的文化素质教育有利于发展学生的想象、直觉、感悟等形象思维能力，能够促进学生思维结构与方式的改善，对提高学生的创新能力起着重要作用。[①]

2. 职业性

高职教育通过工学结合、校企合作、现代学徒制等手段，使其人才培养与职业岗位紧密对接，突出了高职文化素质教育的职业性特征。首先，高职文化素质教育更重视学生职业道德的养成。文化素质教育作为一种"教会学生做人"的教育，品德教育是其重要内容之一，而职业道德是高职院校学生走向岗位、走向社会必须具备的基本品德之一。高职院校的大部分学生在毕业后直接从事各行各业一线的基础性工作，最初都可能会面临工作岗位环境不佳、岗位任务强度大、工资待遇不理想等困扰，如果没有良好的职业道德，缺乏敬业精神和爱岗意识，往往在工作中遇到困难时就难以坚持下去，更不用说做出一番事业了。其次，高职文化素质教育更重视学生职业习惯的培养。高职院校提倡对接职业岗位，开展校企合作和顶岗实习，校内外的实训基地也都是按照生产要求进行装配的，以便于学生能够尽早地适应职业岗位需求。这就要求学生在校学习期间就开始培养职业习惯，这样才能较好地实现与岗位对接。在目前的操作模式中，高职院校往往通过实训课程中职业习惯的训练和课外实践活动、选修课程中职业规范的学习等方式，帮助学生养成遵守制度规范、形成岗位安全意识和积极追求产品卓越等职业习惯。最后，高职文化素质教育更重视学生职业精神的形成。长期以来，以就业为导向的高职院校无疑是与企业衔接最紧密的教育主体，企业对富有职业精神的员工的基本要求，也深刻影响着高职院校的高素质技能型人才培养标准。在校企合作、订单培养的模式推动下，为实现毕业生无缝对接工作岗位，企业规范、企业文化开始走进高职院校校园，与校园文化逐步融合，为学生职业精神的培养打下了坚实的基础。随着高职文化素质教育的开展，职业理想、认知、态度和责任等作为学生职业精神的核心内容，日益渗透到高职院校学生培养的各个环节中。我们知道，无论是人文教育还是科学教育，最终目标都是要帮助学生养成人文精神和科学精神，职业精神是其中应有之义。因此，高职院校要以社会需求为依据，以意识养成为重点，以学生兴趣为基础，以企业参与的实践教学为载体，不断丰富校园文化的内容，强化学生职业精神的形成。[②]

———————————
① 宋彩萍，王丽平，王静. 对文化素质教育特征的再认识 [J]. 教育理论与实践，2006 (5)：1-3.
② 王文涛. 高职文化素质教育的历史发展与基本特征 [J]. 高等教育研究，2015 (6)：73-79.

3. 精神性

文化素质教育还在于它的精神性。人不仅是一种自然的、物质性的、生物性的存在，而且是一种社会性、文化性、精神性的存在。著名作家刘震云谈到，人的绝大多数时间——70%~80%是在进行精神活动，只有20%左右的时间是进行实际的有形的活动。首先，文化素质教育的精神性是通过它的精神追求来体现的。人精神境界的提升应是教育的根本性目的所在。不关注人的精神世界的教育是不健全的教育，也必然是失败的教育。教育在其终极目的上，必须帮助人们树立健康的生活方式，形成一般的世界观，而不能局限于纯粹功利或职业目的的达成。可以说，"教育培养人就是培养人的精神，精神构建就是教育的绝对使命"。相对于基础教育而言，高等教育有其特殊性，它侧重于发展人内向度的精神品质，如自主精神、审美精神、信仰精神等，并不断指向自由。这不仅是由人的发展规律决定的，也是日益发达的现代社会对高等教育提出的根本要求。在促进人的发展上，高职教育应超出适应社会这一范畴，更多地植根于人类对丰富的精神生活的追求和对人的个性的塑造。赋予人一种独特的精神品质、个性和信念，乃高职教育唯一不变的理念，也是高职教育的恒久理想，更是大学的支撑点。文化素质教育以其丰富的精神性满足了高职教育的这一需求。其次，文化素质教育的目标指向、内容选取和实施途径都有很强的精神性。文化素质教育旨在提升人的精神境界，形成人的完善人格，它重视人本身，尤其是人的精神价值的实现。只有那些优秀的、能够升华人的精神、提高人的价值的文化才能作为文化素质教育的内容。文化素质教育就是要先激发大学生的情感，使他们从情感上认同积极的、健康的精神内容，提高他们的情感调节能力和审美能力。文化素质教育注重对经典的学习，在读有关人文经典时，可以贴近伟人心灵，了解人物丰富的内心世界，培养学生积极向上的情感。美学、艺术等人文学科则有助于实现大学生感性世界和理性世界的和谐统一。而各类精彩纷呈的讲座，也为高职学生提供了良好的精神资源，名家大师现身说法，以智慧启迪智慧，以人格陶冶人格，对学生来说不仅是情感的升华，更是道德的洗礼，最终有助于其理想的生成。中国的优秀文化里蕴藏着深厚的人生哲理，体现了高级的变通智慧，这种智慧具有根源性，是取之不竭的精神财富。文化素质教育的目标就是通过亲近经典、接触优秀传统文化，把人类文化精髓内化为人的素质，用一套正确的价值导向体系，引导着人们思考人生的目的、意义、价值，从而塑造人的灵魂，丰富人的精神世界，发展人性、完善人格。最后，文化素质教育的核心是人文精神的养成。针对我国高职学生文化素质匮乏的现状，文化素质教育关注的是人文精神和科学精神的培养以及人文教育和科学教育的协调问题。知识经济时代对人的要求越来越高，人不仅要学会生存，还得学会关心、学会理解、学会选择、学会创造等。这些都需要培养学生的人文精神，用价值理性去引领工具理性，提升学生的文化素质和文化品格，使学生获得精神上的自由，避免他们只从功利主义的角度考虑问题的狭隘性，不会在躁动的社会中迷失自我。文化素质教育正是在这个意义上体现了其精神性的内涵。[①]

4. 多元性

高职文化素质教育的多元性，体现在高职文化与区域文化、行业文化、企业文化的融合发展上。首先，高职文化与区域文化的融合发展。高职院校所在地及周边区域的优秀文化资源，作为文化素质教育资源的有益补充，与校园文化不断融合，将区域文化融入课程、校园文化活动、课外实践等文化素质教育活动之中，有助于学生熟悉区域文化及风土人情，以便他们能够顺利地适应学习、生活和工作环境。其次，高职文化与行业文化的融合发展。很多高职院校为行业所举办，而且高职院校设置的专业深深扎根在行业之中。每个行业都有自己独具特色的文化，如金融文化、船政文化、交通文化、建筑文化等。高职院校的学生要顺利进入某一行业，就必须适应这个行业的文化。最后，高职文化与企业文化的融合发展。高职院校目前正在积极推动的订单式和学徒制人才培养模式，即按照企业要求量身定制和传统的师傅带徒弟的人才培养方案，要求高职院校深入研究并推动企业文化进入专业教育之中，以便更好地实现其人才培养目标。[②]

5. 民族性

文化素质教育的一个基本目标是要通过民族文化教育，培养对中华民族文化的认同感，帮助学生树立爱祖国、爱人民、爱社会主义的信念。所以，爱国主义、民族精神是文化素质教育民族性的本质所在。文化具有鲜明的民族性，文化总是表现为某一民族的文化，是一个民族在历史发展过程中长期积淀的结果，代表着一个民族的传统，体现着一个民族的个性。中华民族正是靠人文文化来维系、支撑的，人文文化是个意义世界、价值世界，具有价值导向作用。文化素质教育不是狭隘的民族主义教育，也不是无批判的全盘继承，是期望学生在弘扬民族文化的同时，又兼具世界眼光。它吸收了世界上其他民族的优秀文化成果，但主线是以中华民族的优秀文化塑造学生的民族精神和爱国主义情感，培养学生的集体主义观念和公民意识。民族文化是民族精神深厚的生命之源，可不断丰富人们的精神世界，增强人们的精神力量，从而为弘扬和培育民族精神提供丰富的营养。优秀的民族文化使人们具有认同感，同时也具有历史继承性，且属于文化的深层结构，所以又具备稳定性，是民族文化的活的精神。所以，优秀民族文化往往是铸就民族精神的思想基础。文化素质教育就是通过对民族历史、文化的了解，培养民众对民族的感情，把谋求个人利益和谋求国家的利益、民族的繁荣结合起来，在为祖国服务的大事业中实现自己的理想和社会价值。民族精神不仅要弘扬，还要着力培育。民族精神的培育总是以个体精神的提升为条件的，只有当个体的精神不断成熟和丰富时，民族精神才有可能从整体上得到改善。离开了个体精神的健康发展，民族精神只是一个空泛的概念或简单的抽象。个体精神的发展必须以民族精神、社会所需要的精神价值取向为基本的参照与导向，即将群体精神的基本要素内化于个人的精神素质之中。

① 宋彩萍，王丽平，王静. 对文化素质教育特征的再认识 [J]. 教育理论与实践，2006（5）：1-3.
② 王文涛. 高职文化素质教育的历史发展与基本特征 [J]. 高等教育研究，2015（6）：73-79.

正是在民族复兴这样的大背景下，更应突出文化素质教育的民族性，发挥其优势并担负起它的重大责任。①

中华优秀传统文化源远流长，是高职文化素质教育的根本。中国古代职业教育的鼻祖墨子就强调"兼相爱，交相利"，希望人们有心系社稷、兼爱天下的情怀，强调人与人之间的相互尊重与关怀，从"爱"到"义"要求学技者要关心社会进而不断强化自身的职业道德，在从业过程中得到精神升华。高职教育因其技术性特点，学科背景逐渐淡化，取而代之的是对专业的强调，这给高职教育细化技术领域带来了可能，也为中华优秀传统文化的植入提供了平台。近年来，在高职院校的招生计划中，我们不难发现诸如古建筑技术、古玩艺术品投资、非物质文化遗产保护、文物鉴定与修复、民族传统体育、民族传统技艺、传统表演艺术、历史文化旅游等专业和方向。这些专业和方向在向学生传授专业技能的过程中，必然会让学生了解中国历史，了解中国特定阶段的文化，了解传统文化的形成过程，从而保护中国的历史文化，传承中华优秀传统文化。②

6. 稳定性

文化素质具有稳定性。人的文化素质一旦形成，能在较长时间内作用于人的思想和言行，会以比较稳定的形式表现和反映出来，在各种不同的场合显示出比较一致的品格。它不像技术那样千变万化，具有时效性。一个人如果学会了艺术的思维方式，即使他不从事艺术活动，这种方式也会体现在他的其他活动中。钱学森谈到自己的体会时说："音乐艺术里所包含的诗情画意和对人生的深刻理解，使我丰富了对世界的认识，学会了艺术的广阔的思维方法。"文化素质的稳定性，并非一成不变，而是相对的稳定。③文化素质是可以培养、造就和提高的，可以根据社会的发展和人的成长规律使人的文化素质不断达到新的要求。从这个意义上说，文化素质是稳定性和可变性的统一。

文化素质教育的稳定性同时也意味着其养成的长期性。教育从本质上说就是培养人的素质的过程，也是一种很难传授的艺术。任何困难的事情若能轻易做到，只能说明它是没有价值的，所以，应该反对那种在实施文化素质教育过程中急功近利的态度，应该从简单做起，以坚定、恒久的心态，通过大量的实践逐步提升人的文化素质。④

7. 灵活性

高职院校专业布局和学生修业年限的特点，使得高职文化素质教育的实施必须具有灵活性。一方面，从专业布局上讲，高职院校所开设的专业通常依据市场需求而定，单个学校开设的专业门类一般不多，在文化素质教育课程方面就不能面面俱到，这就要求学校灵活调整不同专业的文化素质教育内容。这一点有别于普通高等

① 宋彩萍，王丽平，王静. 对文化素质教育特征的再认识 [J]. 教育理论与实践，2006 (5)：1-3.
② 王文涛. 高职文化素质教育的历史发展与基本特征 [J]. 高等教育研究，2015 (6)：73-79.
③ 阴天榜，张建华. 对大学生文化素质教育内涵与特征的认识 [J]. 高等农业教育，1997 (5)：24-26.
④ 宋彩萍，王丽平，王静. 对文化素质教育特征的再认识 [J]. 教育理论与实践，2006 (5)：1-3.

学校依学科布局而开展的文化素质教育。另一方面，从学生修业年限上讲，普通高等学校的学生一般修业年限是 4～5 年，而高职院校学生的修业年限只有 2～3 年，并且有半年到一年的时间需要学生顶岗实习，剩下的时间也被大量的专业课程和实践教学课程所占据，没有太多的课时能拿出来专门开展文化素质教育。因此，高职院校实施文化素质教育必须开拓更加多样化的实践途径，以便获取更多的资源，同时要用更加灵活的方式来应对时间上的欠缺，如促进文化素质教育与专业教育的融合，充分利用学生的课外时间，将文化素质教育较多地寓于专业教育和日常教育之中，体现出较高的灵活性。[①]

四、文化素质教育的必要性

加强文化素质教育是世界高等教育改革的普遍趋势。当今世界，科学技术突飞猛进，物质财富高速增长，科学教育备受青睐，人文教育受到冷落，并随之带来一系列世界性的社会问题，如能源消耗、环境恶化、人口膨胀、道德下滑等，引起了世界各国的警醒和思考。1984 年，美国人文科学促进会发表了《挽救我们的精神遗产——高等教育人文学科报告书》，对衰微不振的人文教育表示深切的关注，震撼了美国高等教育界。英国在 1997 年的《学习社会中的高等教育》改革报告中提出，高等教育不但要为学生就业做准备，而且要培养有教养的人。日本确定了 21 世纪的高等教育人才培养目标，即培养具有宽广的胸怀，健壮的身体，丰富的创造力，自由、自律和公共精神，面向世界的日本人。在我国，大学生文化素质教育工作自 1995 年以来在全国高等学校迅速开展并不断得到深入。总的来说，世界各国都根据本国政治、经济、科技和社会发展的需要，培养具有特定的世界观和道德品质、专业素养精湛、文化素养宽泛、创新能力强、身心健全的新型专门人才。加强文化素质教育，已成为世界高等教育改革的热点。[②]

1. 加强文化素质教育是当代社会发展的要求

现代社会精神文明与物质文明的同步发展，要求人们建立人与自然、人与社会、人与人之间的和谐关系。加强文化素质教育正是这一时代发展的要求。大学生永远走在历史的最前面，是国家的未来和希望。在经济全球化的今天，大学生的道德观念也在发生着变化。对大学生加强文化素质教育，增强他们的主人翁意识，弘扬和培养他们的民族精神、民族责任感，有助于我国社会主义现代化建设和中华民族的伟大复兴。当代大学生只有提高自己的文化素质，才能具有良好的精神状态和健康心态，才能具有全局性的形势分析和判断能力，才能把所学的知识应用到对国家有用的方面。当代大学生应具有宽广的胸襟、文明的行为、战略的眼光。当代大学生是未来社会主义建设事业的骨干，必须努力培养团结合作、艰苦奋斗的优良作风，尊敬师长，置自己于群众之中，始终把自己看作群众中的普通一员。当代大学生应少一些夸夸其谈，多一些埋头苦干，严于律己，宽以待人，在自己的学科领域

---

① 王文涛. 高职文化素质教育的历史发展与基本特征 [J]. 高等教育研究，2015（6）：73-79.
② 沈燕红. 高职院校文化素质教育体系的构建与实施 [J]. 职业教育研究，2009（2）：21-22.

刻苦钻研，为增强国家的综合实力做出自己的贡献。[①]

2.加强文化素质教育是全面贯彻党的教育方针的需要

高职教育虽然以培养理论和操作技能并重的应用型人才为目标，但为了适应市场经济的需求和日益激烈的竞争与挑战，高职教育培养的学生不能只是合格的"专业人""职业人"，更应当是具有"人文"内涵的"社会人"；不仅要使学生学会认知、学会做事，更要学会生存、学会生活、学会创业；要帮助他们确立正确的世界观、人生观、价值观，养成以苦为乐、以创业为荣、以乐群利他为德的良好品质，避免由于仅强调能力的培养，而导致学生在知识、能力、素质三者间缺乏基本的平衡及和谐。这样才能从根本上保证党的教育方针得以全面贯彻落实，促进学生的全面发展。[②]

3.加强文化素质教育是高职学生全面发展的需要

高职教育的人才培养目标是教会学生如何"做事"，让学生掌握专业技能，成为能进入生产、管理、服务第一线的技能型人才；同时，也要教会学生如何"做人"，成为会待人处世的高素质人才。我国高职教育存在重专业轻文化素质教育、功利导向过重等问题，这些都是由于人文教育的薄弱和缺失导致的。良好的文化素质教育通过建立完善的知识结构，能为学生系统地进行专业学习、个人得到全面发展，甚至是整个社会的进步与发展打下坚实基础[③]。因此，研究解决高职院校中存在的这些问题、加强高职学生文化素质教育迫在眉睫。

当前，高职院校还存在学制短、技能培训过多、学生素质参差不齐等问题，且部分高职院校过分注重培养学生的实际操作能力和技能，过于追求功利，片面追求物质利益，缺乏社会理想，不注重职业道德的养成，从而表现出诚信缺失、工作自由散漫、缺乏上进等现象。良好的人文修养可使学生具有健全美好的人格，能自觉关爱他人、关爱社会，为社会的文明、和谐做出贡献，并实现生命的价值。因此，推进文化素质教育，重视养成教育，结合专业教学开展人文教育，在"做事"的训练中贯穿"做人"的教育，有利于学生的健康全面发展[④]。

4.加强文化素质教育是提高高职人才质量的必要保障

《世界高等教育宣言》提出：21世纪是一个更加重视质量的世纪，由数量向质量的转换标志着一个时代的结束和一个新的时代的开始。质量是一个时代命题，谁轻视质量，谁将为之付出沉重的代价。衡量人才质量的一个重要标志是人的素质，尤其是文化素质。文化素质的高低必然外化为人的行为和表现。许多专家研究指出：目前，高职院校的学生群体普遍存在着政治意识消极、法律观念淡漠、价值取向偏离、道德知行分离、文化结构失衡、心理素质脆弱等人文素养的缺失。这不仅

① 陈会丽. 高职文化素质教育的途径与方法 [J]. 河南农业，2014（8）：6-7.
② 刘弘. 关于高职院校推进文化素质教育的几个问题 [J]. 天津职业大学学报，2005（6）：55-57.
③ 王彦. 高职院校加强学生文化素质教育的现实需求探析 [J]. 教育教学论坛，2013（6）：201-202.
④ 黄勇鹏，韦莉莉. 实践体验在高职院校文化素质教育中的意义与实施路径探析 [J]. 教育与职业，2013（8）：48-49.

影响着高职院校培养的人才的品质，也直接影响着高职教育的格调和社会影响力。教育界认为，人才素质包括思想道德素质、文化素质、业务素质、身体心理素质等方面。其中，文化素质是基础，它作用于人才整体素质的各个方面。加强文化素质教育有利于提高学生的思想道德素质，有助于学生理解专业知识、掌握专业技能，促使学生学会正确地认识人与自然、人与社会、人与人的关系，提升自身的精神境界和综合素质。因此，加强文化素质教育是保证高职人才质量的现实要求。[①]

加强文化素质教育也是全面提升毕业生质量的重要保证。以强调能力培养为中心的高职教育，其毕业生的去向，多为基层单位和企业管理一线岗位。上岗后，这些毕业生能不能运用所学的知识和技能，与企业领导、员工一起实干攻关，全心全意地为基层服务，有没有良好的敬业、乐业、勤业、创业精神，是评价毕业生质量的重要标准，也是评价学校教育成败的根本标准。因此，在强化以能力为中心的教育过程中，绝不能轻视或放松以思想道德素质为核心的全面素质教育。要通过文化素质教育，使学生明确自己的历史使命和社会责任感，形成良好的职业道德修养，成为德、识、才、学俱佳的全面人才。[②]

五、文化素质教育的对策

加强文化素质教育是高质量人才培养的重要组成部分，高职教育应将文化素质教育贯穿其中，以实现教育的整体化、全面化和资源优化，最终达到教书育人的目的。现将加强高职院校大学生文化素质教育的对策归纳为以下十个方面：

1.确立具有时代特征的文化素质教育目标

我国高职教育以培养生产、建设、管理、服务第一线需要的技术应用型人才为目标。而传统高等职业教育的目标只注重学生专业技能以及实践技能的提高，强调"能力本位"，忽视了学生文化素质的培养。"重专业教育、轻文化素质教育"模式下培养出来的学生，在工作中也许确实能够表现出很好的职业技能，但在社会交往能力、敬业精神、团队合作精神等文化素质方面却往往表现不足。随着时代的不断进步，经济全球化、文化多元化以及职场化、市场化、专业化、竞争化在社会中的影响力日益突出，传统高等职业教育的目标已经无法适应新时代的人才需求模式和竞争模式。新形势、新特征对我国高等职业教育培养出来的学生的文化素质也提出了更高的要求。一方面，高职院校必须重视学生的文化素质教育，确立具有时代特征的文化素质教育目标，制订专业教育与文化素质教育并重的人才培养方案，改革人才培养模式，树立专业教育与文化素质教育融合的办学理念；树立全面发展的"育人"观念，确立科学教育与人文教育融合的办学理念，要深刻认识到学校不是"制器"工具，而应该以培养全面发展的高素质技能型人才为目标。另一方面，高职院校的学生自身也应认识到文化素质是当代大学生的基本素质，应努力提高自身的文化素质，树立正确的世界观、人生观、价值观，既会"做事"又会"做人"，

① 沈燕红. 高职院校文化素质教育体系的构建与实施 [J]. 职业教育研究，2009 (2)：21-22.
② 刘弘. 关于高职院校推进文化素质教育的几个问题 [J]. 天津职业大学学报，2005 (6)：55-57.

成为具有良好的个性、健康的心理、健全的人格的高素质技术应用型人才。①

2.把握高职院校文化素质教育的内容

高职院校文化素质教育的内容包括人文知识、人文思维和人文精神等方面，在实施文化素质教育过程中应重点把握。

（1）人文知识。根据高职院校人才培养的特点与要求，人文知识教育主要应包括四类知识：一是思想政治理论知识，培养学生具有正确的世界观、人生观、价值观，良好的思想品质及一定的政治理论基础；二是职业素养知识，引导学生养成良好的职业观，培养良好的职业道德；三是文学、艺术、心理学、社会学类知识，主要是培养学生对美的感受与鉴赏，对优秀文化精髓的汲取，开阔思维，丰富想象，获得灵感；四是与专业知识紧密联系的通用知识。

（2）人文思维。高职院校要对学生进行人文思维的训练，如通过文学作品体悟小说的澎湃大气、诗歌的含蓄隽永、散文的清新雅致和富有哲理，给学生以心灵的洗礼；欣赏美术作品，感受其缤纷的色彩、柔美的线条、丰富的主题，让学生在视觉的震撼中升华情感。通过对学生的直觉、顿悟与灵感的激发，提高他们的记忆力、观察力、想象力、领悟力和创造力。人文思维教育可以帮助高职学生在设备的使用、产品的开发设计中融入更多的人性化理念，给技术工作赋予更多的创新和艺术灵感。

（3）人文精神。"大学之道，在明明德，在亲民，在止于至善"。《大学》阐明了教育目的，即在于教人道理，净化人们的心灵，陶冶人们的情操，培养人们的善良美德，使人们达到真善美的最高境界，即培养人文精神。此外，还应着重培养学生的职业精神、诚信品质、敬业精神和责任意识、遵纪守法意识，使学生具备竞争和团队意识，拥有竞争中团结协作、完成任务的能力；具备自我教育意识，拥有自我控制的能力；具备奋斗意识、能承受失败和挫折的心理能力；具备收集信息、处理信息的能力；具备效率意识；具备开拓意识、乐于奉献意识等。这样才能适应各种竞争和挑战。②

3.遵循高职文化素质教育的发展规律

高职文化素质教育必须以"职业性"作为基石，服从于"高素质技能型"这个高职教育人才培养总目标，始终遵循高职文化素质教育的发展规律。③

（1）文化素质教育必须与教育教学规律相适应。加强文化素质教育，是一种新的教育思想和观念的体现，应当贯彻落实在学校教育的全过程中，体现在所有的教育教学环节和形式中，而不只是一个特殊的教育模块。构建文化素质教育体系，要适应高职教育教学规律的需求，既注重理论知识的系统传授，更重视潜移默化的行为熏陶，确保文化素质教育渗透到专业教育和实践教育中，成为支撑学生全面发展的重要基石。

---

① 唐志敏，金日坚，曾建球，等.高职文化素质教育对策研究［J］.科技资讯，2017（3）：154-155.
② 王彦.高职文化素质教育体系的建构与实施保障探索［J］.教育与职业，2013（4）：38-39.
③ 张曼.论高职院校文化素质教育体系的构建及实施途径［J］.沙洋师范高等专科学校学报，2012（6）：6-8.

（2）文化素质教育必须与高职人才培养目标相适应。1999 年年底，教育部高职高专会议明确提出，"高职高专教育是我国高等教育的重要组成部分，要培养拥护党的基本路线，适应生产、建设、管理、服务第一线需要的德、智、体、美等方面全面发展的高等技术应用性专门人才"。《2003—2007 年教育振兴行动计划》又进一步提出，"大力发展职业教育，大量培养高素质的技能型人才，特别是高技能人才"。从"技术应用性专门人才"到"高素质的技能型人才"可以看出，我国的高职人才培养目标更重视学生综合素养和职业能力的提高。尤其是近年来，媒体及企业对劳动者"职业素养"的呼声日益增强，职业院校培养的学生除了具备相关的专业技能外，还必须具有较高的职业综合素养，这样才能适应社会发展与自身职业发展的需求。文化素质教育体系的构建，将极大推动高职人才培养目标的实现，真正将高等职业教育与短期技能培训区别开来，实现"高素质技能型人才"的培养目标。

（3）文化素质教育必须与学生主体相适应。教育部职业院校文化素质教育指导委员会原主任、中国科学院院士杨叔子教授认为："人文文化具有重要的基础地位，关系到民族的存亡，关系到国家的强弱，关系到社会的进退，关系到人格的高低，关系到涵养的深浅，关系到思维的智愚，关系到事业的成败……把科学与人文结合起来，就是一个人成功的全部，这是因为，把科学与人文结合起来，有利于大学生形成正确的人生追求，有利于大学生形成完备的知识基础，有利于大学生形成优秀的思维品质，有利于大学生形成健康的生活方式，有利于大学生形成和谐的内外关系。"①文化素质教育在很大程度上是一种养成教育，需要人文知识、科学知识传授与科学思维方法的训练相结合，同时还必须有一套行之有效的教育方法。高职学院的学生已近成年，对社会有自己的认知，已经初步形成了自身的世界观、人生观和价值观。学生对文化有不同的偏好和选择，应尽可能地拓宽文化传授的领域，尤其是注重跨学科文化知识的介入，帮助学生更好地从自身角度出发，汲取营养，丰富内涵，实现全面发展；对文科学生需要加强自然科学的教育，对理工科学生要加强人文科学的教育，将文化素质教育与专业教育紧密结合起来，强调将传授知识、培养能力和提高素质融为一体，促进学生知识、能力、素质的协调发展。

4. 坚持实施文化素质教育的原则

文化素质教育是一项特殊的人文活动，有着自身内在的特性。文化素质教育资源也有着资源的显著特性和复杂系统。因此，在文化素质教育的实践过程中应遵循以下基本原则：

（1）综合性原则。多学科优势是高职院校开展文化素质教育十分有利的资源，同时，培养学生具有跨学科的文化知识也是文化素质教育的一个基本目标。综合性特色的发挥可以为优化教育教学资源、促进学科之间的交叉与渗透起到非常重要的作用。

（2）地方性原则。地方高职院校主要是培养为地方经济社会发展服务的人才。

---

① 杨叔子. 高校的人文素质教育不应忽视［N］. 中国科学报，1994-10-16（1，2）.

在开展文化素质教育时，应当使学生了解本省的省情和本省的历史文化，以便更好地适应本省的经济建设和社会发展对人才的需要。

（3）系统性原则。教学计划是培养目标的具体体现，要使文化素质教育有效地进行下去，就必须将其纳入正式的教学计划中，在课内外、校内外全过程的教育活动中，为文化素质教育活动奠定"法定席位"。

（4）全体性原则。文化素质教育涉及整体层面、教师层面、服务层面。为此，学校要积极创造条件，营造浓郁的文化素质教育氛围，使所有学生在校期间都得到最大可能的全面发展。[①]

5. 着重培养具有较高文化素质的教师队伍

党的十九大报告提出，要加强师德师风建设，培养高素质教师队伍，倡导全社会尊师重教。[②]新时代的教育对教师队伍建设提出了新要求。"师德是教师的灵魂。一名好老师既要是经师，更要是人师"。新时代教师有新的神圣使命，要进一步肩负党和人民的重托，主动担负起塑造灵魂、塑造人、塑造生命的重大使命，履行传播知识、传播思想、传播真理的神圣职责；既要热爱学生、乐于奉献，又要加强思想政治教育和品德教育，同时也要加强自身修养，以身作则、率先垂范。广大教师要将社会主义核心价值观的种子深植于学生心中，既要培养学生服务国家、服务人民的社会责任感，也要大力推行素质教育，引导学生自立自强。高职院校也应在文化素质教育思想观念的指导下，快速提高教师的文化素质，以适应高职教育的新要求。[③]

6. 完善文化素质教育课程体系建设

高职院校课程体系建设应该具有能力本位的职业性、工作过程的实践性和职业迁移的开放性特征。[④]文化素质教育课程体系可分为课程安排、实践活动和软课程三方面。课程安排包括必修课和选修课；实践活动包括校内的各类学生活动、顶岗实习以及社会实践；软课程暗含软环境建设之意，主要包括校园文化和网络环境建设两方面。构建文化素质教育体系，一是要改变一些高职院校将人文课程划为选修课的做法，将其归为学生的必修课，以增强学生对文化素质教育的重视程度；二是要开设社会实践课、大学生心理健康课等核心课程，为全面提高学生的文化素质铺垫良好的心理基础和实践基础；三是要高度重视学生的实践活动，除了必需的顶岗实习以及实践课程外，应鼓励学生开展社会调查、志愿服务、勤工助学、挂职锻炼等社会实践活动；四是要加强校园文化建设和软环境建设，特别是要加大网络学习环境建设（要紧密结合时事）的投入力度。此外，要加强复合式课程建设。所谓复合式课程，指的是专业课程、通识课程、文科课程、理工课程等多种课程的结合、

① 李晓元. 对高等师范院校大学生文化素质教育的探索 [J]. 吉林工程技术师范学院学报，2009（3）：54-55.
② 郭荣丽，郭秀红. "灵商"培养：高校人文素质教育的基础 [J]. 学理论，2016（12）：215-216.
③ 张曦堃，徐珂璠，张晓林. 高职学生文化素质教育现状及对策研究 [J]. 船舶职业教育，2018（11）：57-59.
④ 傅伟，袁强，王庭俊. 高职教育行动导向课程体系的特征与要素分析 [J]. 中国高教研究，2010（4）：91-93.

相融、交叉，能最大限度地利用教学资源，培养具有复合知识体系的复合型人才。加强复合式课程建设，一是强调专业课程与通识课程复合互补，在培养学生具有较强的专业能力的同时，确定通识课程的必修要求，注重培养不同职业普遍需要的一般技能和文化、职业素养，如交际沟通等方面的课程。二是文科课程与理工课程复合互补，文科类专业必修一定的理工类课程，理工类专业必修一定的文科类课程。三是专业课程与创新创业课程复合互补，为学生提供必要的创新创业平台。四是常规课程与网络课程复合互补，系统开发和利用网络课程资源，大力推行网络教学、在线学习。五是校内课程与企业（行业）课程复合互补，注重与企业（行业）的合作，企业（行业）所开设的相关课程、培训认证等可纳入课程设置体系。①

7. 高职实训中心文化素质教育功能开发

开发高职实训中心的文化素质教育功能，要选择适合学生认知规律的教育方式和手段，激发学生潜在的天赋和兴趣，把传统文化的精髓渗透到专业教育和技术技能培养的全过程中。要把握实训中心的建设特点，在专业特色、教师素质、教学内容、教育模式、人文环境、目标设计等各个方面，有效融合文化素质教育，使文化素质教育在大学生职业精神养成中，发挥催化剂的作用和点火器的功能，实现文化素质教育功能在实训中心的实践落地。②

8. 建立完善的文化素质教育评价与保障体系

科学合理的文化素质教育评价体系是落实高职学生文化素质教育的重要保障，对文化素质教育起着导向、监督、调节和激励的作用。高职院校建立科学规范、可操作性强的文化素质教育评价体系，有利于促进专业教育和文化素质教育的融合。现代社会的高技能人才，除了应具备扎实的专业基础知识、熟练的操作能力外，还应当具有高情商和良好的创新能力等。同样，高职院校在对学生进行评价时，不能仅仅偏重于对学生知识和技能方面的评价，而忽略学生的文化素质。高职院校需要建立一套完善的评价机制，提高文化素质教育课程在整个课程体系中的地位，设定更多的学分值，完善综合素质考评体系；将学生参加学校文化活动、社团活动和社会实践活动等纳入考核体系，创新考核方式和方法，建立科学、合理、多元的文化素质教育评价体系。有效实施高职文化素质教育需要校内外各种教育力量的支持和参与。一方面，高职院校自身需要建立一套完善的文化素质教育管理体系。建立教师激励机制、学生弹性选修文化素质教育课程制度，设立文化素质教育专门机构、分管机构等，从不同层次保障高职院校文化素质教育的推进。另一方面，国家应加强政策方面的支持，加大资金方面的投入力度，扭转社会对高职教育的偏见，将高职教育做大做强做优，开创高职教育的新局面。③

---

① 谢兆岗，杨晓霞. 高职院校文化素质教育现状与对策研究［J］. 长江大学学报：社会科学版，2013（10）：169-170.
② 李亮亮. 高职实训中心文化素质教育功能开发［J］. 长江工程职业技术学院学报，2017（9）：38-40.
③ 唐志敏，金日坚，曾建球，等. 高职文化素质教育对策研究［J］. 科技资讯，2017（3）：154-155.

9.营造校园文化，调动学生主观能动性

高职院校应组织开展多姿多彩、多层次的文化素质教育活动，通过社会实践、文化艺术活动、创业创新活动等，营造具有浓厚特色的校园文化，让学生在良好的校园文化中受到熏陶，确立学生的主体地位，提高学生学习文化基础课的兴趣，调动学生的主观能动性，强化学生的专业技能训练，培养学生的动手动脑能力和创新创业能力，使其树立正确的人生观、价值观和世界观，将自己培养成全面、健康发展的综合型人才。校园文化氛围的营造能够在学生之间起到模范带头及示范作用，形成自主、互助的模式，并形成良性循环。①

10.加强校园网络文化建设

网络无处不在，当今世界，互联网飞速发展并渗透到社会的各个方面，对人们的生产、生活产生了深刻影响。上网已经成为一种时尚、一种需要甚至一种生活方式。从现实和长远看，大学生都是网络用户中最主要的一支力量。中国互联网络信息中心（CNNIC）的调查表明，目前大学生在中国的网络用户中约占21%，是上网用户中比例最大的一个群体。此外，有调查结果表明，大学男生上网率达84%，女生上网率高达98%②；另一项调查结果将大学生网民定义为平均每周使用互联网1小时以上（含1小时）的在校大学生，这部分大学生的比例高达90.2%③。不管统计数字如何，有一个事实必须承认：上网已经成为大学生固定的活动内容，互联网已经深入了大学生的学习、生活、情感等各个领域，成为大学生学习知识、交流思想、休闲娱乐的重要平台。大学生是中国网民中最大的群体，网络世界可以影响大学生的价值观、思维、品行、生活、学习、情感等各个方面，但是由于网络世界中也有丑恶的一面，所以高职院校应建立并完善网络信息系统，加强健康的网络文化素质教育。④

首先，要加强校园网站建设。作为大学生上网的主要出口，高校网站应该不仅是一个学校的窗口，更应该是信息的集散地，是对大学生进行专业知识教育、思想政治教育、文化素质教育的重要阵地。目前，校园网络普遍存在信息内容少，更新不及时，文、史、哲、艺术等方面信息匮乏等问题。在对大学生进行文化素质教育时，应该更充分地发挥高校网站的作用，前提就是建设好校园网。一是要根据文化素质教育的要求，选择科学系统的内容。利用互联网教育不受时空、设备、图书资料和师资条件限制的优势，按照文化素质教育的内容要求，在校园网中建立国内外权威文化站点的镜像，从国内外的名校、名师、著名图书馆中选择文、史、哲、艺术等人文社会科学和自然科学方面的精品内容，聘请名家进行网上学术报告，组织具有民族优良文化传统及经济发展、文化建设、科学研究等方面的重大进步的信息上网。二是要增加校园网的文化内涵。鼓励各高职院校文、史、哲、艺术等人文社

① 谭杰倪，胡月，程伟. 高职院校文化素质教育的现状及对策研究［J］. 重庆城市管理职业学院学报，2014（9）：47-49.
② 王栾生、李方. 大学生上网情况调查报告［J］. 洛阳工学院学报：社会科学版，2002（3）：87-90.
③ 陈晓强. 网络发展与大学生网民群体研究［D］. 苏州：苏州大学，2002.
④ 杨超虹. 论加强大学生文化素质教育［J］. 前沿，2014（12）：162-163.

会科学和自然科学方面的著名专家学者推出自己的学术网页或相关内容，向大学生展示有关内容的深层次文化内涵，增强高校网站的文化品位；立足于高校所处的地域环境，把本校特色和所处地域的历史、政治、经济、文化等因素结合起来，深层次开发其特色信息资源。①三是开展形式多样的网上文化活动。通过网络直播、视频回放或图片展览，组织开展实时或非实时的网上文化素质教育活动，如举办网上读书和网上征文活动，成立网络文化沙龙；组织各类学生社团活动，开展大学生文化艺术节，通过网络直播和精彩回放的形式使学生们能在网上一展风采。通过一系列丰富多彩的网上文化活动，扩大了人文素质教育活动的参与面，使每一个学习者都有机会参与和受益，使校园文化建设在网络上得到延伸，有利于营造健康向上、生动活泼的校园文化氛围。②

其次，要加强文化素质教育网络课程建设。高职院校文化素质教育网络课程是通过网络教学系统开展文化素质教育的主要途径。利用网络技术开发文化素质教育课程，冲破了学时限制，针对不同专业背景的学生，实现更大规模的授课，搭建师生交互学习的平台，为学生自主学习、交流探索提供资源。高职院校应积极架构文化素质教育网络课程体系，注重提升网络课程的内涵，增强吸引力，加强对大学生网络学习的引导，设计结构较为紧密的教学活动，以保证网络教学的顺利开展。一是要明确网络课程建设目标，优化课程设计。文化素质教育网络课程作为与传统课程并行的一种课程类别，要将其与传统课程同等对待，提高广大教师对网络课程的认识，明确对其要按照正规课程规范建设，避免将网络课程建设简单等同于网络教学平台建设。同时，应确定每门网络课程的具体教学目标，研究文化素质教育网络课程到底"教什么"，选择适合的教学内容和学习资源，设计相应的课程结构和活动。在此基础上，再研究"如何教"的问题，确定教学计划，选择合理的教学策略，设计教学方法和过程，完善教学评价体系。二是注重与传统课程的衔接，完善课程体系。高职院校应根据人才成长规律及长远发展的需要，对学生的学习需求进行调研，对文化素质教育课程的类别划分、结构框架和课程方向等做出整体性规划设计。一方面要精选文化素质教育课程，注重与传统课程的衔接补充，体现其在整体课程体系中的重要地位和价值；另一方面要利用网络资源大力开发网络课程，以弥补课堂教学的不足。不论是何种形式的网络课程，都应在文化素质教育整体课程体系之下进行开发和建设，以更好地形成网络与课堂的互动。三是基于网络平台的特殊性，创新教学内容、方法及活动，可在网络课程界面专门开辟"学习指南"板块，告知大学生网络学习的必备条件、操作方法、学习重点与难点、学习步骤、教学活动开展方式以及要注意的事项等，并且最好在学生修读该课程前告知，让其提前做好接受网络教学的准备，以确保课程的顺利开展；要鼓励师生自由交流，突破传统教学知识灌输的局限性，使互动更加深入，更有针对性，以提高课程教学质量；应创新网络课程表现形式，提升吸引力。网络课程不论是界面设计还是内容形式，都要灵活多样，力求新颖性和创新性，既要全面、准确地表现课程内容，又要顾及网络表现形式的特殊性，用生动、美观的界面来展示文化素质教育课程特色，

---

① 杨虹. 浅析网络时代大学生文化素质教育 [J]. 福建商业高等专科学校学报，2008（10）：78-81.
② 崔芸，林宇健. 基于网络的高校文化素质教育研究 [J]. 党史文苑，2010（8）：75-76.

用贴近大学生的语言来表现课程的内涵和精神，以此提高大学生的学习兴趣。网络课程在设置上要力求各教学环节紧紧相扣，视频教学、资料查询、试题测验以及师生互动讨论等环节穿插设计，比例恰当，给大学生呈现清晰的网络学习步骤；培养大学生根据自身的学习需要和喜好自主选择观看教学视频、查阅资料或做试题的习惯，通过自我检测调节学习进度和深度，真正实现人文素质教育课程由"课程本位"向"学生本位"的转变。①

总之，随着时代的进步，重视并加强文化素质教育已成为高等教育改革和发展的一个共同趋势，社会对高素质技能型人才的需求也日益增加。高职院校既要重视学生的职业技能培养，又要重视其文化素质教育，既要重视学生的课堂教育，又要加强其实践教学，以认真、严谨、积极的态度，不断总结经验，把高职院校大学生的文化素质教育落到实处。②

案例研究

顺德职业技术学院文化素质教育实践与思考

思考与讨论：

1. 请你谈谈对文化素质教育的理解。

2. 顺德职业技术学院文化素质教育有哪些独到之处？

3. 针对"00后"大学生，高职院校应如何开展文化素质教育？

2002年，作为在全国高职院校中率先开展文化素质教育的高校，顺德职业技术学院确立了"立足地方，以人为本，崇尚品位，办出特色"的办学理念，开始开设大学国文课程，重点讲授"轴心时代"③中华文化元典，如《诗经》《论语》《老子》等，旨在通过向莘莘学子讲授和传播这些具有人文精神的文化经典，为矫正功利主义倾向给高校带来的育人偏颇做些力所能及的事情④。

2005年1月，学校在高职领域首开文化素质教育相关活动：最早开展高职教育人文论坛；12月，通过接受教育部高职高专人才培养工作水平评估，第一个提出了"通识教育与专业教育相结合的人才培养模式"，推动全体教师参与文化素质教育；是第一家出版校园文化读本（即《顺德职业技术学院校园文化读本》，后分别于2009年、2014年出版了修订本）的高职院校；率先开设哲学基础课程，让学生在与先贤的历史晤面中感悟思想的力量，感受智慧的洗礼，感佩人格的魅力，感念家园的情怀，从而为他们成为一个独立的人、有思考能力和见解的人、有教养的人、有远见的人、懂感恩的人打开一扇求真、求善的思考大门⑤；第一个开设数学文化课程，在简约中感受朴素之道，在严谨中领悟理性的力量⑥。2007年，为进一

① 马云霞. 浅析高校文化素质教育网络课程建设 [J]. 卫生职业教育，2015（5）：130-133.
② 谭杰倪，胡月，程伟. 高职院校文化素质教育的现状及对策研究 [J]. 重庆城市管理职业学院学报，2014（9）：47-49.
③ 余英时. 论天人之际 [M]. 北京：中华书局，2014：1-12.
④ 胡蓉. 关于高职院校哲学教育的几个问题 [J]. 教育探索，2009（9）：9-10.
⑤ 胡蓉. 关于高职院校哲学教育的几个问题 [J]. 教育探索，2009（9）：9-10.
⑥ 余英时. 论天人之际 [M]. 北京：中华书局，2014：1-12.

步提升学生的文化素养，第一次邀请海峡两岸的专家学者杨叔子、周远清、王义遒、黄俊杰、黄光国等来校讲述人文素养、文明素质[①]。自 2008 年起，学校率先开展"大师讲经典""文化素质教育大讲堂"等系列活动。经过 10 余年的建设和发展，高等职业院校文化素质教育已形成由一两所院校"单打独斗"到绝大部分院校"百花齐放"的良好局面，以及具有职业教育特色的高职文化素质教育体系。

一、以实施文化素质教育为育人着力点

作为培养人才的高等学府，大学不仅要培养合格的专业人才，更要在培养过程中加强文化素质教育，使莘莘学子成为德才兼备、一专多能的社会主义合格公民。顾明远教授认为，"大学的本质是求真育人，就要坚持德育为先、厚德载物，把中国特色社会主义核心价值观作为大学文化建设的核心，贯穿到教育的全过程"。而实施文化素质教育，则是大学求真育人的重要环节[②]。

1. 对高职教育的理性思考

中国的高等职业教育，自成立之初就确立了专业化的培养目标。这对培养学生的动手能力、工作适应能力非常实用，因而成为高职教育的主流导向。但这种只注重专业化的培养易导致人只知工作、不懂人之为人的片面发展，使人如同流水线上的产品一样物化了。为了纠偏，为了让大学教育回到本位，需重视大学生文化素质教育。学校在充分调研之后提出并实施了"通识教育与专业教育相结合"的人才培养模式。

2. 办高职教育要应势而为

为了与时代同步，学校在 2002 年完成的《"十五"发展规划纲要》中明确提出了"通识教育与专业教育相结合"的人才培养思路；2005 年评估时，提出了"构建通识教育与专业教育相结合的高素质技术应用性人才培养模式"；2006 年，开始构建并实施"高技能培养与人格塑造相结合（即通专结合）的人才培养模式"。这些举措不仅较好地解决了培养什么人和怎样培养人的重大问题，且为高等职业院校开展文化素质教育进行了有益的探索和实践[③]。据不完全统计，先后有 300 余所高职院校就文化素质教育如何开展及得失经验等来校进行交流探讨。

二、以开展文化素质教育为育人的合力点

文化素质教育如何开展是一项系统工程，不是校长一个人或教务处一个部门的事情，需要全体师生员工和衷共济方能开花结果。

2002 年，清华大学陈智教授受聘出任顺德职业技术学院首任院长。他来校后积极倡导并开展文化素质教育，并以杨叔子院士的话"一个国家，没有现代科学，没有先进技术，一打就垮；一个国家，一个民族，没有民族传统，没有人文精神，不打自垮"[④]来勉励师生；组织了"海峡两岸人文论坛"，编著《不舍昼夜集》及续集出版，牵头和承担国家社科基金"十一五"规划重点课题"遵循科学发展，建设

① 陈智. 探索中国特色高等职业技术教育发展之路：顺德职业技术学院的理论创新与实践 [M]. 北京：清华大学出版社，2011：146.
② 顾明远. 重塑大学文化 [J]. 中国大学教学，2015（2）：4-6.
③ 刘晓顺，强金国. 高职院校要有文化责任与文化担当：顺德职业技术学院文化育人实践 [N]. 中国教育报，2013-03-07（6）.
④ 杨叔子. 人文教育——现代大学之基 [J]. 南京农业大学学报：哲学社会科学版，2001（1）：65-74.

高等教育强国"之"做强高职教育"部分。这些不但从学术上为学校进行文化素质教育进行了指导，且为高职开展文化素质教育起到了很好的引领作用。

接替陈智出任顺德职业技术学院院长的是来自华南理工大学的博士生导师夏伟教授，对于高职院校实施文化素质教育，他提出"高职院校要有文化责任与文化担当"，在文化坚守中实现文化自觉，在资源整合中提升文化品位，在与社会同步中实现文化创新①。

持续不断的文化育人，从"认真"的首任院长陈智教授让随手丢纸的学生捡起来并"晓以爱护校园的大义"②之举到学子爱校等文明素养的养成之举，让前来学校讲学的潘懋元先生感叹不已：文化育人的效果在逐步养成，并在潜移默化中螺旋提升。

三、以运行文化素质教育为育人的结合点

为将专业教育与文化素质教育有机结合起来，学校以"立足地方，以人为本，崇尚品位，办出特色"的十六字办学理念为核心，通过课堂上学习中外文明的文化典籍、实践中体验古今先贤哲人的真理智慧、环境里学用结合的感悟熏陶方式，有效增加学生的精神养料，切实提升学生的修为品格，最终实现为社会、民族、国家培养良好的公民的教育目的。

1. 课堂上学习

课堂永远是教育教学实施的主战场和学生完成学习任务、接受知识的主阵地。在课堂中，学生学习专业知识是必要的，更是必须的，因为这是他们将来安身立命的本钱和底线；同时，要习得中外的文化经典，尤其是本民族的文化元典以及相应的社会科学、自然科学等人类的精神遗产，从而在典籍的浸润中学会做人之道，悟到处世至理，有了"天下兴亡，匹夫有责"的担当和胸怀，大学的文化育人才能落地生根。

（1）开设文化素质教育公共必修课。高校各个专业的课时总量是有限的，如何在不突破课时总量的前提下，将学校的公共基础课与专业课程按照文化育人的总则进行科学而合理的有效对接和重组，一直是一个难题。为此，学校相继设置了从源头上解读和认知中国传统文化的"大学国文"、了解和认知中外智慧的"哲学基础"和融科技与人文于一体的"数学文化"等课程，在潜移默化中引导和培养学生既有文化的视野，又有思辨的能力，更具理性的思维，能够真正成为践行中国梦的大国工匠。

（2）在专业课中融入文化素质因子。专业教育注重专业知识的学习和专业知识体系的建构，为了达成在专业教育中切实提升学生文化素质的目标，学校经过反复探索和实践，最终决定在理工科尤其是工科专业课中融入艺术、美学等方面的人文知识，让学生在求真的专业知识的接受中还能提升自己的审美情趣和文化品位，从而在提升素养、感悟生命、懂得合作、知晓共生等方面打下更加厚实的安身立命的基础。

---

① 夏伟，罗丹. 高职教育的文化责任与担当［J］. 中国高教研究，2003（2）：99-102.
② 陈智. 探索中国特色高等职业技术教育发展之路：顺德职业技术学院的理论创新与实践［M］. 北京：清华大学出版社，2011：13.

2. 实践中体验

通过身体力行的实践体验活动，为学生理论联系实际增长才干、动脑与动手结合提升自我、校内外融合认知社会搭建了良好的感悟平台，从而将培养高质量人才和实现高职教育可持续发展有机统一起来，为广大学生顺利成为心智健全的人、为他们健康走向社会筑牢基础。

（1）以环境育人为抓手进行实验实训室建设。学校在建设校内实训基地时，以行业企业的真实工作环境和标准为参照，在"硬环境"建设中注重设备资源的先进性和完备性，在"软环境"建设中注重企业文化的引入，对实验实训室实行以学生为本的开放式管理制度。

首先，实验实训室文化素质教育氛围的营造。为了让实验实训室成为延伸课堂教育教学的第二教室，通过张贴中外科学家、哲学家的画像及感悟人生、启迪智慧的名言警句以及具有职业教育特点的宣传标语等方式，使学生们穿梭于古今中外的历史长廊中感悟惜时求真的精神。

其次，按照企业正常的运行模式进行管理。参加实训的学生均统一着装，还按照企业的生产管理实际实行"学生上课=企业上岗"的打卡制。在这种"真刀真枪"的环境中实习实训，不仅创设了真实的工作环境和职业氛围，还强化了学生对职业氛围的感知和对工作角色的认同，为他们顺利上岗奠定了坚实的基础。

最后，严格实训考核，要求学生提交实训总结和心得。为了使以动手操作为特征的实训取得扎扎实实的效果，学校要求各专业结合自身特点和实训内容，因地制宜地制定相应的考核制度，要求所有学生均要结合实训内容就理论联系实际方面的专业知识的深化和转化、工作环境中遵章守纪的加强、劳动态度从他律到自律的转换等进行总结，指出能力和素养提升方面的可操作性，从而使实训不走过场，成为学生提升能力的有利环节。

（2）以岗位育人为平台进行文化建设。顶岗实习是高等职业教育教学环节中重要的组成部分，是学生了解生产实际、锻炼工作能力和提升职业技能并最终成为职业人之前不可或缺的一环。学校遵循教育教学规律，按照循序渐进的原则和由浅入深的步骤，依据教学进度设计了三年不断线的校外实践教学计划。一年级了解企业及其运行规则，在工人师傅手把手的教授过程中初步掌握操作技能，并在"工作"中努力学习师傅们踏实肯干、互相协助的工作态度；二年级认知企业及其生产经营状况，在技术、管理人员的传帮带过程中感知科技是第一生产力和诚信是第一要务的真谛所在，并在"工作"中认真学习从业人员精益求精的敬业精神；三年级服务企业，针对企业生产、管理过程中存在的问题，在老师和工人师傅及企业技术人员的指导和帮助下，力所能及地提出具有建设性的意见和建议，并据此形成报告，作为毕业论文，在总结中学习企业经营者锐意进取的拼搏精神。

（3）以社会实践育人为基点进行文化建设。学生在校园里获取的知识储备是他们能够走出校园、融入社会并能谋职安生的重要基础。而能否在知识更新日益加剧、竞争日益激烈的当下做好工作的同时能与人友善合作，尤其是能够掌控自己以及安顿自己的灵魂，业已成为一个人能否持续健康发展的重要指标。

为了让学生进一步认知生命、自我、他人以及社会，更好地学会与人沟通、调节自我，2002 年以来，学校每年都在暑期组织大一、大二的学生近万人参加大学生文化、科技、卫生"三下乡"活动。通过深入基层、直面底层的实践活动，学生们深刻感受到了国家需要过硬的实力，而当代大学生不仅要有过硬的专业知识，更要有胸怀天下的志向和兼济天下的人文情怀。"化决心为动力""只有好的身体才能为社会多做贡献"……同学们实践归来的心得体会昭示着社会实践中文化育人教育活动有了明显成效。

3. 环境里熏陶

对于大学校园，杨叔子先生言："一所现代化的大学，必须具有很高的文化品位，构筑一个富活力的高尚的文化生态环境，形成一个朝气蓬勃的浓厚的学术氛围，充满着求真的科学精神和求善的人文精神，教育人、启迪人、感染人、熏陶人、引导人，充满着对人的终极关怀，充分调动人的主体的自觉性和积极性，滋润着优秀人才的成长。"① 王义道教授也说，"我们常常说大学是个'大染缸''大熔炉'，甚至说是个'大泡菜坛子'，都是指大学的环境对人的潜移默化的教育和熏陶作用。而这种环境主要就是文化氛围、文化品位"②。作为融自然景观与人文建筑于一体的大学校园，其建筑布局、树木栽种、文化设置等与人才培养有着天然而紧密的联系，同时与学校的风貌以及规划的实现亦有着千丝万缕的联系。为了做好校园的规划工作，顺德职业技术学院请华南理工大学何镜堂院士的设计团队对全校进行了规划，请清华大学美术学院的专家设计了学校的主要景观，从而打造了一所品位高、环境美的现代化岭南校园。

一是规划布局上体现"纯净、理性、优雅、现代化"和"人本化、生态化"的理念③。校园规划是学校总体建设的重要组成部分，是校园文化的外在体现。教学楼、实训楼、图书馆、综合馆、行政大楼、学术交流中心等单体建筑是校园的躯体，现代化的教学手段及设施是学校的灵魂，精致的景观及绿化、美化工程等是学校的衣裳。学校教学区内楼群连成一个大写的"回"字，学生于晴有阴凉、雨有遮挡的楼宇间感受温暖求上进，在翠绿欲滴、暗香浮动的环境中切磋问学谋发展。

二是规划布局上既体现中国传统建筑文化的特点，又融入西方现代流派的实用要素。学校整体规划的风格主要为中轴对称。坐落在南北轴线上的学校大门、智慧门、日景等建筑与中轴线两侧的行政楼、学术交流中心、信合广场、信息中心、教学楼群、实训楼、生活区广场等形成不同的围合，学校教学区、运动区、生活区三个功能分区明确，环碧桂园湖道路蜿蜒迂回给人们提供了安全、方便的交通环境，并与建筑群围合，突出体现校区所具有的向心力和凝聚力④。

校园景观是校园文化的物质反映。目前，顺德职业技术学院的校园文化景观已渐次构成了一条完整的育人链："学生们迈入集虚怀若谷与开拓进取精神于一体的顺德职业技术学院大门→受到熔传统思想与现代技术于一炉的'智慧门'的启发→领略'日景''逝者如斯夫'的时间感与历史感→体验'科技迷宫'所营造的人生

① 杨叔子. 人文教育——现代大学之基 [J]. 南京农业大学学报：哲学社会科学版，2001（1）：65-74.
② 王义道. 文化素质与科学精神 [M]. 北京：北京大学出版社，2003：13.
③ 王义道. 文化素质与科学精神 [M]. 北京：北京大学出版社，2003：173.
④ 夏伟，陈建华，强金国. 顺德职业技术学院校园文化读本 [M]. 广州：中山大学出版社，2014：50-51.

曲折、'螺旋形上升'的感悟→走过显灵动妩媚与生生不息于一景的碧桂园湖→观赏蕴含人与自然和谐相处的天鹅居→感受'出淤泥而不染'的荷花池→感佩热心人士捐资助学的企业林→感纫母校春晖寸草的校友林→感念同心协力的同心林→感知臻达'六艺'壁画的知行合一的标准→励志而思智的智园等景观建筑"[①]。

四、以落实文化素质教育为育人的落脚点

顺德职业技术学院建校 20 余年来，始终坚持专业教育与文化素质教育相结合的育人方式，培养了一大批下得去、用得上、上手快、留得住[②]的既会做事又会做人的高素质高技能人才，受到社会和企业的普遍欢迎。

2010 年、2011 年，学校先后申报的"优化校园文化环境，创新人才培养途径，培养全面发展人才""顺德职业技术学院校园文化景观建设的探索与实践"连续两年获得全国高校校园文化建设优秀成果奖；2012 年，学校申报的"顺德职业技术学院校园文化品牌建设的探索与实践"在荣获了广东省高校校园文化建设一等奖之后，又荣获了全国高校校园文化建设优秀成果二等奖。

在新的历史阶段，学校按照习近平总书记的有关要求来开展文化育人工作："要润物细无声，运用各类文化形式，生动具体地表现社会主义核心价值观，用高质量高水平的作品形象地告诉人们什么是真善美，什么是假恶丑，什么是值得肯定和赞扬的，什么是必须反对和否定的。"尤其注重发挥中国传统文化在教育人、引导人、激励人等方面的作用。2014 年，学校的"大学国文"课程在与北大、清华等本科院校相关课程的竞争中荣获年度"大学素质教育优秀通选课"。2015 年，学校成为全国文化素质教育基地立项建设单位。[③]

① 强金国，刘晓顺，吴舒婷，等. 顺德职业技术学院校园文化景观建设的探索与实践 [J]. 顺德职业技术学院学报，2012（3）：63-66.
② 强金国. 立足"高等性"、凸显"职业性"是高职院校校园文化建设的核心：以顺德职业技术学院为例 [J]. 岳阳职业技术学院学报，2014（4）：9-13.
③ 强金国，胡蓉. 高职院校文化素质教育的实践与思考——以顺德职业技术学院为例 [J]. 顺德职业技术学院学报，2017（4）：61-65.

第四章 文化育人的实践领域

文化育人不只是一种理念，也不只是一种要求，更不是一句口号，而是实实在在、扎扎实实的一种行动。当文化育人落实在行动中，那才是真正的文化。

——作者

就高职院校来说，文化育人的实践活动应体现在高职院校的方方面面。这里我们从院系文化育人、专业文化育人、实训文化育人、社团文化育人、班级文化育人和寝室文化育人等方面进行探讨。

一、院系文化育人

当前，在高职院校文化育人实践中，以一所高职院校整体为单位培育的居多数，而对高职院校下设院系（二级学院或系）文化建设的关注偏少。但是院系文化是客观存在的，院系文化的良性演化可以推动二级学院（系）党建、教学、学生工作、科研、社会服务等方方面面的进步与和谐发展。同时，二级学院（系）中教研室、专业自身的文化特质也支撑着二级学院（系）文化品牌的形成。[①]

优秀的高职院校院系文化，能充分发挥环境育人的积极作用，使学生在潜移默化中了解社会、认识人生，形成科学的世界观、人生观和价值观。加强院系文化建设，可以为广大师生营造一个良好的学习、生活、工作环境，能够充分反映院系师生员工的整体精神风貌、积极向上的人生态度和良好的道德准则。[②]

1. 院系文化的构成

高职院校院系文化是一个系统且宽泛的概念，是二级学院（系）的物质财富与

① 张伟. 高职院校二级学院校园文化品牌建设探析 [J]. 学校党建与思想教育，2015（4）：81-83.
② 胡玉玲. 高职院校校园文化建设探析 [J]. 云南省社会主义学院学报，2013（1）：1-3.

精神财富的总称。追根溯源，它可以归结为三个层面，即物质文化、精神文化与制度文化。[①]

（1）物质文化。其包括所有的实物性的表现方式的总和，如具有学院特色的宿舍、实训场所、教学楼、院办工厂、办公楼、教学设备与仪器等，与学生的切身利益息息相关，也是二级学院（系）文化的物质载体。

（2）精神文化。它是二级学院（系）文化体系的核心，具有唯一性。精神文化主要包括二级学院（系）在教学、科研和日常管理中形成的有自己学院特点的文化观念和意识形态，如价值观念、学院精神、职业道德、奋斗目标和行为规范等。

（3）制度文化。它是二级学院（系）全体师生所必须遵守的规章制度、必须遵循的行为纲领，反映二级学院（系）在管理制度上的文化个性特征，如教职工的岗位责任制度、经济分配制度、宿舍管理条例等。

制度文化可以对物质文化进行有效的保护，对精神文化进行有效的监督与促进。三者相互独立又协调统一，因此，三个层面构成了二级学院（系）文化的主体结构。

2. 院系文化的功能特征

院系文化的功能特征体现在以下三个方面[②]：

（1）专业特色性：打造院系品牌特色。专业是组建高职院校院系的基础，专业的差异性一方面使得各院系的教师因从事专业的不同而易于养成不同的秉性和行为风格，另一方面也使各院系的学生在专业素养和技能的培养过程中易于养成与本专业特点与要求相符的思维方式和行为方式。因此，院系的文化建设必然要注重与本院系的专业建设、师资特点、院系环境、学生气质相结合，在学校文化建设规划的统一要求下，本着与学校文化协调发展的原则，反映和体现本院系的学科和专业特色，在学校校园文化的共性之中彰显其差异性，形成缤纷多彩、充满个性活力的独特文化[③]。这样就会形成"一院系一特色，一院系一品牌"的教育格局，提升院系的文化品位，提升院系在学校、社会的知名度和美誉度，从而打造院系的品牌和特色。

（2）开放包容性：培养合格的企业人才。高等职业教育肩负着培养面向生产、建设、服务和管理第一线需要的高素质技术技能人才的使命，这使得高职教育与企业、市场联系得更加紧密和全面。因此，高职院系文化建设应该是开放包容的，既要走出去，又要请进来。一方面，院系文化要与企业、与社会交流互动，达到传播与拓展的目的；另一方面，要把企业文化请进来，主动学习企业文化和其他先进文化。在此过程中，既要重视高职院校作为功能独特的文化机构应具有的文化品位、独立品格和价值追求，更应注重适应企业、融入社会，追求学校文化与企业文化的有机交融、学术气氛与实践氛围的相辅相成，为培养合格的企业人才创造优良的环境。

① 宁尚洁. 高职院校二级学院文化建设与学生管理工作探索——以江苏工程职业技术学院建工学院为例 [J]. 产业与科技论坛，2016（3）：213-214.
② 肖温雅. 高职二级院系文化建设研究与实践 [J]. 才智，2016（6）：24-25.
③ 赵骏. 试论高校校园文化建设中的院系文化建设 [J]. 教育探索，2008（12）：21-22.

（3）辐射渗透性：彰显文化的教育功能。文化的教育功能无可替代，它对人的影响潜移默化、"润物细无声"。师生置身于院系文化所蕴含的精神、信念、习惯、道德风尚等氛围中，自然地就会在思想观念、行为准则、生活方式、心理因素、价值取向等方面得到陶冶、熏陶、启迪和影响，从而形成与群体一致的文化意识、文化品格与文化气质，实现对自身的精神、心灵和性格的塑造，最终保证人才培养目标的实现。

3.院系文化建设的必要性

（1）高职院校二级管理体制与校园文化建设层次性对接的必然要求。随着招生规模的扩大，高职院校纷纷结合自己的实际，积极探索以系院为主体的二级管理体制的内部改革，促使学院管理重心下移，实行学院内的二级管理。这样可以节省成本，提高效率，调动教职工的积极性，有利于高职院校的长远发展。因此，高职院校二级管理体制与校园文化建设层次性的对接应当实行统分结合的双层教育管理体系和建设体系：学院承担统一制定发展规划和规章制度，对二级院系的运作进行检查、监督等宏观方面的任务，一方面是校园文化建设规划的具体执行者，另一方面更是结合院系专业特色、学生培养目标和特点，组织带领师生员工进行制度、行为文化建设的创新者。

（2）不同院系文化共同构成高职院校和谐校园文化生态。从文化生态学的角度看，一所学校的校园文化生态在统一协调下，其生态群落内部应在共性之中体现差异，在差异之中体现互补和共生。同样，高职院校由于其职业性、技能独特性的特点，不同的专业和学科存在着较大的差异，对人才培养的素质与能力的要求也不一样，正是由于风格迥异的院系文化才构成丰富多彩、和谐的高职校园文化生态。[①]

4.院系文化育人的策略

（1）推行 UIS 理念[②]，建立院系 DIS 系统。UIS 是 University Identity System 的缩写，一般理解为高校形象识别系统，通常包括 MI（Mind Identity，理念识别），BI（Behavior Identity，行为识别）、VI（Visual Identity，视觉识别）三方面。DIS（Department Identity System）是 UIS 理念在高职院校院系精神文化建设中的具体应用，集中反映院系的文化特征和专业特点。[③]这里尤其要精心设计形象标识，突出院系外部文化特征。视觉是人们接收外部信息最重要的通道。院系外部形象标识系统也即视觉识别系统是静态的识别符号，它将办学理念、文化特质、行为规范等抽象概念转换为具体符号，以标准化、序列化、统一化的手法，凸显院系个性，塑造二级院系独特的品牌形象。[④]如在实际应用中，四川建筑职业技术学院铁道工程系从 VI 设计着手，确定以车厢绿为院系主色调，以盾构机刀盘和铁轨工字钢断面组合构成系徽，如图 4-1 所示。其中，绿色是新兴的、富有生命力的颜色，也是我

———————————
① 蔡菁，耿德平.高职校园文化建设中院系文化建设的思考［J］.佳木斯教育学院学报，2011（12）：126-127.
② 江浩.依托建筑行业背景突出思想政治工作的行业特色［J］.中国职业技术教育，2008（20）：43-44.
③ 江浩.高职"双新"院系文化建设探索与实践——以四川建院铁道系为例［J］.边疆经济与文化，2016（10）：55-57.
④ 肖温雅.高职二级院系文化建设研究与实践［J］.才智，2016（6）：24-25.

国传统的列车车身的颜色，象征铁道工程系孕育于传统、立足于创新，同时也代表轨道运营管理等铁路运输类专业；盾构机刀盘代表地下工程、隧道工程、盾构施工等岩土类专业；铁轨工字钢断面寓意铁道工程、高速铁道工程、城市轨道工程等轨道土建类专业。该系徽得到了广大师生的认可。

图 4-1　四川建筑职业技术学院铁道工程系系徽

（2）强化院系文化品牌建设。高职院校在文化育人的实践中，可以植入企业管理中的品牌意识，将能代表学校理念的标识、行为、精神风貌等予以充分呈现，使办学定位、办学理念和办学目标得以充分诠释。二级学院（系）作为高职院校中的教学、办学二级单位，其文化作为学院的亚文化，自身具有独立性和特色，与主文化共生共兴，丰富了学院文化。通过开展具有二级学院（系）特色的校园文化活动，特别是培育具有专业特色的文化品牌，用专业文化品牌系列活动吸引广大青年学生，分类别、分层次、分阶段地用文化品牌的系列活动来满足学生的个性化需求，可极好地实现"人人闪光、人人出彩"的人才培养目标。高职院校二级学院（系）文化品牌建设是一项系统工程，是一个长期柔性的心理共识过程。它需要共同价值观、共同理念、共同制度文化的共识和自觉行动，也需要由内到外、从核心到表象的文化推进。二级学院（系）文化品牌的建设路径要遵循完美的顶层设计，理清建设思路，把握建设重点，关注每个学生个体，分层次、系统化、科学化推进。首先要科学定位。就一个成功的文化品牌塑造而言，重要的一步便是科学定位，分析高职院校的办学类型、特色、优势等各方面，再根据二级学院（系）的师生诉求和共识，构建起明确、清晰的文化品牌建设体系。文化品牌的定位需要突出学术、专业、行业以及实践的特色。其次要精心提炼。要提炼二级学院（系）愿景，愿景应和学校未来几年的发展规划配套，并回答"我将往哪里去"的价值取向问题；要提炼学院院训、院风、教风、学风、学院精神和教育教学观念等，回答"我怎么去"的价值取向问题。最后要强化传播。文化品牌的建设本身需要强化沟通传播工作，以提升文化品牌的知名度、美誉度和认可度。一是教育工作者要归纳、整理、提炼、总结、提升院系文化中的特色部分，进行适当的包装、宣传及推广，使其在二级学院（系）的广大师生中形成充分的共识，成为大家的行为准则和工作态度。二是要充分利用传播媒介，营造积极向上的文化品牌传播氛围，开展丰富多彩、适应学生特点的课余文化活动、科技与社会实践活动，这些都是二级校园文化品牌建设的途径。三是品牌的培育还需充分把握时代脉搏，学会借助教育系统、校外大众传媒力量来提升品牌的影响力，使用时代语言来诠释校园文化品牌的学院派魅力。①

（3）正确处理好两个关系。为有效建设高职院系文化，在具体操作层面，应重点处理好如下两个关系：②

第一，学校层面和院系层面文化建设的关系。院系文化始终是高职校园文化这个大系统中的子系统，是校园文化生态群落中的有机组成部分，因此，院系文化建设必须在学校这个系统中进行，既要体现共性又要凸显个性。首先，要执行和体现学校的总体指导思想，保证执行力。学校的核心价值追求和总体指导思想及整体建设规划是学校层面必须考虑和解决的问题，是学校决策和计划的职能。但要贯彻落实并取得实效，从而真正内化为师生的追求，外化为学校的形象风貌，就必须通过相应的组织、相应的载体来执行。院系恰恰应该做好这项承上启下的工作，将高职校园文化建设的精神实质落实好。院系文化建设首先就要遵循这一点，即院系必须在学校统一的指导下，保证形成有效的执行力，为建设学校整体的校园文化做出贡献。其次，要凸显学科和专业特色，打造核心竞争力。各院系基本上都是以学科和专业为基础组建的，显然各院系之间学科和专业的差异很明显。就学科而言，各院系的教师由于所从事的学科不同，因此自然而然地形成了不同的秉性和行为风格。而专业的划分主要依据人才培养的需要，是按照学生自身的兴趣和以后职业的需要而在学科的基础上设置的培养类别，所以院系在进行自身的文化建设时，就必须反映和体现本院系学科和专业的特色，在学校共性的校园文化之下，各院系之间形成差异化的、多姿多彩的、充满个性和生命力的独特文化，这也是院系在文化建设方面的核心竞争力或特色。

第二，企业文化和高职院系文化建设的关系。高职院校的人才培养特性决定了在对学生进行专业技能培养的同时，要提升学校的职业氛围，更要体现出职业元素、企业元素、产业元素，增加职业精神、职业理念、职业态度、职业技术等，引入企业组织、企业制度、企业管理方法、企业标准、企业行为规范，与产业发展趋势相一致。院系文化的建设要吸收更多的优秀企业文化，和企业文化进行交融和对接，将企业管理和企业文化引入课堂，更好地按照企业的综合需求，有目标地培养学生，让学生在校园中就可以接受企业文化的熏陶，触摸到市场的脉搏。但是另一方面，高职院校毕竟是高校，学校的首要功能是育人，不是培养"工具人"，而是培养"能力人"。因此，在院系文化建设中，不能简单地对企业精神、企业理念、企业宗旨、企业使命等企业文化生搬硬套，而要结合学生的教育特点和成才特点，将职业能力与职业素养的教育内容融入校园教育教学中，使院系文化与企业文化的对接在人才培养的各个环节中得到体现，增强学生的可持续发展能力，使培养的人才在价值观念和行为规范上更加符合企业和社会的需求。

二、专业文化育人

专业作为高职教育的基本单元，蕴含专业技术技能和专业文化在内的全面职业

---

① 张伟. 高职院校二级学院校园文化品牌建设探析 [J]. 学校党建与思想教育，2015（4）：81-83.
② 蔡菁，耿德平. 高职校园文化建设中院系文化建设的思考 [J]. 佳木斯教育学院学报，2011（12）：126-127.

教育①。"文化生态学"理论指出，与生态系统类似，文化同样存在体系。体系中不同的文化与其周围的环境相互作用，文化与生态环境不可剥离。②专业文化是高职院校文化系统的重要组成部分，是高职专业的灵魂，是高职院校专业软实力和核心竞争力的集中体现。专业文化能够为受教育者营造良好的职业环境，是高职院校履行使命、发挥社会职能的隐性背景；专业文化是专业教育不可或缺的重要组成部分和文化育人的重要实践领域之一。③

1. 专业文化的内涵

专业文化是指在专业长期发展的过程中积淀形成的具有专业特征和时代精神，并为其成员共同认同与遵循的思想观念、价值取向和行为方式，是由价值观、行为规范、表意形象符号等组成的精神文化系统。④专业文化隶属于校园文化，是校园文化在某一专业中的具体体现。专业文化易于培养受教育者的专业价值观、专业意识及专业气质，是奠定受教育者从业素质及职业发展能力的基石。高职院校具有职业氛围的专业文化，是专业体系构建的一个重要支撑，彰显了其促进学生成长、成才的核心价值。

根据具体功能指向，高职专业文化可分为精神文化、制度文化、职业文化、人文文化和物质文化等形式，如图 4-2 所示。高职专业文化各构成形式中隐含了诸多要素，如专业精神文化涵盖了办学理念、专业建设的目标定位，以及教学参与者的价值取向、理想信念、职业认知、成才期望等；而专业职业文化则包含了职业道德、职业情感及职业技能等。⑤

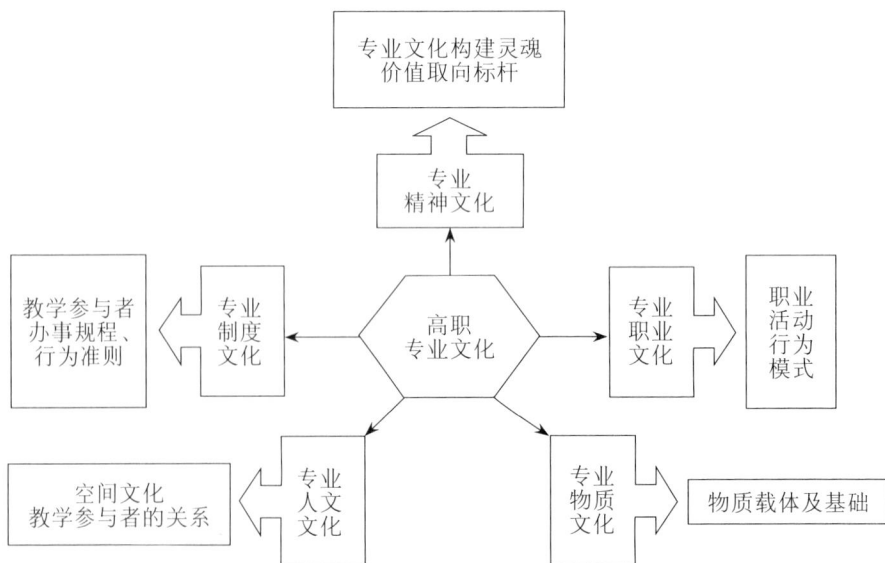

图 4-2 高职专业文化的内涵界定

专业文化不是从天而降、与生俱来的，也不是自发形成的，是基于学校的行业

① 朱永坤. 专业文化：一个正引起高职院校重视的文化类型 [J]. 现代教育管理，2015（8）：75-79.
② 杨爱霞. 高职院校学生技能文化生态客体研究 [J]. 哈尔滨职业技术学院学报，2017（2）：54-56.
③ 黄兴海. 高职院校专业文化诊改体系的构建与实施 [J]. 黑龙江高教研究，2017（7）：132-134.
④ 商兰芳，骆文炎. 高职专业文化特色培育探析 [J]. 江苏高教，2018（6）：152-155.
⑤ 刘军华. 高职专业文化与学生成长成才环境建设探讨 [J]. 中国高新区，2017（11）：39-41.

背景、办学特色、人才培养模式和办学成果的长期凝练、倡导和铸造而形成的，通过可持续发展措施，影响和引导专业文化建设向深度、厚度和浓度发展。富有特色的专业文化一经形成，就会提高本专业的核心竞争力，构成学校最基本、最持久的竞争优势和特色。①

2. 专业文化的特点

专业文化是高职院校专业基于专业建设和发展而形成的特色文化。除具备文化的属性外，它还具有以下特点：

（1）多样性。文化不是千篇一律的，而是多种多样的；文化不是一成不变的，而是随着时间、地点等的改变而改变的。当前，高职教育已占据我国高等教育的"半壁江山"，高职院校已有1 300多所，每所院校都设有20个左右的专业，随着经济的发展，新专业还将不断涌现。蓬勃发展的专业形成了精彩纷呈、千姿百态的专业文化，每个专业都有自成特点的专业文化。

（2）职业性。高职专业文化以培养学生的职业素养为核心，具有鲜明的职业性。高职教育的目标是培养能胜任相应岗位工作的职业人，而成为一个合格的职业人，必须具备职业素养和职业能力。职业能力是职业活动中的综合技能，而职业素养则是贯穿在整个技能活动中的职业态度和职业精神，它比职业能力更为重要。专业课程教育培养学生的职业能力，专业文化教育培养学生的职业素养。②

（3）引导性。俗话说：兴趣是最好的老师。专业文化通过从正面加强对老师和学生的引导，增强他们对专业的认识和了解，提高他们对专业的兴趣和对专业知识的学习热情。

（4）渗透性。专业文化对人的影响不是显性的，而是隐性的；不是大水漫灌，而是清风徐来；不是大张声势、大肆渲染，而是潜移默化、润物无声；通过长时间的耳濡目染、熏陶、感化，逐渐被师生所接受，并影响他们的世界观、人生观、价值观。

（5）持久性。专业文化对人的影响和作用是长期的、持久的、漫长的，不是一朝一夕、一年半载。好的文化甚至影响人的一生，伴随人的一生。③

（6）融合性。高职专业文化与行业文化、企业文化相融合，具有融合性。高职院校的专业主要是依据职业分工和行业分类而设置的，而行业是同类企业的集合，因此，专业文化与行业文化、企业文化有着天然的联系。行企文化决定了职业规范体系和价值体系，而职业的这些规范体系和价值体系是专业教育的内容和要求，在实践中就是专业文化。专业文化只有吸收优秀的行业、企业文化，才能具有更加丰富的内涵，并保持活力；反过来，由于专业文化能不断汲取新的、有价值的文化成果，所以，它又能引领行业、企业文化。④

---

① 蒋正炎. 基于"双证融通、产学合作"模式的高职专业文化建设［J］. 职业技术教育，2017（29）：74-77.
② 郑伦卉，肖永莉. 高职专业文化建设若干问题研究［J］. 教育教学论坛，2018（4）：256-257.
③ 周选梅. 高职专业文化建设的方法研究［J］. 绿色科技，2017（12）：75-76.
④ 郑伦卉，肖永莉. 高职专业文化建设若干问题研究［J］. 教育教学论坛，2018（4）：256-257.

3. 专业文化建设的必要性

（1）专业文化建设是促进专业可持续发展的基础保障。专业特色化建设是指专业建设根据区域经济、行业发展的需要，形成创新性、科学性的专业人才培养模式和培养方案，建设一流的师资队伍、优质的专业核心课程以及提供优良的校内外实习实训条件，提升专业可持续发展能力，确保人才培养质量。当前，一些高职院校专业建设历史积淀不足、文化内涵不深厚，这是制约其专业建设可持续发展的重要因素。专业文化建设是专业建设不可缺少的内容，是专业建设的灵魂。专业文化建设应立足职业教育"培养人"的本质追求，在专业人才培养方案、课程开发与教材建设、师资队伍建设、实训设施场所建设等方面，吸纳、融入相应产业、行业、企业文化的精髓，形成具有特色的专业文化，促进专业要素的品质跨越，增强专业凝聚力，形成高水平的专业教育质量、舒适的专业物质环境、良好的师生素养及教风学风等。[①]

（2）专业文化建设为学生成长提供肥沃的职业土壤，是培养和谐职业人的重要条件。现代社会越来越强调人的职业生涯与全面发展相协调。高职教育是有明确职业指向的教育，每一个专业都明确地指向一个或多个职业岗位，如前所述，高职院校的专业文化具有很强的职业特征。良好的适合大学生成长成才的文化环境则必然具有职业的开放性。首先，专业文化建设吸收了职业文化的核心价值理念，通过专业理念引领专业建设，提高人才培养质量。其次，专业文化建设主要依托的是职业环境，学生在职业环境中感受到了职业特征，从而热爱自己的专业与未来的职业，形成良好的职业人格，养成敬业精神。最后，专业文化建设纳入了相应的职业规范，使学生在学习期间就对相应的职业规范有了一定的认识，将有助于实现专业向职业的转换、准职业人向职业人的转变，增强职业与相应专业的关联性。[②]

高等职业教育应将人文精神与科学精神渗透到学生思想观念和行为规范的社会化养成过程中，以培养集人文、科学、技术于一体的社会人为育人的价值取向。这种价值取向需要在专业教学中融入人文元素来发展和塑造学生，最终形成专业文化取向。

专业文化取向引导高职人才培养目标内涵发展，是专业思维、专业品质、专业态度、专业方法、专业伦理、专业情感养成的内在驱动力。具有岗位胜任能力、具有岗位迁移能力、能够全面发展是高职教育人才培养过程中三个逐步递进、不断升华的层次目标[③]。经济社会发展在增加对技术应用型人才需求的同时，对高职人才培养提出了更高要求。高职教育应将专业文化融合渗透进专业建设与专业教学过程中，通过专业文化影响专业信念和专业伦理，通过专业文化培植专业认同和责任意识，使学生能够从掌握专业知识与技能的职业人逐步发展成为具备创新创业能力的职业人，最终成为"志于业、游于技、成于道"的能够可持续发展的和谐职

---

① 姚芬. 基于高职专业特色化发展的专业文化建设对策研究［J］. 河南教育，2018（7）：3-5.
② 张泽，张腾. 高职专业文化建设与大学生成长成才环境建设探讨［J］. 天津职业大学学报，2012（8）：17-19.
③ 邵庆祥. 试论高职院校专业文化建设的实践创新［J］. 学校党建与思想教育，2011（4）：89-91.

业人。①

（3）专业文化建设是文化育人的基本途径。"技能本位"的特色，曾经给高职教育发展带来了无限活力。然而，由于过于突出"技能本位"，片面强调就业导向，忽视了人的全面发展，导致就业质量反而不高。解决此问题的有效方法就是从文化育人的角度重新审视高职教育，而文化育人的核心和基本途径就是专业文化育人。只有形成良好的专业文化，并使其内化为受教育者认同的价值观念和行为准则，才能引导和激励受教育者增强学习的自觉性、自我发展的主观能动性，在习得专业素养的同时具备一定的文化底蕴和核心竞争力。②

4.专业文化育人的策略

（1）突出高职专业文化的顶层设计。高职院校应组织人员深入生产岗位全方位调研，分析、梳理调研数据，深刻剖析职业岗位所需的知识、技能和潜质，遵循高职教育规律，依托生产岗位探究岗位胜任能力的培养措施，有机构建专业文化顶层设计理念；将专业文化教育置于专业建设的主导地位，有机融合职业元素，如职场规则和产业、行业、企业文化等，将文化指标贯穿于专业理念、培养目标、教育教学、学生管理等人才培养过程中；制定切实可行的考核、评价、管理办法，引导、督促专业文化建设工作的开展，借助反馈机制实现专业文化建设的持续优化。在专业文化建设过程中，必须针对其整体性与开放性合理布局，将专业文化和校园文化有机融合，优化专业文化模式及载体，以实现与行业文化科学对接。③

（2）强化职业道德观，培养职业情感。职业道德也是高职院校专业文化建设的一项重要内容。对高职学生而言，良好的职业道德包括两方面：一是热爱自己所学的专业，遵守学校的校纪校规，培养良好的学习习惯，形成良好的学风；二是憧憬与热爱未来的职业，培养和形成良好的从事未来职业所需要的道德观。对未来的职业人的职业道德教育，一方面，通过开设人文课程提高学生的职业道德水准，使学生对将来从事的职业形成理性认识，萌发职业情感，为专业学习和将来的职业工作与职业行为奠定"知"和"情"的基础；另一方面，将职业道德渗透到专业教学过程中，使职业道德与专业教学融为一体，避免职业道德教育与专业教学相脱离。尽管每种职业的职业道德不尽相同，但无论从事何种职业，对责任意识、敬业精神和团队合作精神的要求是一致的。因此，高职院校要从爱岗敬业、诚实守信的职业道德以及团队合作精神等多方面培养学生的职业道德观。④

（3）推进专业文化的内化落实。高职院校要切实推进专业文化的内化，将文化建设落到实处，就必须围绕文化建设主体——师生，借助文化建设载体——专业文化活动载体、专业文化物质载体、专业文化宣传载体、专业文化辐射载体等，将专业文化建设贯穿于整个专业的教育教学过程中。

第一，优化专业课程体系。当前，高职教育专业课程体系较为稳定和成熟，但

---

① 钱海军. 全人教育视角下高职专业文化体系构建策略研究［J］. 广东技术师范学院学报，2018（2）：34—39，62.
② 郑伦卉，肖永莉. 高职专业文化建设若干问题研究［J］. 教育教学论坛，2018（4）：256—257.
③ 刘军华. 高职专业文化与学生成长成才环境建设探讨［J］. 中国高新区，2017（11）：39—41.
④ 张泽，张腾. 高职专业文化建设与大学生成长成才环境建设探讨［J］. 天津职业大学学报，2012（8）：17—19.

从培养学生专业素养的角度来看，缺失明显。首先，要加强公共通识课程建设。人文类通识课程是传承专业共性文化、培养职业人文意识和职业人文精神的重要载体。高职院校一方面要加强"思想道德修养与法律基础"课程建设，增加职业认知、职业道德、职业伦理、职业情感等内容，让学生具有明确的职业理想、良好的职业道德和科学的职业价值观；另一方面要开设"职业人文"课程，以培养优秀"职业人"为目标，注重人文性和职业性的交融，注重学生的职业体验和人文实践能力培养，让学生形成职业人文意识和职业人文精神。其次，可以开发建设"专业+行业"文化课程。"专业+行业"文化课程有助于学生系统地掌握专业文化知识，提升对专业文化的理性认知。高职院校可在现有课程体系的基础上做些调整，如开设与专业伦理、专业文化、职业生涯指导等相关的课程，开设企业文化讲堂，让学生参加职业认知实践和顶岗实习等，加强对学生的职业认知、职业情感、专业品位的渗透教育，提升其专业文化素养。例如，深圳职业技术学院按专业大类开设了"专业+行业"文化课程，包括IT文化、机械制造文化、酒店文化和出版文化等10余门。这些课程找准了专业文化和行业文化的切入点，融入了行业、企业和职业的先进文化元素。同时，为了体现课程的互动性，还设计了一定的专业文化实践环节，让学生在实践中体验专业精神，做到理论与实践相结合。再次，要提升专业课程的文化内涵，发挥课堂教学的主渠道作用。当前，高职教育重"授业"轻"传道"、有"教"无"育"的现象比较明显，专业课上教师主要是对学生传授专业知识、技能和方法等，而很少关注学生的专业兴趣、职业道德、专业品位、专业发展等专业文化。[①]专业课程是培养高素质人才、传承专业文化的主阵地。高职院校要大力推进专业课程内容与教学方法的调整，灵活、合理地进行课程教学单元设计及教学组织，将专业文化的精神内涵渗透到专业教育教学的全过程中，促使所有专业课程都能有机融入文化元素，实现专业教育与专业文化传承的有机贯通，切实推进专业文化育人；可以根据每门专业课程的特点和要求，进行"文化内涵"的提升改造，突出专业的起源、演变历程、特点和发展趋势，突出行业规则、要求、价值观、行业精神等，通过典型案例系统反映课程和专业的文化内涵与要求，有效提升专业人才培养质量。最后，要强化专业实训课程的素质训导功能。专业实训课程是高职院校实施职业素质训导的重要平台。高职院校要不断强化专业实训课程的素质训导功能，在实训项目或实训课程中渗入职业素质的内容。[②]例如，大连职业技术学院国际贸易专业综合业务实训，将英语与交际能力素养、跨文化交际技能素养、团队合作素养、职业道德素养、学习创新素养等职业素养要求融入实训教学中；会计专业综合业务实训，将遵纪守法、诚实守信、廉洁自律、真实可靠、客观公正、保守秘密、爱岗敬业、坚持原则作为会计人员的职业素养要求，并融入会计综合业务实训过程中。

第二，推进职场文化的渗透。高职院校要建立模拟的职业活动场所或虚拟的职业工作情境，创设或营造仿真的职业环境，整理、张贴职业规范、主要技术规程等，使学生在学习期间就对相应的职业规范、技术规程有一定的认识，提升其专业

① 商兰芳，骆文炎. 高职专业文化特色培育探析［J］. 江苏高教，2018（6）：152-155.
② 王波. 构建高职院校专业文化育人体系的思考与实践［J］. 教育与职业，2016（8）：46-48.

素养，从而有助于其毕业后尽快地完成准职业人到职业人的角色转变。①

第三，导入企业先进文化元素，丰富专业文化内涵。高职院校学生的就业去向大多是企业，高职院校的人才培养目标决定着高职专业文化与企业文化必须亲近。高职院校的毕业生能否在短时间内适应企业环境，融入企业文化，是专业文化建设中面临的重要问题。因此，专业文化建设要引入先进企业文化，并融于专业文化的土壤中，让学生树立正确的职业观。同时，高职院校应借鉴企业的文化内涵，使先进企业文化融入专业文化建设中，并渗透到学生的思想、行为中。最重要的是，在引入和吸收企业文化的过程中，要强调针对性，注重对企业文化的整合，找准专业文化和企业文化的切入点，结合学校的专业特点并根据行业、企业的具体情况共同制定"以就业为导向"的专业文化建设工作的整体规划，不断拓展内容和视野。②课堂导入企业先进文化的过程及其实现方式见表4-1③。

表4-1　　　　　课堂导入企业先进文化的过程及其实现方式

过程	课程前期	课程中期					课程后期
		课堂外	课堂内	课堂内	课堂内	课堂内	
方式	与行业企业共同制定教学大纲、专业知识学习任务、职业素养目标、职业能力目标	了解行业背景文化，确立初期职业目标，强化职业素养要求，进行工作价值观教育	教育教学理念改革、教学方法革新	掌握行业企业富有经验的技术，管理人员参与课堂教学、实习、实训	改革实习实训环节，建立有真实行业背景的实验实训场所。以虚拟或者仿真形式打造有特色的产业文化背景	（知识理论、方案、方法）辩论、技能比赛；创新教育	顶岗实习，职业生涯再规划、再教育

第四，丰富专业文化校园传播载体。高职院校要不断丰富专业文化传播的活动载体、物质载体与宣传载体，如创办企业家（优秀校友）大讲堂，举办企业文化、职业素养讲座，举办专业文化知识竞赛，建立专业文化长廊、专业文化墙，创办专业文化报，建立专业文化网络平台等。利用多样化的专业文化校园传播载体，使专业文化与校园文化融为一体，让专业文化建设落到实处。④

（4）加强师资队伍建设，奠定专业文化建设基础。教师是高职院校培养高素质技术技能人才的关键。高职院校要重视教师的思想武装和师德师风建设，增强教师的文化育人意识和能力，增强教师文化学习、素养提升的自觉性；要加强对专业带头人的培养，使专业带头人有扎实的专业理论、卓越的专业能力、娴熟的职业技能和健全的人格魅力，使其成为专业文化建设的引领者；要通过校企合作、内培外引等方式，培育"德技双馨"的专业名师，充分发挥其在专业文化建设中的示范引领作用；要积极推行职业素养导师制，支持师德高尚、阅历丰富的专业教师担任班级职业素养导师，精准指导学生做好学业和职业生涯规划，服务学生成长成才；要完

① 商兰芳，骆文炎. 高职专业文化特色培育探析［J］. 江苏高教，2018（6）：152-155.
② 张泽，张腾. 高职专业文化建设与大学生成长成才环境建设探讨［J］. 天津职业大学学报，2012（8）：17-19.
③ 张顺发，申静. 在高职课堂教学中融入产业文化教育［J］. 产业与科技论坛，2015（1）：158-159.
④ 王波. 构建高职院校专业文化育人体系的思考与实践［J］. 教育与职业，2016（8）：46-48.

善激励机制，健全专业教师管理考评制度，激励教师参与产学研活动、专业实践能力培训等；要积极吸纳具有人文学科背景的教师、辅导员以及企业人员参与专业文化建设研究与实践活动，充分发挥其专业、文化、职业素养的优势，协助做好专业文化体系建设，推动专业文化建设的科学化。[①]

（5）组织丰富多彩的科技文化活动和技能竞赛活动。高职院校在专业建设工作中还要有针对性地突出专业文化内涵，将科技意识、市场意识和创新意识融入学生的科技文化活动和专业技能竞赛活动中。例如，将优秀企业管理者请到学校，开展新技术、新工艺、新标准和科技发展动态的讲座活动；邀请校友返校做经验交流，介绍立足岗位成功、成才的经验；组织新入学的学生到企业参观，增强学生对企业的初步认识；组织社会实践活动，调查企业生产状况等，让学生亲身感受到企业的竞争与压力。要通过组织开展丰富多彩的科技文化活动，培养学生的创新和追求卓越的精神、团结协作和诚实正直的品德，以及雷厉风行和强烈责任心的工作作风，为专业学习、就业和创业打下坚实基础。[②]

高职院校要经常性地组织一些专业技能竞赛，通过技能竞赛提高学生的专业技能和参与专业活动的积极性，着力实现技能竞赛常态化，使基本技能竞赛、行业专项技能竞赛和高水平技能大赛循序渐进，环环相扣，形成完备的学生技能训练和培养体系，实现统一要求和个性化培养的有机结合，满足不同学生的发展需求，让技能竞赛成为各专业人才培养过程中的重要环节。要及时转化大赛成果，将大赛项目融入专业课程教学之中。以竞赛项目设计为抓手，以任务为引领，以项目为载体，引入行业标准，重构课程体系，按模块设计课程，按课程配置资源；将竞赛活动嵌入课程教学中，将竞赛项目引进课堂，探索和实践课程竞赛模式，确保技能竞赛不断线，使得技能竞赛与教学改革、人才培养相辅相成，有力促进人才培养质量的提升。[③]

总之，高职院校只有将专业文化建设作为落实"优秀产业文化进教育、企业文化进校园、职业文化进课堂"的载体，突出高职专业文化的顶层设计，强化学生的职业道德观和职业情感培养，不断推进专业文化的内化落实，加强师资队伍建设，奠定专业文化建设基础，组织丰富多彩的科技文化活动和技能竞赛活动，才能促进专业文化建设与校园文化建设的统一，更好地实现高职院校文化育人目标，促进高等职业教育的内涵发展。

三、实训文化育人

高职院校的根本任务（培养目标）是培养企事业单位第一线需要的高技能人才。为了实现高职院校这一根本任务（培养目标），必须结合各专业特色，把加强实训文化建设作为载体和抓手，营造实践教学真实、浓厚、特色的文化氛围，发挥环境育人的作用，使学生很好地理解和认同校企文化，实现人才培养和就业上岗的

---

① 姚芬. 基于高职专业特色化发展的专业文化建设对策研究 [J]. 河南教育，2018（7）：3-5.
② 于长湖，王巧梭. 高职专业文化建设与毕业生高质量就业 [J]. 重庆科技学院学报：社会科学版，2012（18）：186-188.
③ 郑先彬，余建明. 高职专业文化与行业文化的对接融合 [J]. 当代职业教育，2017（2）：61-64.

无缝对接，促进各专业形成内部凝聚力和外部竞争力，提高专业建设水平，为打造合格的高职人才、实现高职院校培养目标奠定坚实的基础。

1. 实训文化的含义

所谓实训文化，即实训室文化，也可称为实训中心文化或者实训基地文化。高职院校实训教学是培养学生综合职业能力的重要途径，实训文化建设是实训教学体系的重要组成部分，是教师与学生在长期特定的时空中，在围绕培养学生操作技能这个核心目标而进行的实践教学活动中逐渐形成的实训氛围、行为规范、实训理念、师生配合程度以及相关的硬件设施等因素的总和。实训文化是在实训中心建设与发展的过程中形成的一种特色文化，总的来说，是校园文化和企业文化相结合而形成的具有创新性的"校企文化"[①]，是实训中心内涵建设的关键所在，其核心是培养团队合作与职业精神。实训文化既是一种仿真的企业工作场所氛围，又是一种产生于工作过程中的特别的内心体验，更是现代化实训中心可持续发展的力量源泉。[②]

2. 实训文化的特点

校内实训基地不仅是高职院校实践教学的主要场所，还是职业道德培养和企业精神浸润的主要场所，其文化具有如下特点：

（1）导向性。这是指校内实训基地具有以就业为导向的文化特征。校内实训基地以培养学生的岗位业务能力、塑造高技能应用型人才为主要内容。其人文价值在于：如何育人，培育具有什么样的道德素质的人。校内实训基地通过实操实练，培养学生的职业能力，同时也培养报效祖国、服务于民的理想信念和熏染吃苦耐劳、精益求精的职业道德，以及增强敢于创新、团结协作的人文素养。而这些正是学生求职、就业需要具备的必要条件，是学校与企业文化层面对接的必然途径。[③]

（2）专业性。实训文化具备较强的专业性。每个实训室在建设规划之初都有各自独特的教学需求，设施设备的选择和购置以及后续的维护保养都需要专业人才和途径。此外，各实训室的教学项目、实训内容也不相同。因此，在文化建设的过程中也要突出其各自的专业性。各实训室的建设规划应以各专业实训内容的专业性为考量，并且室内外布局、文化氛围建设都要与专业教学和实训室布局相关，体现较强的专业特征。

（3）综合性。实训基地是高职院校各专业用来进行实训实践教学的主要场所，也是开展校企合作、社会培训等对外服务的主要基地，还是开展科研服务不可或缺的重要场所。这种多功能契合性也要求其文化建设必须具备较强的综合性，这样才能满足实习基地文化建设的基本要求。

（4）继承性。校内实训需要通过大量技术性操作来提高学生的职业技能和综合能力，技术性操作具有重复性和技艺性，是前人经验技术的总结、归纳。同时，高

① 肖毅，钱建平，吴家正，等. 高校实训中心文化氛围的构建与实践［J］. 同济大学学报：社会科学版，2000（11）：69-73.
② 李修元. 基于校企融合的高职实训中心文化建设研究［J］. 河南科技学院学报，2013（2）：48-50.
③ 梁晨露. 论高职院校校内实训基地的文化建设［J］. 智库时代，2018（9）：89-90.

职院校实训基地文化氛围的营造，不是几个人或者一代人能够实现的，它需要几代人大量的始终如一的努力，并且在传承的过程中不断根据实际修正完善，然后代代相传，相沿成习；一经形成，不因时代变迁、学校的建设以及专业的发展变化甚至制度的不同而消弭，会体现出很强的继承性。①

（5）创新性。校内实训不但需要继承，更需要主动迎合时代特点，根据自身需求、行业变化、社会发展等不断创新，形成内在技艺。科学技术的飞速发展，新工艺、新材料、新需求层出不穷，这就要求校内实训基地在原有基础上跟随时代发展的步伐，制订新计划、构建新体系、甄选新项目、创设新课程。因此，校内实训基地还具有创新的文化特征。②

3. 实训基地文化的内容

高职院校实训基地文化主要是指参与的领导者、管理者和使用者在对基地的建设、管理和使用中不断创造的物质财富和精神财富的总和。高职院校实训基地的文化建设内容主要包含物质文化、精神文化、制度文化和行为文化四个方面③。

（1）物质文化。实训基地的楼宇建筑、内部设施设备等构筑了实训基地物质文化主体。其既是教学、科研、实践的场所，也是实训基地风格、内涵的体现。物质文化是精神文化的载体，是实训基地文化的外在意志，是构筑实训基地文化的基础。实训基地的建筑造型和色彩搭配应该与服务对象的岗位相适应，应该体现对使用者的人文关怀，建筑的艺术性和功能性能反映实训基地的特色；基地的装饰与布置要有利于生产性实训教学需要，在各实训基地楼道、门厅等地要布置恰当的名人名言、学校的校训和办学理念、校友风采、学校历史文化积淀、实训基地的建设成就、实训作品展览、励志标语和实训操作规范等，要营造生产场景、教学环境和职业文化氛围，起到润物细无声的效果。④

（2）精神文化。实训基地的精神文化是一种无形资产，是实训基地文化建设的核心。精神文化是一种主观形态，是对文化价值的判断，是由基地的教风、学风和人际关系体现出来的师生共享的价值观、文化观和认同感，凝聚着师生的价值取向、道德规范和精神追求。精神文化是推动实训基地快速发展的动力。在实训基地的建设和使用过程中，师生共同努力，在思想品德、学习风尚、创新精神、技能水平、业务修养、治学态度等方面逐步形成相对稳定的精神风貌，构建和谐美好的实训基地文化氛围。⑤

（3）制度文化。实训基地的制度文化是为了保障基地教育教学活动正常开展的制度文件的总和。制度文化是一种管理经验的总结，是在长期实践的过程中延续和提炼出来的。实训基地的制度文化涵盖了诸如人才培养、考核奖惩、财务和人力资源管理、教学管理、岗位责任制等制度，包括实训基地教师和学生的行为规范。制度文化还具有激励作用，可以激发实训基地的师生员工形成进取精神。

---

① 汤浩，杨奔. 浅谈高职院校实训基地文化建设——以湖北工业职业技术学院旅游专业群为例 ［J］. 湖北工业职业技术学院学报，2016（6）：19-24.
② 梁晨露. 论高职院校校内实训基地的文化建设 ［J］. 智库时代，2018（9）：89-90.
③ 华文健. 企业文化与大学文化的对接研究 ［D］. 青岛：青岛大学，2011：20.
④ 安身健. 高校文化软实力建设初探 ［J］. 思想理论教育导刊，2009（12）：87-89.
⑤ 吴雄彪，张雁平，花有清. 论校内实训基地文化建设 ［J］. 实验技术与管理，2008（1）：104-106.

（4）行为文化。它是师生员工在实训基地生产、教育和实践过程中形成的各种文化，是实训基地人际关系、整体风貌的动态体现。实训基地的行为文化是实训基地整体精神面貌的"晴雨表"，反映了实训基地师生生活的方方面面，具体可分为教师行为文化和学生行为文化。实训基地行为文化应该注重发挥教师的榜样作用，给教师充分的自主权，支持教师的教改实验，以形成独有的教学风格；同时，在各项文体活动、社团活动、实践活动中开展全方位、立体式的学术、艺术、体育活动，营造良好的实训基地文化氛围。①

4. 实训文化育人的策略

实训文化对学生有潜移默化的教育作用。高职院校实训文化育人需要学院领导高度重视，全体师生共同参与，将实训基地文化与人才培养体系相融合，为实践教学和科研工作营造良好的教学环境，从而提升学生对职场文化的适应性。

（1）营造具有专业特色的文化气氛。了解专业技术的发展历程，有助于学生对本专业产生浓厚的学习兴趣。实训文化建设要密切结合各专业技术的起源、发展和未来趋势，图文并茂地展现出专业建设成果、工艺流程、市场产品等，陈设产品实物、实习实物等，力求营造具有专业特色的文化气氛。学院可定期邀请行业知名专家就相关科技的发展历程进行知识讲座，组织企业工程技术人员与学生座谈，使学生切实感受新技术、新工艺、新知识和新方法对生产一线的巨大作用；充分利用已有的实训资源，举办各类"技能节""技能大赛"等活动，提高师生的专业技能，增强团队协作意识，培养职业道德情操，鼓励创新革新行动。②

（2）实训文化与行业、职业道德文化相融合。实训文化与行业的发展、职业工种的职业道德标准相融合，会增强实训基地的内涵和社会价值。将行业、职业的发展演变以及工种的职业道德规范张贴于墙上或者网页上，促使学生熟悉相关产业、行业的发展历史和发展趋势，以及各个职业工种所要求的职业道德标准；同时，也体现了实训基地服务社会、服务行业的能力，为学生今后的职业生涯规划奠定基础。③

（3）营造具有浓厚企业文化的实训氛围。这需要做好以下三个方面的工作：一是模拟企业的工作环境。首先，实训室建设要理实一体化，教、学、做三个环节都可以在实训室中完成。其次，利用好室外墙壁、走廊、门厅等场所，包括布置实训室的名称与标牌、实训项目介绍、名人名言与肖像、师生创作的作品陈列柜等内容；在室内，张贴学生实训守则、操作规程、安全警示、励志用语，摆放安全设施等，营造浓厚的生产场景和教学环境，让学生在浓厚的职业氛围中学习。二是将企业的岗位操作与学生的专业实训结合起来，老师是企业的管理者，学生是企业的员工，教学过程模拟企业职场氛围。三是将企业的工艺流程和操作规范引入实训基地，学生的实训严格按照企业的岗位要求进行。如浙江经济职业技术学院超市营销实训室运用了市场化运作和企业化管理的经营理念，超市的运营、管理全部由学生

---

① 居珈璇. 高职院校实训基地建设中文化软实力的打造 [J]. 岳阳职业技术学院学报，2013（1）：14-16.
② 梁晨露. 论高职院校校内实训基地的文化建设 [J]. 智库时代，2018（9）：89-90.
③ 余名宪. 高职院校实训基地文化建设的思考 [J]. 产业与科技论坛，2011（22）：157-158

负责，学生上课时学习理论知识，下课后便是超市的经营者。超市营销实训室集"实训、科研、顶岗、经营、培训、技能竞赛"于一体，教师摆脱了传统的理论授课方式，学生在真实的环境下完成商品布局、陈列、采购、促销等一系列实训教学内容，并将实现超市实体店与网上商城双线运行。①

（4）按企业模式推进"作业、活动"标准化，引入"5S"现场管理。在校内实训基地按企业模式推进"作业、活动"标准化，结合实训基地安全管理的实际情况，在以往工作的基础上进一步拓展，赋予实训基地管理工作更丰富的内涵。也就是针对实训基地的不良工作环境、不安全因素和事故隐患，通过规范管理活动、规范作业行为以及利用基地现场的防护设施设备，使之标准化、规范化，以保障实训活动中师生的安全和周围环境的安全。按照工作标准和操作规程的要求，精雕细琢，规范每个岗位（训练岗位）的行为习惯，使师生树立起自觉遵守规范的意识，使规范管理日常化、精细化。引入"5S"（是指整理、整顿、清扫、清洁、素养）现场管理，在实训基地内部养成遵守标准的习惯，使得各项活动、作业均按标准的要求运行。一方面，减少了生产的辅助时间和寻找工具、材料等的时间，提升了工作效率；另一方面，降低了设备的故障率，提高了设备使用效率。在校内实训基地推行"5S"现场管理，不仅能利用实训基地环境模拟企业生产现场，而且管理方式与企业一致，实现了专业学习与岗位适应的无缝对接。让学生全方位感受企业生产氛围，可调动学生的学习积极性，提升实训设备、场地的管理水平，改善实训基地环境，提高实训教学质量，从而塑造学生一丝不苟的敬业精神，培养学生勤奋、节俭、务实、守纪的职业素养，使学生毕业后走上工作岗位成为受企业欢迎的真正"企业人"。②

（5）抓住建设关键，提高实训指导教师的文化育人自觉性。开发高职实训中心的文化素质教育功能，要抓住建设关键，提高实训指导教师的文化素养和文化育人自觉性。高职教师队伍特别是实训指导教师队伍建设，在突出强调双师素质时，未同时充分强调教师自身的文化素养，这成为高职实训中心有效开展文化素质教育的"瓶颈"。同时，专业教师把专业教学和技术技能培养视为最主要工作，参与人文素质教育活动被视为时间和精力上的额外负担，这也是实训中心人文素质教育功能开发不足的一个重要原因。所以，要提高实训中心文化育人的功能，必须提高专业教师自身的文化素养，提升专业教师文化育人的自觉性，在考核教师专业教学能力时，同步考核其文化育人的实施效果，这是高职实训中心文化素质教育功能开发的关键。③

实训基地文化建设是校园内涵建设的重要组成部分，体现了校园综合文化程度和整体精神氛围。加强实训基地的文化建设是提高教育教学质量和科技应用水平的要求，是实训基地建设、使用、管理中必不可少的发展趋势。作为校企合作的直接接触窗口，校内实训基地文化建设的加强、先进运行机制的引入，有助于营造浓厚的企业文化氛围，提炼高尚的精神理念，促进学生与企业近距离接触。④同时，对突出高职院校特色办学、实现实训基地本身的良性循环发展、构建和谐的校园文

① 李佳. 高职院校实训中心文化建设探索 [J]. 中国科技信息，2013（6）：161-162.
② 朱建新，陈晓萍，涂小华. 高职校内实训基地的企业文化培养 [J]. 江西化工，2015（4）：73-75.
③ 李亮亮. 高职实训中心文化素质教育功能开发 [J]. 长江工程职业技术学院学报，2017（9）：38-40.
④ 梁晨露. 论高职院校校内实训基地的文化建设 [J]. 智库时代，2018（9）：89-90.

化、提高文化育人的成效都具有深远意义。

四、社团文化育人

高职院校学生社团是学校隐性课程的重要组成部分，是实现人才培养目标不可或缺的途径。高职院校社团文化是其校园文化的重要组成部分，是培养高素质技能型专门人才的有效方式，具有不可替代的重要作用。自 2005 年《共青团中央、教育部关于加强和改进大学生社团工作的意见》发布以来，高校学生社团建设已取得了较大进步，以其鲜明的开放性、自主性及多样性等特点成为大学校园里一道亮丽的风景。[①]面对特征鲜明的新时代高职学生，如何充分利用学生社团文化特有的育人功能来凝聚青年、引导青年、教育青年，是摆在我们教育工作者面前的一个值得思考和探寻的课题。

1.社团与社团文化

学生社团是由具有共同志向、兴趣、爱好、特长、信念、观点的学生组织，经学校职能部门同意和一定程序成立，相对独立地开展活动的群众性团体。《中共中央国务院关于进一步加强和改进大学生思想政治教育的意见》（中发〔2004〕16号）指出，学生社团是加强大学生思想政治教育的一个重要环节。学生社团之所以能够受到大学生们的欢迎，尤其在高职院校中更是发展迅速、势头强劲，是因为学生社团具有内容广泛、形式多样、参与自由、潜移默化等特点，非常适合新形势下大学生的心理需求，尤其与高职学生群体特点具有天然的契合度。其表现在：①学生社团的组织基于学生兴趣，学生自愿参加，在社团活动中能够发挥较大的自主性；②社团活动的组织形式多样灵活，趣味性强，特色突出，容易受到学生的欢迎；③社团活动的环境不同于课堂，更为宽松和自由；④社团活动的内容与社会联系更为紧密，体现出较强的时代感；⑤高职院校的社团较本科院校更突出其技能型、实践型的特点，与专业、行业和企业联系密切。[②]

结合高职院校的特点及人才培养特质，我们认为，高职院校社团文化主要指向的是对高职学生社团在理念思路、功能界定、精神风尚方面的培育。其中，理念思路是引导其发展的指导思想，功能界定是发挥其作用的实践探索，精神风尚是其文化育人的根本保障。因此，作为高职院校校园文化的主要代表和未来主流，社团文化是大学生需要和实践的产物，必将焕发绚烂光彩。[③]

2.社团文化的功能

高校社团文化的蓬勃发展，开辟了高校学生思想政治教育的新领域、新途径。尤其是在高职院校中，学生社团具有极大的亲和力和吸引力，成为很多高职学生展现自我的重要渠道。《共青团中央、教育部关于加强和改进大学生社团工作的意

① 朱绍勇. 高职院校社团文化的育人功能及实现途径 [J]. 芜湖职业技术学院学报，2014（1）：4-7.
② 王娓娓. 高职学生社团文化思想政治教育功能研究 [J]. 天津商务职业学院学报，2016（2）：93-96.
③ 朱绍勇. 高职院校社团文化育人功能提升路径 [J]. 金华职业技术学院学报，2014（7）：9-12.

见》明确指出："在新形势下，各地各高校要加强和改进大学生思想政治教育，全面推进素质教育，实施科教兴国、人才强国战略，培育中国特色社会主义事业合格建设者和可靠接班人，进一步加强和改进大学生社团工作。"社团文化是高职院校校园文化的重要组成部分，打造良好的社团文化对加强学生思想政治教育、构建校园文化、促进大学生全面发展具有重要的意义。根据朱绍勇的相关研究，社团文化的功能主要表现在以下几方面[①]：

（1）社团文化是开展学生思想政治教育的重要载体。思想政治素质是大学生进步的精神动力，并决定着大学生的发展方向。加强和改进大学生思想政治教育，提高他们的思想政治素质，将其培养成中国特色社会主义事业的建设者和接班人，是高校的根本任务。将思想政治教育融入社团活动中，以丰富多彩、形式多样的社团活动为载体，寓教于乐，潜移默化地进行有效的思想政治教育，引导大学生形成正确的世界观、人生观与价值观，可以克服传统课堂教育"说教"的种种弊端，更容易被"00后"大学生所接受。例如，高职院校可以通过"理论研究类"社团加强马列主义、民族精神和时代精神教育，增强学生的理想信念、爱国情感和创新精神；通过"思想引领类"社团加强社会主义荣辱观教育，培养大学生团结互助、诚实守信、艰苦奋斗的优良品质；通过"爱心公益类"社团启发大学生的仁爱之心、关爱之情和奉献意识；通过"文化娱乐类"社团提升大学生的艺术修养和审美情趣等。社团可以使原本略显枯燥的思想政治教育变得有趣，使学生在参与自己感兴趣的活动的同时，坚定信念，陶冶情操，提升境界。[②]

（2）社团文化是提高学生综合素质、能力的重要平台。"填鸭式"的大学教育已不能够满足当代大学生的需求，而学生社团的自主性、丰富性、灵活性为提高大学生的综合素质、能力搭建了重要平台，学生通过菜单式方法选择自己要参加的活动、做自己感兴趣的事情，更容易受到学生的欢迎。社团通过举办活动使学生得到发挥自己特长与优势的机会，学生在具体活动的策划、组织、实施过程中实现了自我管理、自我教育、自我发展。为了一项社团活动，成员之间分工明确、团结协作，人人都是主人翁，朝着一个目标奋力拼搏，团队精神和协作意识大大增强，发挥了第一课堂教师"灌输式"教育无法实现的作用。学生社团是个大舞台，学生可以在这里锻炼成长、开阔视野，通过各种实践活动提高组织能力、动手能力、人际交往能力和解决问题的能力，使他们更能适应时代的要求，为以后踏入社会奠定坚实而有力的基础。

（3）社团文化是高校校园文化建设的特色渠道。校园文化的体现形式多种多样，体现渠道也不尽相同，但社团文化一直是校园文化得到全面体现的重要渠道。社团的多样性和广泛性决定了社团在扩大校园文化覆盖面上独具优势，在提高校园文化活动参与率和普及率方面发挥着重要作用。如高校一般都建有大学生艺术团，其目标是打造代表校级水准的艺术作品，没有一定基础是无法参与的；而社团恰恰与之不同，其不设门槛，学生自主选择，来去自如，只要感兴趣就可报名参加，使校园文化活动显得格外"亲民"，格外"接地气"，为校园文化的全面活跃与繁荣奠

① 朱绍勇. 高职院校社团文化的育人功能及实现途径 [J]. 芜湖职业技术学院学报，2014（1）：4-7.
② 朱绍勇. 高职院校社团文化育人功能提升路径 [J]. 金华职业技术学院学报，2014（7）：9-12.

定了坚实基础。同时，提高社团活动的层次和影响力，拓展社团活动的类型和打造社团活动品牌，发挥社团在校园文化建设中的作用，也是加强校园文化建设的客观要求和必然选择。

（4）社团文化是提升学生创新创业能力的有效方式。当代大学生面对的是一个呼唤"创新"的时代。民族的创新、社会的创新，首先需要有创新的人才。诺贝尔奖获得者李政道说："培养人才最主要的是培养创新能力。"而我国传统的教育方式是重理论、轻实践，重灌输、轻研讨，直接导致学生创新能力的缺乏。学生社团是一个不同信息、不同思想相互碰撞的场所，为大学生提供了一个展示个性、学科交叉、信息交融、自由辩论的宽松环境，拓展了学生的学习空间，有利于学生根据自己的需求通过广泛阅读、交流研讨等形式积聚知识，营造了一种激励创新的良好氛围，对培养大学生创新思维具有很大的促进作用。社团活动内容和成员的广泛性使得有着相同兴趣和爱好而又有着不同知识结构和思维方式的学生经常互相影响、互相熏陶，跨专业、跨学科的组合无疑为学生创业团队的组建和创业能力的培养提供了广阔空间。当前，没有哪一所高职院校不重视学生的创新创业教育，校内"大学生创业园"的建设已蔚然成风。[1]

3.社团文化育人策略

高职教育更多地突出能力本位和就业导向，高职院校的社团文化作为校园文化的一种，在建设时应遵循高职教育规律，打造符合高职教育特点的社团文化，以提高学校的综合办学水平、开展素质教育、提高学生的整体素养为宗旨。

（1）创新社团管理体制。高职院校应充分认识到社团文化育人的重大意义，不断创新管理体制，为社团发展创造条件。高职院校要将社团工作列入学校发展规划和人才培养方案中，将学生参加社团和参与社团活动纳入学分体系，对社团指导教师给予待遇和政策方面的倾斜，积极鼓励高水平、高职称的教师指导学生社团[2]。建立学校党委领导下的团委和学工部协同的社团管理体制，形成团委、学工部、团总支、系部及其他职能部门共同支持社团发展的良好合力[3]；健全社团管理制度，完善并创新社团评价激励机制，配备高素质的专职社团指导教师，加强对社团的分类指导和管理；将社团建设工作纳入学校德育和素质教育的整体工作体系当中，在政策、经费、场地等方面给予保障，缓解社团的生存压力，让社团在宽松的环境下将精力聚焦于社团文化建设；将社团文化建设纳入社团评价考核体系，指导社团注重活动定位和导向作用；大力推进"高雅艺术进校园"，引导社团开展健康高雅又有高职特色的活动，提高社团文化活动品位，展示社团风采，塑造社团品牌，弘扬社团文化[4]。

（2）组建形式多样的社团。目前，大部分高职院校的学生社团种类比较单一，多是体育和文艺方面的社团。所以，要组织多种样式的学生社团以及社团活动，加

① 朱绍勇. 高职院校社团文化的育人功能及实现途径［J］. 芜湖职业技术学院学报，2014（1）：4-7.
② 程诚，童宗安. 以学生社团为载体推进高职院校校园文化建设［J］. 当代教育实践与教学研究，2017（6）：213.
③ 郑治国. 高职院校社团建设研究［D］. 天津：天津大学，2008：30.
④ 王丽华. 高职院校社团文化缺失的原因及应对路径研究［J］. 四川职业技术学院学报，2015（2）：128-130.

强社团文化建设，鼓励社团开展内容充实、形式多样、格调高雅的理论学习、学术科技、文化娱乐、社会实践、志愿服务、体育竞技等活动，特别是要多举办高水平的活动，调动学生参与活动的主观能动性，激发学生的想象力、创造力，把学生社团建设成第一课堂的延伸和培养学生兴趣的重要阵地。要研究社团发展规律及新时期学生的需求和爱好，整合资源、集中优势，指导学生社团创造性地规划设计社团活动，如举办大学生社团文化节、社团活动展等，进一步提升社团活动层次，满足学生内在的需要，更好地为学生的全面发展服务。①

（3）凝练社团精神，打造社团文化品牌。高职院校在科学制定社团章程、完善社团制度建设、明确社团的宗旨和运作机制、推动社团规范化发展的同时，要对社团角色和职能进行科学准确的定位，逐步凝练为成员所熟知、认同、奉行的社团精神，以之为核心理念，打造良好的思想政治环境、和谐的人际交往环境、净化的社团物质环境，营造具有公平公正、积极进取、团结和谐、敢于创新等特点的文化心理氛围，树立追求社团发展与自我专业能力提升、服务社会相结合的正确价值取向，把握先进文化的发展方向，打造精品社团，开展精品活动，树立品牌意识，促进社团精品文化的形成。②

（4）打造社团文化优秀团队。优秀的人才是团队的核心竞争力，也是团队发展理念、团队精神所在。社团文化在一定程度上也是社团领导团队的文化。当下学生社团竞争力弱、管理松散，没有形成良好的社团文化的一大原因，在于团队指导者、领导者自身素质的欠缺。社团人力资源包括两大方面：一是优秀的指导教师团队。目前，高职院校的社团指导教师大都由党团委老师、辅导员兼任，高职学生的动手能力、实践能力较强，在社团组建方面偏社会化和联合化，此种情况下，指导教师的正确引导就更为重要。二是社团的领导团队。任何一个品牌社团的背后都有一个乃至一批优秀的社团管理者，没有思想的社团管理人带领的社团也必然是没有文化的社团，好的领导团队是社团文化建设的重要内容。当前，多数社团指导教师由于分工不明、酬劳不清，容易对指导工作产生懈怠。对于社团指导教师队伍建设，首先，要落实教师的待遇，并制定政策，对其工作进行奖励，以提升教师的积极性。其次，要加强对指导教师的培训，制订符合高职院校社团现状的培训计划、培训内容、培训方式，提升指导教师的能力。最后，培养优秀的团队干部。其包括两方面：一是应制定一套科学化、民主化的选拔机制，选取志向高远、勇于改革创新、善于组织、思想积极向上的负责人，以打造出优秀的社团；二是针对高职院校的办学特点，邀请社会精英、专家、学校分管学生工作的领导、品牌社团负责人开设讲座，系统提高社团负责人在活动策划、组织、管理理念、工作经验等方面的能力。③

（5）运用新媒体，提升社团文化的影响力。首先，以新媒体为媒介，提升社团文化的号召力。新媒体互动性强，能给社团活动增加不少趣味性。高职院校可积极运用微博平台，对学校社团的各种大型活动予以宣传，掌握传播的主动权。如某高

① 黄婷婷. 浅谈学生社团对高职院校校园文化建设的作用［J］. 儿童发展研究，2014（2）：57-60.
② 王丽华. 高职院校社团文化缺失的原因及应对路径研究［J］. 四川职业技术学院学报，2015（2）：128-130.
③ 赵杨. 高职院校社团文化建设的途径和方法［J］. 河南农业，2012（11）：43-44，46.

职院校在"校园十佳歌手大赛"中采用"即时互动"的形式,将台上与台下、线上与线下的观众积极联动起来,取得了较好的成效。其次,要积极运用新媒体,提升社团文化的外向力。例如,某高职院校毕业季利用官方微博推出了"毕业季留言"系列活动,获得了毕业多年的校友、在校学生及教师的积极响应,正能量得到了广泛传播。广大毕业生与在校学生对这项活动提出了很多较好的建议,对毕业氛围的营造起到了较好的效果①。又如,某高职院校与地方共青团联合开展"地方好人"评选活动,同时在微信公众号、网站等新媒体上进行积极宣传。该项活动不仅在校内引发了广泛关注,在社会上也取得了广泛好评。调查显示,该地好人好事在活动期间层出不穷,整个地区掀起了好人好事热潮。由于新媒体的广泛运用,高职社团所开展的活动不再局限于社团内部或校园内部。很多高职社团在开展相关活动时,都会借助新媒体让社团活动走出校园。高职社团通过微信公众号、微博等形式,实现了社团活动的多元化宣传。某高职院校在推进所在地区的生态文明建设中,协助该地相关部门拍摄与环境保护相关的微电影,并积极运用新媒体在网络上传播。其一个月内的网上点击量突破了十万,当地主流媒体也给予了重点关注。与此同时,该社团还联合当地志愿者,在该地各人流量较大区域进行"扫二维码"宣传,无形之中提升了社团文化的外向力②。最后,要借助新媒体手段,加强社团推广宣传。随着新媒体在高校学生中的不断推广和普及,学校可以鼓励社团借助新媒体开展活动,在活动前期的宣传、活动内容和环节的设计、活动后期的报道等阶段充分借助新媒体手段,增强社团活动的吸引力,提升社团活动的参与度和影响力。③

　　社团文化作为校园文化的重要组成部分,是高职院校文化育人工作朝气蓬勃不可或缺的因素。社团文化育人是高职院校内涵发展的应有之意,也是实现高职院校内涵发展的助推器;注重社团文化育人,从而树立学生的文化品位,提高学生的文化自觉性,是高职院校实现内涵发展面临的挑战,更是机遇④。高职院校只要科学把握"00后"学生的特点,更加规范地管理学生社团,科学引导学生社团发展,就一定能够加快高职院校可持续发展的步伐,培育出更合格的高职人才。

五、班级文化育人

　　班级是组成学校的最基本单位,是高职院校教育教学活动的基本单元,是对大学生进行思想政治教育的重要依托,是教育和培养学生的重要载体。高职院校在注重学生教育的同时,应更加重视对班集体的研究。在班集体中,班级文化是一股奇特的教育力量,在特定的文化环境下对学生的发展起着引导和约束的作用。班级建设的好坏直接关系到整个学院的发展,而班级文化建设直接影响班风、学风和学生的精神面貌⑤。班级文化作为校园文化的重要组成部分,对班集体的整个建设与发

---

① 毕祯. 新媒体对高职共青团工作的影响 [J]. 新闻研究导刊, 2014 (7): 24-26.
② 盛莉莉. 新媒体背景下提升高职社团文化成效的策略 [J]. 西部素质教育, 2016 (7): 76-77.
③ 程诚, 童宗安. 以学生社团为载体推进高职院校校园文化建设 [J]. 当代教育实践与教学研究, 2017 (6): 213.
④ 王丽华. 高职院校社团文化缺失的原因及应对路径研究 [J]. 四川职业技术学院学报, 2015 (2): 128-130.
⑤ 崔慧娥. 高职班级文化建设的实践研究 [J]. 天津职业院校联合学报, 2017 (10): 125-128.

展具有重大影响。班集体不只是要适应学校文化，更要能改善并影响学校文化建设。积极健康的班级文化将在学生人格的塑造、认知的转变、情感的升华、交往能力的提升等方面发挥举足轻重的作用。所以，引导学生共同建设班级文化，是加强班级建设、推进思想政治教育不可忽视的一个重要方面。①

加强高校班级文化建设，可以促进良好班风和学风的形成，凸显出教育的力量；同时，加强高校班级文化建设对班级成员的均衡发展具有积极效果，能提升班级成员的凝聚力，并且能产生良好的约束作用。②班级文化建设离不开每一个班级成员的努力，班主任是班级的一片天，班干部是班级的顶梁柱，而班级同学则是那一片踏实的土地，正是这三方有序的协调与合作才能将班级的建设工作进行得更加顺利。③高职院校要加强班级的文化建设，深入推进班级文化育人工作，为学生创造良好的班级氛围，培养合格的高职人才。

1. 班级文化的内涵与功能

（1）班级文化的内涵。班级文化建设是一个重要的抓手。对于班级文化的概念，不同的学者有不同的看法：一是"思想观念-行为方式学说"：认为班级文化是班级全体成员或部分成员所具有的共同的思想观念和行为方式。二是"意识形态学说"：认为班级文化是班级全体成员或部分成员所具有的共同的价值观、处事态度等精神层面的东西。三是"物质-精神学说"：认为班级文化是由班级的物质文化与精神文化共同构成的。综合不同学者的观点，可以对班级文化进行如下界定：班级文化是指在班级辅导员与班级所有任课教师的引导下，班级同学在长期的学习和生活中所形成的班级特有的物质和精神文化的总和，这些文化决定了学生们的价值取向和思维方式，从而影响了学生们的行为。当然，班级是学校活动的基本单元，因此班级文化也受学校文化和社会外界文化的影响。④

（2）班级文化的功能。班级文化作为一种特有的教育力量，渗透于一切教学活动之中，对学生心理素质的培养具有引导、平衡、充实和提高的作用。具体而言，班级文化具有以下功能：

第一，教育功能。班级文化是以班风、学风、价值观念、人际关系等方式表现出来的观念文化和与之相应的行为文化，对每个学生都起着潜移默化的教育作用。

第二，凝聚功能。班级成员在长期的集体生活情境下，全部成员或部分成员的价值观、思想理念、学习和行为方式等都会逐步统一化，这种共同性驱使大家对班集体产生归属感、认同感，同学间关系和谐、团结互助，这种氛围把大家紧紧地团结在一起，形成班集体的凝聚力。

第三，激励功能。其主要表现为班级文化能为每个班级成员提供文化享受和文化创造的空间，提供文化活动的背景以及必要的活动设施、模式与规范，从而有效地激发和调动每个成员参与班级活动的积极性、主动性和创造性，使其以高昂的情

① 李幽然，李灿，张彦花. 高职班级文化建设的实践与反思［J］. 陕西广播电视大学学报，2016（2）：45-48.
② 张武汉. 高校辅导员工作感悟——班级建设［J］. 科技信息，2010（29）：664-645.
③ 蔡蓉蓉，马长胜，宗怡. 高职院校班级文化建设探索［J］. 产业与科技论坛，2016（3）：242-243.
④ 崔慧娥. 高职班级文化建设的实践研究［J］. 天津职业院校联合学报，2017（10）：125-128.

绪和奋发进取的精神积极投入到学习和生活中去。①

第四，规范和约束功能。其主要表现为班级文化对班级所有成员的语言、行为习惯具有一定的规范和约束力。通过班级的各项规章制度对学生的行为做出强制性规定，让学生明确自己该做什么，不该做什么，逐渐形成正确的认知、健康的生活方式，促进学生的发展。班级文化虽然是非正式的规矩，但是可以取得柔性的、润物细无声的管理效果。两者的相互配合，可以实现对学生的规范管理。

第五，引导功能。班级文化最根本的功能就是能够引导学生接受积极、正确的价值观和行为准则。对处于世界观、人生观、价值观形成的关键阶段的大学生而言，积极的班级文化对学生的成长具有非常重要的作用，能促使他们树立远大理想和确定将来的职业目标，助推他们实现自我，创造未来。②

2.班级文化的构成

班级文化大致由物质文化、精神文化、制度文化、职业文化四个方面构成③。

（1）物质文化。它是指班级的物质环境等视觉层面的文化，是班级文化的基础，也是对外展示班级精神风貌和良好形象的平台。加强和改进班级物质文化建设，对提升班级精神文化建设水平具有十分重要的作用。像班级壁报、班徽、班旗等物质形态的建设，可以作为班级精神文化的标志，成为班级精神文化建设的载体；而班刊班报、班级网页和班级QQ群、微信群的建立，为班级成员的交流提供了平台，更利于统一思想的形成和健康班风的创立。班级物质文化的构建，不仅具有教育的功能、陶冶学生的情操、塑造学生的灵魂，还能从侧面激励学生，调动学生的主动性和创造性。

（2）精神文化。它是班级文化的精髓与核心，是一个班级本质、个性和精神面貌的整体表现，集中反映了班级全体成员的群体意识、舆论风气、价值取向、审美观念和精神风貌，并主要通过班风、班级目标、班级舆论、班级人际关系等方面呈现出来。班风是由班级成员共同营造的一种集体氛围，反映了班级成员的整体精神风貌与个性特点，体现出了班级的内在品格与外部形象，引领着班级未来发展的方向，对班级建设具有重要的导向作用。班级目标是指班级全体学生共同追求的目标、信念，它引领着班级的发展方向。班级舆论是指班集体的每个成员对社会上、学校以及班级生活中出现的问题所发表的意见和评论。班级人际关系不仅包括学生和学生的关系，还包括老师和学生的关系。良好的班级人际关系可以促进师生之间、同学之间的沟通交流，促进班级精神文化建设，推动班级的整体发展。

精神文化体现了班级师生的群体意志。精神文化构建良好，可以增强班级成员的荣誉感和归属感，也更加有利于对班级进行管理。精神文化的构建涉及的范围广，形成也需要较长时间，因此需要从教师到学生的共同努力。④

（3）制度文化。一个强大的集体需要统一思想和行动，但是这些都要建立在良好的制度体系上。制度文化建设是班级精神文化建设的重要保障。无规矩不成方

① 梁江岳. 民办高职院校班级文化建设初探 [J]. 读与写, 2016 (5): 48.
② 崔慧娥. 高职班级文化建设的实践研究 [J]. 天津职业院校联合学报, 2017 (10): 125-128.
③ 李成超. 高职院校班级精神文化建设探析 [J]. 中国职业技术教育, 2014 (34): 82-85.
④ 闫青平. 浅谈高职院校班级文化构建 [J]. 职业技术, 2016 (12): 25-27.

圆。规章制度的好坏、科学与否是班级文化建设水平高低的一个重要标志。班级制度规范的制定、完善和实施要由辅导员（班主任）和包括班干部在内的班级成员共同完成。制度一旦确定，就对全体成员具有约束和强制作用。从学校的层面看，各高职院校评奖评优的种类都是比较全面的，如成熟的奖助学金评定条例不仅可以帮助真正有困难的同学完成学业，还可以鼓励全班同学奋力争先；严格的、赏罚分明的考勤和考评制度，不仅可以对所有班级成员起到监督管理作用，而且对先进同学还是一种激励，对后进同学也是一种鞭策。

班级制度文化可以将行为准则以机制形式表现出来，如规章制度、班级纪律、日常行为规范等。制度的制定既要注重人的因素，又要科学合理。也就是说，不能过于苛求学生，也不能敷衍了事。班级制度文化的形成过程要求所制定的规则具有实用性和时效化，所以不能停留于制度的形式，而且要及时修订完善。

（4）职业文化。它是高职院校有别于普通高校的一种文化形式，这是由高职院校的学科特点所决定的。每个高职院校从学生入学时的专业入手，一直到学生的未来职业生涯规划，已经形成了一种完整的职业文化，是高职院校特有的文化。职业文化主要是指职业氛围和职业要求，包括职业技能、职业道德、职业情感等多方面的知识。职业文化的构建要求以学生为中心，以提高学生的就业竞争力为目标，不仅要提高学生的职业技能水平，同时也要提高其职业道德水平。因此，职业文化构建也是班级文化构建中的重要内容。[1]

3. 班级文化育人的策略

（1）加强第二课堂建设，多管齐下，为提升班级精神文化建设水平拓宽主渠道。丰富多彩的课外活动和社会实践活动是提高学生综合素质、培养团队精神的肥沃土壤。富有特色的团日活动和公益活动，可以增强班级同学的集体荣誉感、凝聚力，提高班级声誉。辅导员（班主任）要充分发挥班级的组织功能，精心设计和认真组织开展内容丰富、形式多样、吸引力强的文化活动。在课余时间和寒暑假，学校要支持和鼓励学生以班级为单位开展社会实践活动，引导学生在实践活动中学会生存，服务社会，锻炼能力，磨炼意志，以此来激发其社会责任感；同时，组织学生开展与专业、就业、创新和心理训练相结合的校内实践活动，让学生在志愿者服务、公益活动等实践中与社会接轨，增强和谐相处的意识，帮助学生充实与丰富自我，不断增强社会责任感。[2]

（2）提高学生的综合素质，培养班级成员的团队协作精神。首先，要提高学生的综合素质，促进有效的班级凝聚力的形成。在集体活动中，学生们的身体素质和心理素质等多方面都会受到影响，好的影响会在集体成员中传播，这对学生个人而言也是一种学习过程。比如，学生们在教室热烈讨论的时候教师要积极引导，有助于学生形成统一的主题，增强学生的凝聚力。班级各个成员之间难免存在差异性和多样性，只有形成统一的思想，转移学生的注意力，才能使班级的凝聚力得到体现。其次，要培养班级成员的团队协作精神。班级成员的团队协作是建立在他们互

① 闫青平. 浅谈高职院校班级文化构建［J］. 职业技术，2016（12）：25-27.
② 李成超. 高职院校班级精神文化建设探析［J］. 中国职业技术教育，2014（34）：82-85.

相尊重、人人平等的思想基础之上的，班集体是一个不可分割的团队，在这个团队当中，每个学生都需要找到自身的定位，发掘自身的价值，为团队的利益出一份力。在这个过程中，班主任的作用非常重要，不仅要调动每个学生的积极性，还要让每个学生都能感受到集体带来的温暖和希望，从而培养每个学生的集体荣誉感，这样才能在集体的力量下让更多的学生发挥自身的优势。[①]

（3）发挥辅导员的引导作用，加强学生干部队伍建设，推进班级文化育人。首先，要加强辅导员队伍建设，充分发挥辅导员的引领作用，让他们深入了解学生，掌握学生的思想动向，对学生不同的价值观进行整合，形成一个班级共同的正确的价值取向，这是构建班级特色文化的基础。高职院校里一个班级的学生往往来自不同地区，他们有着不同的生活环境、生活习惯，彼此之间可能也存在着巨大的个体差异。因此，他们的思维模式和价值取向也不尽相同。尤其是刚进入大学的学生，思想都不太成熟，缺乏正确认知社会的基本经验。他们普遍还处于思想的动荡期，有对现状的不满，也有对未来的渴望。他们迫切希望找到人生的方向，实现自己的人生价值。但是由于他们的世界观、人生观、价值观还未完善，对客观世界的看法难免存在偏颇，这就需要高校辅导员加强对学生思想的引导，促使全班学生形成正确的世界观、人生观、价值观；高校辅导员必须对学生个体的思想态度、价值观念进行结合与重组，引导他们形成正确的共同的价值观。与此同时，还要充分挖掘每个学生的特点，调动大家的积极性，使每个学生都有参与集体活动的强烈愿望，在各类集体活动中培养学生的集体荣誉感，建设好每一个班级的班风、学风，促进每一位同学全面发展，从而保证班级的稳定、和谐、有序发展，为班级特色文化的构建打下坚实的基础。其次，要注重对学生干部的培养。学生干部作为学生代表，是协助辅导员处理学生事务的助手，是辅导员与学生之间沟通的纽带，在班级管理中起着至关重要的作用。学生干部不仅要在学习上起带头作用，更要在思想素质上为同学们树立榜样。这就要求学生干部有较强的自我管理能力，在言行举止上自我约束；有正确的世界观、人生观、价值观；具有良好的沟通、协调、组织能力和较强的责任感、集体荣誉感。班级特色文化的构建，需要班级学生干部的共同努力；班级特色文化的发展和完善，需要班级学生干部的持久经营和维系。如果没有一个高效有序的学生干部团队，一个班级就会缺少凝聚力，那么班级必然就如一盘散沙那样难以管理，最终，班级特色文化的构建也会变成"纸上谈兵"。因此，加强学生干部的培养，建立一支高效有序的学生干部团队，是构建班级特色文化的重中之重。[②]

（4）打造新型班级人际关系，为加强班级精神文化建设激活源泉。"情不通则理不达"，新型班级人际关系主要包括教师与学生、学生与学生两个方面的内容。前者具体表现为师生关系融洽、民主平等、相互理解信任、互相尊重、互相支持。辅导员（班主任）工作中处处要树立以学生为本的理念，理解、尊重、关心学生，及时帮助学生解决生活、学习、交友中遇到的各种困难和问题，使学生感受到学校

① 闫青平. 浅谈高职院校班级文化构建 [J]. 职业技术，2016（12）：25-27.
② 毛浩杰，孙小清. 加强高职院校班级管理构建班级特色文化 [J]. 四川文化产业职业学院学报，2017（1）：61-62.

大家庭的温暖；学生也要投桃报李，积极主动地为班级工作出谋划策，帮助老师减轻工作压力。这样，师生之间就形成了良好的人际关系，有效地避免了不必要的矛盾冲突，便于更好地发挥班级的整体效应。在这样的良好氛围中，学生更容易发自内心地对班集体产生一种热爱的感情，有助于他们自觉做到在集体主义原则的指导下个人服从集体，充分激发班集体的活力。①

（5）建立文化建设机制，促进文化建设的长效开展。首先，要增强辅导员和任课教师以及学生的班级文化建设意识，尤其是辅导员，他们是班级文化建设的具体实践者，一定要让他们从思想上重视、行动上积极落实。为了更好地进行班级文化建设，要从学院、系部、专业教研室三个层次上建立完善的组织机构。学院的文化建设组织机构可以由学生处的相关人员组成，系部由系部学生管理人员组成，专业教研室由教研组老师以及班级辅导员组成。各级组织机构都要制订相应的文化建设项目实施方案，由班级辅导员带领学生具体实施，开展班级文化建设，形成具有专业特色、地域特色的品牌化的文化建设体系。其次，要加强班级文化建设的考核与评价。要掌握班级文化建设工作的落实情况和质量，要加强班级文化建设的考核，在每个学期末，三级组织机构都要对班级文化建设工作进行检查、评价，要制定具体的考核标准，对于优秀班级，要大力表彰，从而督促班级文化建设的持续有效开展。②

六、寝室文化育人

高职院校的寝室是学生校园生活的主要场所，集休息、娱乐、社交、学习和其他活动于一体，是高职学院开展德育建设、陶冶学生情操、在课外进行生活教育的重要阵地，在"教室-宿舍-食堂"三点一线的生活轨迹中，大学生差不多有三分之二的时间都要在宿舍度过。高校文化离不开寝室文化，每个学生都以寝室为基点，因而寝室不仅仅是一个住宿的场所，还是融学习娱乐、思想交流、社会交往等为一体的场所。大学生寝室文化建设的水平，不仅反映着一所高职院校的校风校纪，而且关系到培养人才的质量。加强寝室文化育人，保证高职院校学生宿舍文化建设走向科学化、制度化、规范化，已成为大学生思想政治教育的重要内容之一。

1. 大学生寝室文化的内涵

寝室文化是指学生在一段较为稳定的时期内创造和形成的设施条件、行为规范、规章制度、道德水准、审美情趣及人际关系的总和，由物质文化、制度文化、行为文化和精神文化四方面构成。其中，精神文化是核心，物质文化是载体，制度文化、行为文化是表现。寝室文化的四个方面共同构成相互渗透、相互作用的有机整体。大学生寝室文化是附于寝室这个载体来反映和传播各种文化现象的，是校园文化的子文化，以自己特有的方式折射出校园文化。作为一种群体文化，它在大学生成长的过程中起着融合、凝聚、约束、育人的作用。良好的寝室文化可以引导学

---

① 李成超. 高职院校班级精神文化建设探析 [J]. 中国职业技术教育，2014（34）：82-85.
② 崔慧娥. 高职班级文化建设的实践研究 [J]. 天津职业院校联合学报，2017（10）：125-128.

生树立正确的世界观、人生观、价值观,可以激发学生的学习兴趣,可以为学生生理和心理的健康发展提供良好的氛围和环境,可以为学生综合素质的提高提供有利的条件。良好的寝室文化是校风优良、学风严谨的重要体现。因此,正确地引导和整合积极向上的寝室文化,定会对校园文化和社会文化的建设起到积极的作用。①

(1) 物质文化。它主要指大学生寝室的房屋建设、室内设施、文化设施、文化环境等,是宿舍成员最基本的自然需要。但这里的物质并非单纯的实物存在,同时体现了一定的审美意象,是宿舍文化最直观的表现。也可以说,物质文化是制度文化、行为文化、精神文化的外化。

(2) 制度文化。它主要指寝室的规章制度及其执行、落实情况,是寝室文化的准则和重要组成部分,是宿舍管理规范化、科学化的必由之路,是整个寝室文化建设的重要组成部分。寝室制度文化能起到规范寝室成员言谈举止、促进其相互交往的作用。

(3) 行为文化。它主要指寝室行为主体的各种行为方式,如寝室成员在学习、娱乐、消遣、人际交往等方面共同的行为特征。这一共同的行为特征不是一蹴而就的,而是主体通过长期交往、相互作用,在相互影响中逐步形成的。一旦形成,便指导着寝室成员的行为,若不遵守这种行为文化,则有可能被视为异类,被寝室其他成员所排挤。

(4) 精神文化。它主要指寝室文化活动中寝室成员形成的共同理想、共同追求、共同价值观等群体意识。大学阶段是一个人价值观形成的重要时期,而同辈群体则是对这种价值观影响最大的。寝室中朝夕相处的几个人,很易形成相同的价值体系,由此形成寝室核心文化,它既是寝室文化的关键,又是寝室文化的灵魂和核心。

2. 部分高职学生寝室生活中存在的问题

(1) 经济方面。相当一部分学生尤其是来自经济较发达地区的学生,认为既然付了住宿费,寝室就是私人的生活领地,具有严重的排他主义思想。如宿舍关灯问题,由于大家的睡眠时间不同,早休息的学生想关灯便于入睡,而迟睡的学生不习惯太早关灯。一般来说,被吵醒的学生都会生闷气,容易发脾气。

(2) 环境方面。学生寝室的格局大都是居住 6~8 人,学校每周会对各寝室进行定期检查,因此大多数寝室的卫生状况还是比较好的。但很多寝室搞卫生只是为了应付每周一次的检查,检查一过,寝室卫生状况就很难令人满意了。

(3) 心理方面。高职院校中相当一部分学生是独生子女,由于娇生惯养,对集体生活不是很习惯,思考问题或行事一般都以自我为中心,对学校及寝室管理人员有过度的依赖或不信任,对执行学院学生寝室管理的规定一般比较漠然。

(4) 行为方面。相当一部分学生把高职院校的集体生活视为对小学至中学阶段由家长、老师全程陪同监管的一种解放,放松了对自己的要求。其存在诸多不和谐的因子,归结起来有以下三种表现:一是牌局。个别学生觉得生活空虚,不认真学

---

① 刘中正,刘敏. 高校思政教育不容忽视寝室文化建设——关于高职院校寝室文化建设的思考 [J]. 群文天地,2011 (3): 16-17.

习，几个人团团围坐在桌前打牌，无限制地笑闹，影响他人，累坏自己。二是吃喝。有些学生买些啤酒小食，"对酒当歌"，互诉衷肠，"把酒问青天"，常出现酗酒闹事的现象。三是网络。由于条件所限，不少学生在校外上网，有的甚至夜不归宿，这样既不安全，又影响学习。还有一些学生为了方便，在宿舍内接入宽带，于是，寝室中的电脑便成为一些学生的"精神家园"，早上上课迟到，上课时呼呼大睡甚至无故旷课。

（5）人际方面。舍友是大学生每天都要面对的一群人，因为每天都要接触，所以极容易出现两种极端的情况：一种是好到穿一条裤子，另一种是表面要好内心厌恶。出现这两种情况的原因在于每个人的价值观不同，因此，交友时的选择就会不同。如果两个人彼此欣赏，待在一起的时间越长关系就越亲密；如果两个人关系紧张，那么时间越长，反而越使彼此厌恶，甚至使寝室人际关系恶化。

（6）管理方面。一是管理机制等不能适应新时期大学生寝室文化建设的要求。学校一般只注重寝室硬件设施建设、环境和违规等管理，对学生在寝室的思想状况、学习状况关注不够。规章制度对大学生在寝室的生活、学习、言谈举止、道德规范作了规定，但制度的执行还没有真正进入寝室成员的心里。二是安全意识差。很多寝室失窃情况屡屡发生，电线、网线乱接乱搭，给寝室安全留下了极大的隐患。三是高职学院公寓管理人员、服务人员的服务意识不强，有时服务态度不好，服务质量不高，服务效率低下，由此引发学生对学校工作的强烈不满。[①]

3. 寝室文化育人的策略

（1）融入社会主义核心价值观教育，突出精神文化内涵。精神文化是寝室文化建设的核心和精髓，高职院校要将社会主义核心价值观教育融入寝室文化建设全过程中，使其形成良好的精神文化氛围。

第一，增强高职学生对社会主义核心价值观的认知。加强社会主义核心价值观基本内容的宣传和学习，引导学生在理想信念、道德准则等方面进行深层次的探讨，让学生深刻了解其精神实质，用核心价值观作为准则来约束自己的行为，使其树立正确的世界观、人生观、价值观，做到是非分明，自觉为创建积极向上的寝室精神文化做贡献。

第二，大力弘扬中华民族的传统美德。在现实生活中，有些学生不整理寝室内务、浪费水电、破坏公共设施甚至在寝室内偷窃，这些不良行为有悖于"勤劳、节俭、诚实、守信"的传统道德观念。这就需要加强对高职学生"勤俭节约"和"诚实守信"的主题教育，可通过制作相关宣传海报或利用楼宇文化大力宣扬，让学生在日常生活中体验劳动的价值和意义，逐渐养成爱劳动和尊重他人劳动成果的良好习惯，教育学生形成诚实待人、守时守信、勇于承担责任等道德观念。[②]

（2）狠抓基础文明养成教育。养成教育是寝室文化建设的基础。著名教育家叶圣陶先生曾说过，教育就是养成良好的习惯，所以养成教育是基础教育。现在很多学生寝室物品乱摆乱放，被子不叠，值日生不负责任，都是基础教育、基础文明缺

① 周瑜弘. 关于高职学院大学生寝室文化建设的思考 [J]. 文教资料，2009（6）：239-240.
② 陶军. 高职院校学生寝室文化建设研究 [J]. 职教论坛，2015（35）：39-42.

失的表现①。基础文明需要在日常生活中积极培养，持之以恒。学校的养成教育是育人的基础工程，是实施素质教育的基本内容。现在很多大学生寝室卫生状况不好，经常有大学生起床不叠被子，值日生工作不负责任，在寝室内随地吐痰，甚至脏话连篇，这些都是基础教育缺失的表现。高职院校应在寝室内对大学生进行爱国主义教育、集体主义教育、理想信念教育，大力提倡传统美德、健康的日常行为和卫生习惯，使大学生的精神面貌发生大的改变，养成良好的生活习惯。②

（3）树立"以人为本"的管理思想。

第一，让学生参与寝室文化建设。发挥学生的主动性，把学生寝室管理的目标转化为每一位学生自身的内在需求，使学生不是被动地参与，而是伴随积极主动的意识和责任感，站在履行自己的义务的高度热忱地、创造性地参与寝室文化建设。

第二，管理学生寝室的老师要有爱心，要细心、耐心。在生活上关心和爱护每一位学生，急学生之所急，忧学生之所忧；在管理方面眼勤、嘴勤、腿勤，这样才能及时发现和解决问题，防微杜渐，防患于未然。

第三，辅导员要在情感上感动人、人格上尊重人，充分信任每一位学生。辅导员要经常深入到学生寝室中去，不摆架子，不以势压人，而是积极地与学生沟通交流，与学生建立深厚情谊；引导学生互助互爱，让学生在集体生活中学会与人相处、与人合作，学会共同生活，彼此谦让，形成一个学习风气浓厚、人际关系融洽、有着共同追求的集体。

（4）积极开展大学生寝室文化建设。

第一，积极推进学生思想政治工作进寝室、进公寓。为了给学生营造一个"安全、卫生、舒适、美观、文明"的学习、生活环境，要加强学生寝室文化建设。高职院校的辅导员要进公寓，深入学生寝室，与学生多接触，对学生多了解，及时掌握学生寝室中存在的问题并快速解决；在学生公寓中对学生进行思想政治教育。高职院校要尽快建立对学生工作的有效考核和激励机制，解决体制不顺、部门之间职责不明等问题，建立全校上下齐心协力、齐抓共管的协调机制等。

第二，建立完善的规章制度，规范管理。寝室管理制度和寝室文化建设，要努力做到法治化、科学化、规范化、人性化。在学生寝室文化建设中，要真正做到依法管理，尊重、保护学生的合法权益，这有利于充分调动学生的主动性、积极性和创造性。同时，应建立对学生寝室管理的有效监督和保障机制，对寝室管理工作进行定期督察，并能够经常深入学生中间了解其意见和建议，为政策的制定或修改提供参考。

第三，培养一支高素质的大学生寝室管理队伍。一是学院党委要高度重视，相关部门要密切配合，学生处、团委、保卫处和总务后勤要安排专人负责协调寝室中学生的思想道德、人文素养、安全防卫，以及寝室中各种硬件设施的配置和维护等方面的工作。二是主管学生工作的书记、辅导员、班主任和院系党员干部要不定期地走进学生宿舍，与管理员和学生进行面对面的交流和沟通，了解寝室管理工作，健全寝室文化建设的规章制度，实行规范运作。三是寝室管理人员要真正扎根于寝

① 吴学群，杨治国. 加强高职院校寝室文化建设的实践与思考 [J]. 科教导刊，2010（12）：71-72.
② 黄淑贞. 推进高职院校大学生寝室文化的建设 [J]. 温州职业技术学院学报，2017（12）：73-74.

室管理，以专业的精神和科学的素养研究和探索寝室管理工作，在管理中了解学生的思想和需求，以平等的态度和满腔的热情竭诚为学生服务。

第四，加强高职学生寝室文化建设专题研讨。定期召开座谈会、交流会，开展调查和研讨，不断发现问题、解决问题；总结学生寝室管理、学生寝室文化建设方面的经验，探索学生寝室管理、学生寝室文化建设的新思路、新方法。

（5）重视并鼓励大学生参与寝室文化建设。

第一，充分发挥学生党员、学生干部的桥梁、纽带作用。加强大学生寝室文化建设，学校、学工队伍、寝室管理人员是核心，寝室的管理制度是保证。但仅凭这些还不够，还必须发挥大学生自我教育、自我管理的职能。因此，大学生寝室文化建设必须充分发挥大学生骨干的模范带头作用，使他们自觉遵守寝室管理的规章制度，激发他们共塑具有"文明、上进、创新、和谐"氛围的大学生寝室文化的热情与自觉性。

第二，加强各寝室室长及学生干部相关知识的教育。要选好寝室长，这样不仅能及时掌握寝室里发生的各种事情，而且寝室长与寝室其他成员年龄相仿，在思想上、感情上容易沟通。因此，寝室长的素质，在较大程度上，影响着大学生寝室文化的质量。

第三，开展丰富多彩和健康有益的活动。要发挥大学生寝室自律委员会或相关社团的作用，开展"寝室文化节"、象棋赛、"爱心"主题演讲比赛等学生喜闻乐见的一些寝室文化活动，特别应提倡个性化寝室和校园文化。如有些大学生为自己的寝室取了具有个性化的名字，贴在寝室的门上，这样大学生能感到自己的学习、生活环境自己做主，从而促进大学生身心健康、和谐发展。

第四，积极开展文明寝室、优秀寝室评比活动。为了使学生寝室成为整洁、舒适、美观、安全、文明的休息、学习和生活场所，应积极开展"文明寝室"创建活动，对优秀寝室予以表彰奖励，对做得不够的提出批评，并强令整改，从而有效地促进全校寝室形成良好的风气。

（6）发挥网络资源优势，弘扬积极的寝室行为文化。随着社会进入"互联网+"时代，网络已成为学生学习、生活的必备平台，给学生的行为方式、思维方式等带来了很大的影响。高职院校应充分利用网络资源优势，有效推进寝室文化建设，既要加强网络平台建设，以寝室管理网站为主阵地，优化网络资源，积极开展思想政治教育，为学生提供一系列咨询服务；又要规范网络行为，通过必要的技术手段加强对局域网的管理，净化网络环境，加强网络道德教育。同时，也要引导学生正确看待网络环境下的寝室人际交往行为，树立正确的人际交往观念。[①]

总之，寝室文化是思想教育的重要窗口，是校园文化建设的重要组成部分。高职学院应该牢牢把握思想教育的主体，以寝室文化建设为契机，让寝室文化建设在素质教育中发挥重要作用。

---

① 陶军. 高职院校学生寝室文化建设研究 [J]. 职教论坛，2015（35）：39-42.

案例研究

浙江工商职业技术学院的"寝室文化节"

思考与讨论：

1. 高职院校在文化育人的诸多实践领域如何实现"三全育人"？

2. 浙江工商职业技术学院的寝室文化育人有何特色？在高职人才培养中发挥着怎样的作用？

3. 结合本案例谈谈"寝室文化节"如何才能取得文化育人的实效。

当前，寝室文化建设已成为高职院校寝室文化育人的重要举措之一，它也是高职院校思想政治教育的重要任务。大部分高职院校的寝室文化建设都以推进人文素质教育为核心，浙江工商职业技术学院的寝室文化建设则以一年一度的大学生寝室文化节为中心，以深入挖掘高职学生特色、丰富学生的寝室文化生活、积极营造优良学风、推进和谐校园建设为目标，大大增强了思想政治教育进公寓的实效性。

一、寝室文化的发展目标

浙江工商职业技术学院的寝室文化建设以传递幸福、传播快乐和传承温暖为宗旨，打造品牌寝室文化项目，营造积极向上、稳定和谐的家园氛围。通过推进学生寝室文明建设，营造温馨舒适的寝室环境，展现丰富多彩的大学生活，加强寝室思想政治教育，从而实现用先进的寝室文化引导学生树立正确的世界观、人生观、价值观；激发学生的学习兴趣，营造优良校风学风；培养学生的创新能力，增强学生的综合素质；充分调动学生的参与热情，营造积极向上的校园文化氛围。

二、寝室文化的实施方法

浙江工商职业技术学院寝室文化建设由学校宿舍管理委员会统一领导，二级学院、学生公寓共同营造，参与人员除学生外，还包括全体学生管理人员、企业导师、德育导师、后勤服务人员。寝室文化建设仅寝室文化节一项就为期一个月。寝室文化建设一般通过组织设计一系列内容丰富、形式多样、参与性强、针对性强的活动，打造寝室文化，提高学生的生活品质，创建优良学风校风，营造积极向上的校园文化氛围。学院针对大一新生开展了"大学新鲜人"服务项目，利用微博等新型媒介加强与学生的联系，开展思想政治教育；结合专业优势，开展寝室墙体彩绘活动，美化寝室环境；依托 7790 学生服务中心，构建资助工作平台，营造和谐的校园生活环境。学院针对大二学生开展了"校园奋斗人"发展项目，如以创建优良学风为重点，开展"学习型寝室"评比，组建学习互助小分队；加强朋辈同伴教育，开展大学生寝室人际交往心理问题漫谈等主题活动。学院针对大三毕业生开展了"当代商帮人"培养工程，提供学生与企业面对面的机会，开展"职来职往"挑战赛；通过电影文化周感受艺术魅影，感知商帮文化。

三、寝室文化节的育人功能

点滴寝室文化，承载育人硕果。寝室文化不可能一蹴而就，需要积累与沉淀。浙江工商职业技术学院的寝室文化活动历经十余年，在校园文化建设中形成了凝聚、激励、熏陶、教育、引导等育人功能，积极有效地推进了高校思想政治教育。

1.以全员育人为指导，发挥寝室文化的"凝聚"育人功能

（1）新生学长培训，凝聚同学的真情付出。学校自开展学长制工作以来，注重学长的工作热情与工作有效性，每年都开展新生学长培训，如以"率先垂范，做学生的良师益友"为主题，为新生学长举办专题讲座；组织新老学长交流会，邀请优秀学长为新生学长答疑，为新生学长更快更好地服务新生提供平台。

（2）寝室导师见面会，凝聚老师的真知灼见。学校自2005年实施寝室导师制以来，取得了可喜的成绩。寝室导师见面会的开展有利于师生之间的交流，促进了学生良好生活习惯的养成，服务学生成长成才。通过导师座谈会，导师们也开阔了思路，在心理上拉近了与普通同学的距离，将思政工作进公寓落实到实处。

（3）辅导员技能比赛，凝聚辅导员的聪明才智。学校十分注重公寓辅导员的能力提升和职业发展。学校每年都举办辅导员技能比赛，从业务知识、案例处置、特长才艺等方面全方位考察辅导员的职业技能，为辅导员提供了一个展现风采的平台，有效地促进了辅导员队伍建设。

2.以创建优良学风为目标，发挥寝室文化的"激励"育人功能

（1）举办学习互助培训班，激发学生学习的积极性。让学有所长的学生充分发挥个人优势，勇敢地走出寝室、走向讲台，学以致用，在学习实践中增长才干。经过两年的努力，学生社区中形成了朋辈英语培训班、朋辈日语基础班等学习互助培训班。

另外，"一帮一学习互助"项目也在学生中广泛开展，据统计，已有上千名学生自发参与了学习互助，成为推动学风建设的有效载体。

（2）注重学生干部的培养，激发学生的工作热情。寝室文化节是发现和培养学生干部的有效途径，在活动组织中，积极倡导以公寓为单位承办寝室文化节各类项目，培养学生的组织策划能力、协调沟通能力，大大激发了学生的工作热情。

（3）创办社区杂志《悦寓》，激发学生踊跃参与。《悦寓》是一本由辅导员指导、学生参与编写、记录学生生活的社区杂志。它秉承"学习、展示、交流、服务"的宗旨，紧跟"80后""90后"学生的步伐，内容涵盖学校新闻热点、公寓动态、社会资讯导航、学习方法启迪、生活小贴士等方面。

（4）评选标兵寝室，激发学生的创优动力。每年，学校宿舍管理委员会都会根据学生寝室的现状，优中选优，评选出年度标兵寝室百余个、优秀寝室长近百名、党员寝室近百个、学习型寝室30个。通过评比、表彰、宣传，用优秀寝室的事迹激励、鼓舞全校学生，激发学生争先创优的动力。

3.以美化寝室环境为手段，发挥寝室文化的"熏陶"育人功能

（1）举办寝室美化设计大赛，体现专业特色。每年的寝室美化设计大赛都会吸引大批寝室积极参与，学生们将专业融入寝室设计，将品位融入寝室生活，营造了积极向上的寝室氛围。随着专业的发展，寝室公益广告设计、寝室墙体彩绘逐步被列为寝室文化节项目。同学们利用各自的专业优势，发挥设计、绘画等技能，将美图美景、美人美画跃然"墙"上，美化了公寓长廊，提升了公寓品位，让艺术的气

息弥漫整个"社区"。

（2）开展节水、节电活动，培养环保卫士。学校每年都会开展节水、节电活动，为期一个月，让学生切身感受节能减排、环保低碳的重要性。每个寝室的学生都积极投身于环保节能活动中，培养良好的行为习惯，合理用水用电，真正实现了节能减排的目标。

（3）进行安全宣传教育，防患于未然。安全是发展的根本，学校通过网络、广播、黑板报、展板等途径，积极开展校园安全宣传，如开展以防火防盗、交通安全、毕业实习安全等为主题的宣传教育活动，使学生社区像一部立体的、多彩的、富有吸引力的教科书，陶冶学生的情操，美化学生的心灵，激发学生开拓进取的精神，促进学生身心健康发展。

4.以同伴朋辈教育为平台，发挥寝室文化的"教育"育人功能

（1）进行同伴朋辈教育，携手你我他。由学校朋辈心理辅导站指导的阳光驿站志愿服务队、心灵氧吧宣传方阵，以心理朋辈辅导员为主体，开展培训交流活动，宣传普及学生心理健康教育。7790学生服务中心以服务学生为宗旨，开展形式多样的朋辈帮扶活动，如义务支教、帮困助学、志愿服务等。

（2）举行电影文化周，提升审美能力。电影文化周集优秀电影展播、影评征文比赛、电影讲座（沙龙）于一体，以传播电影文化、提升大学生的审美能力和人文素养为主旨，同时达到放飞心灵、促进人际交往的目标。

（3）开展安全巡查员技能培训，服务平安校园。学校每年都会针对寝室的守护员——安全巡查员开展消防演习、灭火器使用培训、红十字救护员培训等专题培训，使安全巡查员掌握必要的应对突发事件的技能，有效地服务于平安校园、平安公寓创建。

5.以主题活动为载体，发挥寝室文化的"引导"育人功能

（1）举办"职来职往"挑战赛，引导学生成功就业。学校尝试开展工商版的"职来职往"挑战赛，邀请企业导师参与指导，有针对性地对相关专业的学生进行就业面试技巧分析；来自各专业的学生从不同角度展示了专业技能，展现了自己，深受学生的欢迎。

（2）开展寝室主题活动，引导学生健康生活、快乐学习。这些活动包括：以"让爱住我家""正确处理邻里关系""我的寝室情怀"等为主题的寝室征文活动，汇集了学生的大学情怀、室友真情；以"寝室全家福""工商最美丽的微笑"等为主题的寝室摄影活动，真实反映了和谐美好的校园生活。

（3）召开勤工俭学招聘会，引导学生树立自立自强的意识。学校每年都组织召开勤工俭学招聘会，以自愿申请、信息公开、扶困优先、竞争上岗、择优录用、个别调配的原则，由各用工部门自主进行招聘，现场共提供校内41个部门的400余个勤工俭学岗位，吸引数千名学生踊跃参与。

总之，学校以寝室文化节为中心的寝室文化建设伴随着学生的成长而发展，伴随着学校的发展而壮大。初期的寝室文化建设以加强寝室基础文明建设、增强学生对学校的归属感为中心，致力于优化学生的居住环境，营造良好的生活氛围；中期的寝室文化建设主要致力于提升学生的生活品质，丰富寝室文化活动，

营造和谐稳定的学生社区氛围；后期的寝室文化建设更加凸显全员育人的理念，创新寝室管理载体，推进学风建设，打造积极向上的寝室文化。而寝室文化的示范与辐射作用还要进一步加强，把寝室文化建设的发展置身于学校发展、社会进步的大环境中，深化对寝室文化建设的工作研讨，及时总结提炼，打造精品项目，创建和谐校园。①

---

① 董艳. 小议寝室文化在校园文化建设中的育人功能——以浙江工商职业技术学院"寝室文化节"为例 [J]. 浙江工商职业技术学院学报，2012（9）：77-80.

第五章 文化育人的特色模式

在高等职业教育服务经济发展方式转变、支撑现代产业体系构建、引领职业教育科学发展的时代背景下，吸收和借鉴社会主流文化，融入时代文化，结合高职自身的独有属性和特征，形成底蕴丰富、富有生命力、特色鲜明的高职文化，并以文化为载体，构建文化育人的特色模式，深化文化育人实践，以文化人、以文育人，促进学生全面发展，已成为高职院校科学发展的重要主题。

——作者

高职院校是高等学校的一个类型，担负着培养企业所需要的高素质技能型人才的使命。企业不仅需要动手能力强的技能人才，更需要员工有优秀的思想品德和社会责任感。因此，高职院校不仅要注重学生专业知识的培养，更要注重人性的培养，使学生成为有文化、有素质的人。"文化育人"是一种教育思想，也是高职教育的一项重要使命。许多高职院校都积极探索，大胆实践，创造出了丰富多彩的文化育人特色模式，值得学习和借鉴。

一、红色文化育人

红色文化是指中国共产党领导全国各族人民在革命斗争和建设实践中所形成的伟大革命精神，包括革命历史上形成的革命理论、革命经验、革命传统。红色文化以爱国主义教育和革命传统教育为主线，蕴含着丰富的革命精神和历史文化内涵，是优秀民族精神的集中体现以及在新时期的延续、丰富和发展，是中华优秀传统文化的长期积淀。红色文化作为马克思主义世界观和无产阶级思想道德的集中体现，奠定了中国革命精神的基础，成为中华民族和中国人民的宝贵财富。[①]

红色文化具有鲜明的思想政治教育功能，应当成为高校最宝贵、最丰厚的思想

---

① 田涛. 红色文化在高职学生公寓党建工作中的价值体现 [J]. 民营科技，2017（5）：261.

政治教育资源。"当前，随着经济全球化、信息网络化、文化多样化、价值多元化的推进，部分大学生对红色文化产生了认同危机。高校作为思想宣传工作的主阵地，在面临西方意识形态的冲击时，由于尚存某些宣传教育的缺位状况，大学生难免会受到一些消极影响"。①因此，高职院校应以"根植红色文化沃土、创建红色教育特色"为目标，探索一条利用红色文化育人创新思想政治教育工作的新路子，增强高校思想政治教育工作的针对性和实效性。

1. 红色文化育人的作用

当代大学生是实现中国梦的主体。其理想是否高远，信念是否坚定，直接关系到中国梦能否实现。红色文化是代表先进的精品文化，红色文化育人对高职校园文化建设具有积极、健康、向上的作用，传承和发扬红色文化对培养高职学生肩负重大历史使命和责任起着重要作用。

（1）有利于坚定大学生的理想信念。习近平总书记曾说："理想指引人生方向，信念决定事业成败。没有理想信念，就会导致精神上'缺钙'。"革命战争年代，革命先辈们面对穷凶极恶的敌人、恶劣的自然环境、长时间处于劣势的境地，凭着对马克思主义的坚定信仰、始终不渝的革命信念、激昂旺盛的革命斗志，义无反顾地进行革命斗争，最终取得了革命胜利。他们用鲜血铸就了"崇高的思想境界、坚定的理想信念、巨大的人格力量和浩然的革命正气"②的红色精神。在新的历史时期，面对改革开放过程中遇到的问题和困难，面对形形色色的利益诱惑和侵蚀，大学生们必须继承、弘扬先辈们的红色精神，深入学习习近平新时代中国特色社会主义理论，坚持党的领导，坚定理想信念，成为胸怀共产主义远大理想的合格的建设者和接班人。③

（2）有利于大学生树立正确的价值观。美国学者拉思斯认为，每个人都有自己的价值观，并按照个人的价值观行事。在经济全球化、信息化的今天，大学生的价值观导向越来越多地受到西方文化的冲击④。多元文化的发展让心理上处于尚未成熟阶段的大学生更加迷茫，进而影响到大学生价值观的正确选择。红色文化所体现的时代价值可以潜移默化地使大学生坚定正确的价值选择，为他们提供正确的价值导向，帮助大学生在面对多元价值观的选择时，始终坚持社会主义主流价值观的形态，认清社会现实，更加坚定社会主义先进文化，坚定制度自信和文化自信。同时，红色文化还为大学生践行社会主义核心价值观提供了有力的载体。现今大学生的思想政治教育主要局限于思想政治课，其授课形式主要为理论层面的知识讲解，内容缺乏一定的趣味性，与当今大学生的认知特点不相符。也就是说，传统的大学生思想政治教育课远远不能满足当前大学生思想政治教育的需求，加之对学生开展思想政治教育工作的辅导员由于各种因素的限制，在价值观教育方面难以全面而深

---

① 曾长秋. 论红色文化资源对大学生思想政治教育的有效融合［J］. 延安大学学报：社会科学版，2016（2）：44-47.
② 中共中央文献研究室. 江泽民论有中国特色社会主义（专题摘编）［M］. 北京：中央文献出版社，2002：401.
③ 卫晓溪，杨婉玲. 地方红色文化在高校思政教育中的价值及实现——以芜湖职业技术学院为例［J］. 芜湖职业技术学院学报，2017（3）：74-77.
④ 周向军. 正确认识和处理社会主义核心价值观培育中的六大关系［J］. 烟台大学学报：哲学社会科学版，2013（2）：19-24.

刻。红色文化资源有着丰富而真实的历史故事，更容易使大学生产生情感的共鸣，为大学生正确价值观的形成提供强有力的载体。①

（3）有利于高职学生爱国主义、艰苦奋斗、改革创新等精神的培育。首先，有利于培养高职学生的爱国主义精神。红色文化是爱国主义文化，蕴含着丰富的爱国主义内涵。在新时期新阶段新常态下，应该通过深入挖掘红色文化的爱国主义内涵帮助高职学生确立坚定的爱国主义信念，培养他们的爱国主义情感，并且通过相应的爱国主义教育，引导他们将这种爱国主义信念和爱国主义情感转化为实实在在的爱国主义行动。其次，有利于培养高职学生的艰苦奋斗精神。艰苦奋斗是中华民族的传统美德，是中国共产党的政治本色，更是红色文化的重要组成部分。中国革命事业在经历长期的艰苦奋斗之后才取得了最终的胜利。井冈山时期，革命先辈在井冈山精神的鼓舞下探索出了"农村包围城市、武装夺取政权"的道路；长征年代，革命先辈在长征精神的激励下完成了具有伟大历史意义的二万五千里长征；延安时期，革命先辈在延安精神的鼓舞下度过了最艰难的岁月，迎来了一个又一个的胜利。在中国革命、建设和改革的过程中，艰苦奋斗发挥了巨大的作用。在新的历史时期，高职学生应该继续发扬这一中华民族的传统美德。红色文化蕴含着丰富的艰苦奋斗精神，弘扬红色文化有利于培养高职学生的艰苦奋斗精神。最后，有利于培养高职学生的改革创新精神。改革创新精神是当代中国最鲜明的特征。在马克思主义的指导下，中国共产党领导全国各族人民结合中国社会的具体实际开创出了一条适合中国社会实际的中国特色社会主义道路，就是对改革创新精神的最好诠释。在这个知识经济时代，为了能够更好地应对方方面面的挑战，就必须在创新精神的指引下，不断地完善自身，提高自身的综合素质，使自己在激烈的社会竞争中立于不败之地。高职院校思想政治教育的根本目的是提高学生的思想道德素质，促进高职学生的全面发展。培养改革创新精神是高职院校思想政治教育的重要内容，是社会主义现代化建设事业的需要，也是提升高职学生综合素质的需要。②

（4）有利于加快中国梦实现的步伐。红色文化是建设和发展中国特色社会主义事业的精神动力，集中体现了一个民族艰苦奋斗的精神，这种精神使中华民族得以生存和发展，激励大学生在共产主义理想的指引下不畏困难、奋发有为、积极进取，掌握扎实的专业基础知识，成长成才，为将来踏入社会对国家和民族繁荣做出应有贡献，推进现代化建设，加快实现中华民族伟大复兴的中国梦步伐。③

2. 红色文化育人的原则④

红色文化育人，必须遵循尊重主体、注重实践、全面渗透的原则，这样才能取得较为理想的效果。

（1）尊重主体原则。红色文化育人要取得理想效果，必须融入高职学生的实际生活，只有作为主体的高职学生自觉、积极、主动地接受红色文化的感染和熏陶，

① 陈晓菲. 红色文化资源在大学生社会主义核心价值观培育中的嵌入机制探究——以桂林师范高等专科学校为例 [J]. 桂林师范高等专科学校学报，2018（9）：22-25.
② 徐小莉. 红色文化融入高职学生实际生活实效性探究 [J]. 民营科技，2017（4）：268.
③ 邹厚亏. 红色文化融入高职校园文化途径探索 [J]. 武汉船舶职业技术学院学报，2017（1）：49-51.
④ 徐小莉. 红色文化融入高职学生实际生活实效性探究 [J]. 民营科技，2017（4）：268.

才有可能将红色文化的内涵真正内化。这个融入的过程不单纯是学生被动接受的过程，同时也是他们主动内化、自我觉悟、自我教育、发挥主体能动性的过程。思想政治教育工作者必须充分了解高职学生的实际需求，把握他们的个性特点和成长规律，尊重他们的主体地位，这样才能取得红色文化育人的预期效果。

（2）注重实践原则。高职学生思想道德素质的形成和提升都必须在特定的社会环境影响下经过一定的社会实践才能实现。高职院校应鼓励学生积极参加各种社会实践活动，使其从中受到潜移默化的教育，真正获得实践体验，增强他们对道德的理解和感悟，让他们感受到红色文化的熏陶、红色精神的内涵。这有助于道德规范更好地内化为他们的思想观念和行为习惯，进而指导他们的生活，实现红色文化育人的目标。

（3）全面渗透原则。红色文化只有全面地渗透到高职学生的实际生活中，才能更好地发挥作用，增强教育的实效性。通过全面渗透，更有效地彰显红色文化在实际生活中对高职学生的影响，从而更有效地提升其思想政治教育效能。高职学生的实际生活是红色文化对他们产生影响的重要依托，红色文化只有同高职学生实际生活的方方面面相结合，才能全方位、多维度地对高职学生产生影响，从而更好地实现预期目标。

3. 红色文化育人的策略

（1）让红色文化进课堂。将红色文化引入思想政治理论课是红色文化育人的重要举措之一。思想政治理论课是大学生思想政治教育的主渠道。习近平总书记不断强调让思想政治理论课真正活起来、好听起来、入心入脑，成为学生真心喜爱、终身受益的人生大课。但长期以来，部分教师照搬教材，"拿着一张旧船票，每天都在重复昨天的故事"，学生不爱听，连入耳都很困难，更别说入脑、入心了。"学校应通过大力激活、传承红色基因，把这一优势教育资源与思想政治理论课教学相结合，在大学生中积极培育和弘扬社会主义核心价值观，使党的宝贵精神财富彰显新的时代价值"。[①]在课堂教学方面，教师可通过理论讲授、专题报告、课堂讨论、播放影视资料等直观、形象、生动的方式加强对大学生的思想引导，尤其可以利用重大纪念日精心编写专题，融合地方党史事件，拉近学生学习红色文化的距离。在实践教学方面，需深入挖掘、整合地方红色文化资源，与地方相关部门共建红色文化教育基地，完善专题式红色文化教学体系，推进红色文化实践教学工作。高职院校可运用本地红色资源进行现场体验式的实践情景教学，现场追溯历史、反思现实、体验健康成长。[②]

（2）开展形式多样的红色文化教育活动。为了提升大学生对红色文化的理解，除思想政治教育课外，还必须开展形式多样的红色文化教育活动。学校可以邀请红色文化研究者来校宣讲爱国英雄的事迹和革命历程；在全校开展红色文化征文活动并设奖项，鼓励学生领悟红色文化精神实质；利用学校宣传栏板报弘扬红色爱国主

---

① 田延光. 传承红色基因 激活思政课堂 [N]. 中国教育报，2016-04-25（5）.
② 卫晓溪，杨婉玲. 地方红色文化在高校思政教育中的价值及实现——以芜湖职业技术学院为例 [J]. 芜湖职业技术学院学报，2017（3）：74-77.

义和艰苦奋斗的精神，让师生感受浓厚的红色文化氛围；以校园广播台为基础，在校园内播放红歌；开展红色文化知识竞赛、红色文化演讲比赛、红歌比赛，让学生学、思、讲、唱，在校园内普及红色文化；利用节假日组织学生到纪念馆、烈士陵园，缅怀先烈的革命斗争历程；学校可以利用国庆节、抗战胜利纪念日在校园举办红色人物、事迹展览会，或组织抗战纪念馆来校展现红色文化精神等，让红色文化深入每个学生的心中，使爱国主义和艰苦奋斗的精神在校园内发扬光大，永葆其强大的生命力，增强学生的社会责任感。①

（3）让红色文化促进高职院校的学风和校园文化建设。高职院校是培养高素质人才的重要场所，依托红色文化促进高职院校建设，主要是促进学校的学风和校园文化建设。优良的学风不仅可以促进大学生健康成长，而且可以促进大学生全面发展。高职院校应依托红色文化，以革命先辈的责任感、使命感来感染学生、熏陶学生，帮助学生树立崇高的理想和奋斗目标，并将其内化为学生学习的动力，从而促进优良学风的建设。高职院校在依托红色文化建设校园文化时，应该利用多种宣传媒介开展全方位、立体式的红色教育和红色宣传，营造良好的红色校园氛围，使红色文化的精神内涵在校园内随处可见、随时可闻，从而使学生在潜移默化中受到熏陶，在不知不觉中受到教育。②

二、传统文化育人

传统文化育人中的传统文化是指中华优秀传统文化。近年来，随着《中国诗词大会》等文化类综艺节目的热播，"中华优秀传统文化"再次成为一个热词，引起了社会各界的广泛关注。党的十八大以来，以习近平同志为核心的党中央高度重视弘扬中华优秀传统文化。2017 年年初，中共中央办公厅、国务院办公厅印发了《关于实施中华优秀传统文化传承发展工程的意见》（以下简称《意见》），首次以中央文件的形式专门阐述中华优秀传统文化的传承发展工作。在这样的社会大环境下，作为育人重阵的高职院校，不仅承担着培养新时代技术技能拔尖人才的重任，还应当顺应社会发展潮流，实施中华优秀传统文化育人，加强学生的思想道德和人文素养教育，从而提高人才培养的综合质量。③

中华优秀传统文化是中国几千年来在不同的历史时期人们创造的物质、制度、精神等成果的结晶，是积累传承下来哺育了世世代代中华儿女的宝贵财富，直至今日，仍然或隐或显地塑造、支配、影响着我们的生活。中华优秀传统文化是中华民族的"根"和"魂"，是实现中华民族伟大复兴中国梦的重要精神支撑。文化的复兴不是简单的复古，而是创造性的再生，是凤凰涅槃，需要我们创造性地建构并普及，这样才能化作我们前进的动力。高职院校传统文化育人便是其中重要的工作

① 邹厚亏. 红色文化融入高职校园文化途径探索 [J]. 武汉船舶职业技术学院学报，2017（1）：49-51.
② 冯瑞. 浅析地域红色文化在高校思想政治教育中的作用——以长治红色文化为例 [J]. 传承，2013（4）：44-45.
③ 彭坤. 高职院校实施中华优秀传统文化教育创新路径——以山东商业职业技术学院为例 [J]. 山东商业职业技术学院学报，2017（10）：100-103.

之一。①

1. 中华（优秀）传统文化的界定

关于中华传统文化，学术界有多种定义。综合参考众多学者的文献资料，这里选取程裕祯对中华传统文化的定义，即"由居住在中国地域内的中华民族所创造出来的一种民族文化，它历经数千年的演化而汇集成一个完整的体系，反映了民族特性和民族风貌，凝结了民族精神和民族气质，并且不断为中华民族世世代代所继承和发展"。②中华传统文化，也可以称为华夏文明、华夏文化，是中华文明演化而汇集成的一种反映民族特质和风貌的民族文化，是历史上各种思想文化、观念形态的总体表征。中华传统文化主要以儒家为核心基础，还有道教、佛教等文化形态。③

《意见》从核心思想理念、中华传统美德、中华人文精神三个方面，对传统文化的主要内容进行归纳总结，提炼出最符合当今时代的主要内容。具体来说，《意见》指出，要大力弘扬讲仁爱、守诚信、崇正义、尚和合等核心思想理念，大力弘扬自强不息、敬业乐群、见义勇为、孝老爱亲等中华传统美德，大力弘扬求同存异、和而不同的处事方法，俭约自守、中和泰和的生活理念等中华人文精神。通过《意见》的定义与阐释，中华优秀传统文化的核心内容得以明确，这为高校实施中华优秀传统文化教育指明了方向和路径。④

2. 中华优秀传统文化的特点

中华优秀传统文化是指传统文化中催人积极奋发、有助于社会和谐进步的精华部分，是千百年来为人民所接受和认同、所共同遵循、维系中华民族团结友爱、展示民族气节的传统文化。它既以经典文献、文化艺术作品等客体形式存在，又以思维方式、价值观念、伦理道德、风俗习惯等主体形式存在，至今仍在影响着当代中国。总的来说，中华优秀传统文化具有以下三个特点：⑤

（1）提倡以人为本。以人为本的人文主义一向被视作中华传统文化的一大特色，强调以家庭为本位，以伦理为中心，重家庭、重家教、重家风，重视将个体融入群体中，重视伦理道德和角色定位，强调个人对民族和国家的义务，对维系社会正常运转、人际交往和人生修养等都具有积极意义。

（2）强调以和为贵。中华传统文化一向重视"和谐"，崇尚"和为贵"。这种思想在人与自然的关系上表现为重视人与自然的和谐相处，把人看作自然界的一部分，自然界是人类赖以生存的基础，即所谓天人合一；在人与人的关系上注重和睦相处，人们之间应当相互尊重和理解，形成平等、团结的人际关系；在民族或国家关系上则主张天下一家，热爱和平，反对侵略。这种以和为贵的思想对维护一个统一的多民族国家、维护社会稳定和发展有着积极的作用。

---

① 姚洪运. 关于高职院校传统文化育人的新思考 [J]. 职教论坛，2018（10）：9-11.
② 程裕祯. 中国文化要略 [M]. 北京：外语教学与研究出版社，2011.
③ 樊昊. 弘扬优秀传统文化 加强高职德育教育 [J]. 产业与科技论坛，2018（24）：189-190.
④ 彭坤. 高职院校实施中华优秀传统文化教育创新路径——以山东商业职业技术学院为例 [J]. 山东商业职业技术学院学报，2017（10）：100-103.
⑤ 李萌. 中华优秀传统文化融入高职院校思政课教学的价值定位和路径选择 [J]. 北京财贸职业学院学报，2018（12）：68-72.

（3）看重道德修养。中华传统文化认为，在人的一切需要中，道德需要是一种最高层次的需要，是一切需要中最高尚的需要；"逸居而无教，则近于禽兽"。故中华传统文化形成了以道德为中心，集宗教、政治、法律于一体的宗法礼教。而道德修养，是道德规范转化为道德品质的重要环节。①中华传统文化特别强调要加强人的修养，如古人所说的"澡身""洁身""修身"等，就是指个体要不断提升自己的道德修养。这种思想体系既使中国成为礼仪之邦，又使中华民族带有强烈的道德意识，减少了社会动荡。

3. 中华优秀传统文化育人的策略

（1）利用课堂教育教学，奠定学生的文化基础。高职院校应充分发挥课堂教育教学的主导作用，把校园文化与传统文化有机融合。学校可以开设中华传统文化方面的选修课程来加强学生的内涵培养，通过解读中华传统文化、走近孔子、智慧人生问《庄子》等文化类课程及公关与礼仪、人际沟通、创新思维与"易"文化等社交修养类课程，使学生得到中国传统文化的熏陶，在内在素质方面得到提升。②

（2）推动德育教育和传统文化相融合。德育教育是高职教育中不可或缺的组成部分，以培养学生的道德素养为主要目标。这就需要构建完善的德育课程体系，同时积极融入中华优秀传统文化，挖掘中华优秀传统文化中具有心灵启迪、社会教化的资源，引导高职学生树立正确的价值观和道德素养，促使学生身心健康成长。在德育课堂教学中，可以列举典型历史案例和阅读名人传记，积极将民族精神和道德文化融入高职思政课堂教学中，促使学生综合素质全面发展。③

（3）将中华优秀传统文化的内容融入校园文化建设中。作为学生思想政治教育的重要组成部分，第二课堂中的校园文化活动起着至关重要的作用。要充分挖掘中华优秀传统文化中的精髓，通过典型示范、道德讲堂、先进表彰等方式帮助学生树立正确的价值观，积极引导学生形成良好的社会责任感和个人荣誉感，不断提升思想政治教育效果。在校园文化活动的整体设计中，大力推进中华优秀传统文化传承，积极开展"孝老爱亲""崇德尚礼"等传统文化传承活动，在传统节日、现代节日、革命节日和党史国史重大事件纪念日开展形式多样的主题活动，如春节省亲团聚、元宵舞龙舞狮、清明网上祭扫、端午尝粽思贤、中秋赏月赛诗、重阳敬老侍老等。此外，还可以开展类似央视举办的《中国汉字听写大会》《中国诗词大会》《经典咏流传》等活动，在潜移默化中影响学生、感染学生，促使学生养成良好的习惯，践行良好的品格。④

（4）以互联网为阵地，大力弘扬优秀传统文化。目前，对高职院校学生而言，掌上自媒体是必不可少的，每天学生都从各种网络平台上获取海量信息。高职院校在推进中华优秀传统文化传承与发展的工作中，必须要充分认识到互联网的优越性，要牢牢把握网络教育的主阵地，利用微媒体平台，开设诸如班团风采、人物访

---

① 罗国杰. 传统伦理与现代社会 [M]. 北京：中国人民大学出版社，2012：24.
② 沙聪颖. 中国传统文化融入高职校园文化建设实践探索——以大连职业技术学院为例 [J]. 辽宁高职学报，2013（11）：14-16.
③ 朱坤跃. 中华优秀传统文化融入高职校园文化建设的探索 [J]. 科技资讯，2018（31）：227-228.
④ 曹冬红. 中华优秀传统文化融入高职学生思想政治教育的现状研究 [J]. 山东商业职业技术学院学报，2018（12）：81-84.

谈、作品欣赏、戏曲赏析、民俗园地、传统佳节等模块，充分发挥学生团学组织的宣传力量，在平台上传递正能量；利用学院网站建立专题模块，设置传统理论、文化传承、名家风采、视频展示等专栏，确保线下有活动、线上有宣传。①

实践证明，学习中华优秀传统文化，能够唤醒师生内心的善良和美德，更能在潜移默化中提升学生的职业素养，促进大学生成长成才。有文化的学校才有魅力，有魅力的学校才有竞争力。②高职院校通过在传统文化育人的道路上不断探索，努力寻找一条"实施传统文化教育，实现文化素质提升"的思想政治工作新途径，就可以让中华优秀传统文化教育浓郁、厚重，让学生在中华优秀传统文化的浸润中得到滋养。

三、礼仪文化育人

中国素以"礼仪之邦"著称于世。五千年的文明史，积淀和延续着厚重、淳朴的礼仪风范，成为中华民族独具特色的社会道德风尚和个人行为规范，构筑了博大精深的中国传统文化核心。知书达礼、待人以礼是当代大学生应具备的基本素养，也是增强其社会竞争力的重要方面。就高等职业教育而言，作为我国高等教育的重要组成部分，高职学生的礼仪直接体现着当代大学生的礼仪文化修养水平。高职院校在培养人才的过程中潜移默化地进行礼仪文化教育，开展礼仪文化育人，可以有效地促进高职学生将社会主义核心价值观内化于心、外化于行。

1. 礼仪文化概论

（1）礼仪的概念及分类。礼，本意谓敬神，后引申为敬意的通称，指人与人相互尊重。"仪，度也"，本意谓法度、准则、典范，后引申为礼节、仪式。礼仪指人与人相互尊重的外在形式。

在中国的不同历史时期，礼仪都被赋予了不同的历史含义。古代汉语中，"礼"有三层意思：一是指奴隶时代和封建时代的等级制度，以及相应的礼节仪式；二是指对别人的尊敬和礼貌；三是指互相之间礼物的馈赠。归结起来，礼仪是指人们进行社会交往的过程中自发形成的关于做人的道德和行为准则。在现代社会，礼仪的含义发生了很大的变化，它旨在促进人际交往，因此，礼仪的内涵也随着时代的变化而变化③。礼仪已经成了人际交往和沟通中约定俗成的律己敬人的一套行为规范和准则，涉及一个人的穿着、交往、沟通、情商等内容④。

从不同角度理解，礼仪有不同的含义。从个人修养的角度来看，礼仪可以说是一个人内在修养和素质的外在表现；从交际的角度来看，礼仪可以说是人际交往中适用的一种艺术、一种交际方式或交际方法，是人际交往中约定俗成的示人以尊重、友好的习惯做法；从传播的角度来看，礼仪可以说是人际交往中相互沟通的技

---

① 於爱民. 高职院校学生传承优秀传统文化方法与途径研究［J］. 中国多媒体与网络教学学报，2018（12）：23-24.
② 牛晓艳. 高职院校传统文化教育的路径探析——以河北工业职业技术学院实践为例［J］. 人才资源开发，2016（3）：234-235.
③ 邵甫华. 高职学生礼仪文化教育探究［J］. 科教导刊，2016（1）：172-173，180.
④ 顾希佳. 礼仪与中国文化［M］. 北京：人民出版社，2001：30.

巧。如果对礼仪进行分类，可以大致分为政务礼仪、商务礼仪、服务礼仪、社交礼仪、涉外礼仪五大分支。高校礼仪文化作为育人的重要形式，应该更多地强调其制度文化和精神文化。如何在公民教育和现代国家建构的大背景下，培育学生的公民素质，已然成了高校各项工作不得不思考与着手的重大课题。①

（2）礼仪的功能。礼仪为社会各界普遍注重，是因为它具有必不可少的诸多功能，对大学生来说，一是有利于提高自身修养、美化自身、美化生活；二是有利于所在团队形象的树立；三是有助于促进大学生的人际交往，完善其人际关系；四是有助于净化校园风气和环境，推进高校精神文明建设。因此，在礼仪文化建设的过程中，高职院校应充分实现对礼仪文化功能的多重把握，从不同角度实现礼仪对人精神层面、行为表现和谈吐举止的规范，外树形象、内修涵养，实现和谐关系的确立。

（3）礼仪文化的意蕴。礼仪文化，是以礼仪观念的共同取向，去调控人们行为的发生、修正和完善人格的文化体系。从一般意义来讲，首先，礼仪文化是道德文化，它需要向交往对象表达善意和友好，礼仪同道德的结合是中国传统文化的重要特征。其次，礼仪文化也是一种政治文化，《左传·僖公十一年》中有"礼，国之干也"一说。最后，现在的礼仪文化已融入了审美的内涵。礼仪在自身发展的过程中已越来越多地凸显出审美的功能，人们创造出的符合礼仪规范的整齐的动作、多彩的服饰、精细的制度和有序的形象无一不给人带来审美的感受。从以上三方面不难看出，礼仪文化有着丰富多维的内容体系。②

2. 礼仪文化育人的意义

（1）提高高职学生的礼仪道德涵养。礼仪作为道德的外在体现，既适用于大德，也适用于个人之德。孔子说："不学礼，无以立。"由此可见，个人"立其德"也需要学礼。目前，我国部分高职学生的礼仪状况不容乐观，尤其在生活礼仪、文明礼仪、交往礼仪等方面有放任自流的现象，主要表现为：①在日常交往中，部分高职学生语言粗俗且以自我为中心，不懂得礼让；②部分高职学生把教师视为路人，没有礼貌，甚至把上课迟到、食堂插队、穿拖鞋进教室、大声喧哗、随手扔垃圾等不文明行为视为"潇洒"。这些行为集中反映了部分高职学生在个人道德修养上的不足，高职院校应抓好学生的明礼修身基础工作，提高学生的礼仪道德涵养。③

（2）营造和谐的人际关系和校园环境。社会由人构成，人是社会的主体，高职校园是社会的组成部分，要使学校的教育教学工作有序进行，必须营造和谐的人际关系；而和谐的人际关系又以理解人、尊重人、爱护人、关心人、帮助人和遵守有关准则和秩序为基础和前提；礼仪以仁爱为核心、以规则为准绳，是实现理解人、尊重人、爱护人、关心人、帮助人的载体，也是人际关系的润滑剂。通过加强校园礼仪文化建设，可以使师生之间形成互相尊重、互相爱护、互相帮助、和谐融洽、积极进取的良好氛围。④

① 赵景云. 当前我国高校礼仪文化建设析论 [J]. 黑龙江省教育学院学报，2013（5）：187-188.
② 蒋含真. 高职院校礼仪文化育人目标体系建构与实践策略 [J]. 职教论坛，2014（17）：46-49.
③ 孙伟. 对礼仪文化有效融入高职生核心价值观教育的思考 [J]. 教育与职业，2017（12）：109-112.
④ 谭永平. 高职院校礼仪文化建设探析 [J]. 高教论坛，2018（4）：59-61.

（3）促进大学生社会化和身心健康发展。礼仪教育是大学生在社会化进程中必不可少的学习内容。有个学生在礼仪感想中这样写道：礼仪课虽说是我们的选修课，礼仪教育却是我们一生中的必修课。大学生正处在社会化的重要时期，他们有一种强烈的走向社会的愿望，同时又普遍存在一些心理困惑，如孤独、焦躁、紧张或担心毕业后不知如何尽快地适应社会生活，长此以往就可能形成一些心理障碍，进而影响其身心健康。对大学生进行礼仪教育，帮助他们掌握必要的技巧，在交际中学会相互尊重、诚信真挚、言行适度，从中积累经验，就能为自己将来顺利社会化打好基础。①

3. 礼仪文化育人的策略

古人云："国尚礼则国昌，家尚礼则家大，身尚礼则身修，心尚礼则心泰。"高职院校礼仪文化是学生道德教育的具体化，也是高职院校"学校精神"的凝聚。高职院校需从以下三方面加强礼仪文化育人：

（1）将礼仪文化融入课堂教学中。课堂教学是高职学生系统掌握专业知识、夯实专业理论基础的主渠道，也是其学习礼仪文化知识、掌握中华优秀传统文化的主渠道。"大学教育的职责不仅是向社会输出高技能的专业人才，更应为国家培养品德高尚、修养良好的'全人'型人才。所谓全人，是指道德纯备之人"。②高职教育作为高等教育的重要组成部分，也应以培养德才兼备、德技双修的全人型人才为教育目标。高职院校要充分发挥课堂教学的主渠道作用，礼仪文化是一个良好的切入点，既有利于发掘传统礼仪的精髓，又有利于弘扬现代文明风尚。首先，可以开设专门的礼仪文化通识课程。高职院校应在有限的课堂教学计划中有效地融入礼仪内容，建议把礼仪教育资源形成必修通识课程，并面向全校大一学生开设此课程，以加强学生的素质教育，完善学生的人格。其次，教师要做课堂礼仪的守护者，严格课堂起立礼仪，让学生从课堂礼仪开始培养仪式感，营造严谨活泼、秩序井然的课堂氛围。身教重于言教，高职教师不仅要以过硬的学识站好三尺讲台，也要以自身得体的礼仪辐射整个课堂。教师要加强课堂文明管理，杜绝上课迟到、上课吃饭、上课响手机、上课睡觉等现象，向穿拖鞋进教室、交头接耳讲话、坐姿不正等行为说"不"，防止产生"破窗效应"，全面打造礼仪课堂。③

（2）将礼仪文化融入丰富多彩的校园文化活动中。良好的校园文化对学生各方面的品行都起着正面引导作用，潜移默化中影响着校园中的每一位成员。高职院校开展的各项文化活动是对第一课堂的延伸，是实现素质教育必不可少的环节。并且高职学生所创设的校园文化是他们发挥潜能的现实舞台，也是培养其综合能力的必要环节。在礼仪文化育人的过程中，校园文化更是一种载体，为学生学习、吸收礼仪文化提供自由的空间。为此，高职院校应采取有效措施把礼仪文化融入丰富多彩的校园文化活动中。首先，要营造良好的校园文化环境，从细节着手，让礼仪文化遍布校园，包括宣传标语、学校广播、课堂学习、课后作业、学生成果展示、教师

① 张沧丽，田晓丽，韩彦江，等. 关于高校校园礼仪文化建设问题的研究［J］. 中国电力教育，2018（12）：154-155.
② 曹继军，颜维琦. 大学该如何教礼仪［N］. 光明日报，2014-02-10.
③ 孙伟. 对礼仪文化有效融入高职生核心价值观教育的思考［J］. 教育与职业，2017（12）：109-112.

风貌等各方面都加以体现。同时，应树立礼仪文化育人观念，发动各方力量培养全员育人、全面育人、全程育人的理念。其次，要开展精品礼仪文化活动。学校的党团组织可结合学生的专业特点、地域特色，创建礼仪文化育人品牌，并使这些活动有主题特色，有传承性，利于定时、定期有序开展，也便于宣传比较；可以结合民俗、节庆开展这些活动，将礼仪文化更好地融入其中。另外，各系部也可以结合专业特色开展系部活动，举办主题班会，重视楼宇文化，鼓励组建学生社团，开展专题讲座，使礼仪文化育人活动更生动，更有实践性、趣味性。最后，要积极开拓教育平台。当前，社会网络信息非常发达，礼仪文化育人除应注重课堂教学质量、开展精品校园活动之外，还应当利用网络平台，打造多维度的校园文化。目前，高职学生的很多课余时间是和电脑、手机一起度过的。学生易于接受时尚、新鲜的事物。礼仪文化育人工作也应注意到这一点，搭建完整多彩的网络学习、讨论平台，形成生活与网络、同学之间、师生之间的有效互动；可以利用短信、微信发布信息的即时性，吸引学生更新和关注礼仪文化信息，以此开辟更广阔的育人领地。[①]

（3）建立一支稳定的、专业的师资队伍，加强师德教育。目前，很多高职院校对礼仪教育重视不够，在礼仪课程教师的选任上随意性比较大，好像人人都能上这门课，兼课教师比较多，教师没有集中精力研究礼仪教育。为扭转这一局面，高职院校要建立一支稳定的、专业的师资队伍，并通过组织学习、培训等多种方式，提高教师的业务能力；要营造良好的氛围，让教师沉下心来研究、完善礼仪教育体系，创新教育教学方法，提高教学质量；要加强学校全体教职工的师德、师风教育，努力提高教师的思想品德和文明素质，严格要求自己，处处以身作则，发挥教师道德风范、良好的行为举止、健康的仪容仪表对大学生潜移默化的作用，带头做出表率。在这一点上，加强年轻教师的礼仪教育刻不容缓。随着我国高职教育的快速发展，各高职院校招聘了大量年轻教师，年轻教师已成为高职院校教师队伍的重要力量。年轻教师朝气蓬勃，喜欢与学生打交道，擅长用新媒体与学生互动，与老教师相比，他们与学生相处的时间比较多，他们的一言一行对学生影响很大。因此，加强年轻教师礼仪文化教育、提高其文明素质是学院礼仪文化教育的重要组成部分。[②]

礼仪文化育人的目的不仅是让学生知晓礼仪知识，更重要的是使礼仪真正成为学生的一种习惯、一种自觉行为。因此，礼仪文化育人不是一蹴而就的，只有持之以恒，常抓不懈，方能凸显成效。

四、校史文化育人

高校在办学实践中，往往能够形成独特的文化积淀和优良的文化传统，这种传统直观地体现在其办学历史中，可以说，校史文化是高校的重要教育资源，承担着"存史、资政、育人、宣传"的重要使命[③]。校史馆是校史文化的载体，也是校史文

① 蒋含真. 高职院校礼仪文化育人目标体系建构与实践策略 [J]. 职教论坛, 2014 (17): 46-49.
② 邵甫华. 高职学生礼仪文化教育探究 [J]. 科教导刊, 2016 (1): 172-173, 180.
③ 华婷. 校史研究在公安院校校园文化建设中的地位及其路径探讨 [J]. 文教资料, 2014 (1): 102-103.

化集中展示的场所。校史馆是学校发展历史的再现，它存放着一代代师生在学校教育事业发展过程中共同创造的物质资料和精神财富，也是广大师生缅怀和追忆学校发展历史、精神育人、文化育人、传承和培育校园文化的重要平台和载体，更是宣传学校、对外交流、树立学校良好社会形象的重要窗口。校史文化主要包含 10 个方面的内容，即学校的发展历史，办学思想，学校重大事件纪实，杰出教师的先进事迹，历届在校学生为学校赢得的各种荣誉，学生毕业融入社会后做出的突出贡献，学校教育教学与管理，科研推广与社会服务，学校的文化、传统、精神和学校办学特色。校史文化是学校办学事业发展的宝贵的物质和精神财富，更是以史育人的重要资源。在新媒体环境下，有效发挥校史文化育人的价值，在高职学生文化素质教育中具有十分重要的现实意义。[①]

1. 校史文化育人的意义

2014 年 5 月，《教育部办公厅关于开展"礼敬中华优秀传统文化"系列活动的通知》[②]要求高校要充分利用校内的校史馆、纪念馆等载体，深入挖掘校史、人物史等教育资源，切实发挥校史文化独特的育人和精神陶冶作用。对大部分具有一定办学历史的高校来说，校史文化都不同程度地积累了大量的教育资源，其教育内涵极为丰富，并且在师生员工和校友群体乃至办学所在地都有着相当的影响力和认可度。从这个意义上讲，校史文化在育人功能上至少有导向、示范、规范、筛选、激励、凝聚、塑造、辐射八个方面的作用（见表 5-1），在高校组织建设、思想建设、制度建设、作风建设、党风廉政建设、品牌建设中也不同程度地发挥着作用。校史文化的这些丰富功能对高校推进文化层面的协同育人有着重要价值。[③]

表 5-1 　　　　　　　　　　校史文化在育人功能上的八大作用

作用	方式或内涵
导向作用	形成共同理想、共同利益、共同追求、共同意志和巨大感召力
示范作用	形成优良传统，对师生产生潜移默化的示范和影响
规范作用	形成规范和行为约束机制，助力人才培养工作
筛选作用	具有稳定性和独立性，对反文化、亚文化有着规范、筛选和引导作用
激励作用	可以催人奋进，促成使命感、责任感和学习、工作热情
凝聚作用	具有向心力和吸引力，能够促成价值认同感、自豪感和幸福感
塑造作用	让师生校友在学习、宣传、实践过程中改造三观，树立人格、品格
辐射作用	提升口碑美誉度、品牌认知度和社会认可度，提高影响力和品牌效应

---

① 张晓林，杨红梅，刘晓瑞，等. 高职院校校史文化在学生文化素质教育中功能和路径探析 [J]. 延安职业技术学院学报，2017（10）：54-56.
② 教育部. 教育部办公厅关于开展"礼敬中华优秀传统文化"系列活动的通知 [EB/OL]. [2014-05-09]. http://www.moe.gov.cn/srcsite/A12/moe_1407/s3008/201405/t20140509_169204.html.
③ 庄一民，杨秀敏，陈宝色. 发挥高校校史文化育人功能的实践与思考 [J]. 龙岩学院学报，2015（12）：54-60.

2. 校史文化育人的原则

原则是解决矛盾、处理问题必须遵循的准则，它规范着事物发展的方向。在新的历史时期，利用校史文化对高职学生进行文化素质教育、开展校史文化育人必须坚持以下三个原则[①]：

（1）理论与实践相结合的原则。在校史文化育人实践中，必须要坚持和做到用史料来解决学生掌握理论的过程中遇到的问题。校史文化不仅是物化的学校发展历史，是学校的发展丰碑，也是学校未来发展的参考系，发挥育人的价值理性是其应有的内在功能。

（2）与教学内容相结合的原则。校史文化是大学生理论联系实际、增长见识的重要平台。开展校史文化育人，利用校史文化对学生开展文化素质教育，必须与教育教学内容相结合，做到有的放矢，增强教育教学的针对性。依据校史文化的内容陈列和教育教学内容，有组织、有计划、有针对性地开展教育教学改革活动，是网络环境下开发和利用好校史文化资源需要面对的重要挑战，也是开展学生文化素质教育的新途径。

（3）切近学生具体实际的原则。对校史文化资源的利用和开发，一定要切近学生的实际，否则就会适得其反；要切近学生的思想、切近学生的生活、切近学生的专业。在网络环境下，高职学生获取知识、技能的能力被大大延伸和提高，彻底打破了老师对知识、技能的垄断权。因此，提高学生的文化素质，必须紧密结合学生的实际，充分发挥校史馆的文化育人功能，这样才能有抓手、有成效，而且具有十分重要的现实意义。

3. 校史文化育人的策略

（1）明确校史文化育人的阶段目标。校史文化育人具体分为四个阶段：一是文化普及阶段，即通过宣传校史，使学生初步了解学院的办学轨迹，基本上知晓校史中重要的人和事，明晰学院的历史、今天的任务和明天的愿景。二是文化自觉阶段，即以生动、贴近和亲和为原则，对学生进行较为系统的校史教育和校史文化熏陶，培养学生的参与意识，调动学生的积极性，使学生自觉接受名师的指引，领悟并认同学院的核心文化体系及办学精神，并逐步内化为精神动力，进而从思想意识自觉上升为文化自觉。三是文化自信阶段，即通过显性教育与隐性教育的浸染、熏陶和影响，促使学生自觉遵守规章制度，逐步养成良好习惯，培养理性思维方式，主动模仿名师的人格品质和治学精神，自觉提升道德修养，目标明确地践行办学理念，形成核心价值取向，最终成为主动传播办学精神的"形象代言人"。四是文化创新阶段，即在校史文化的指引下，培养学生强烈的使命感、社会责任感及与时俱进的创新精神，引领学生不断超越前人的思想，赋予校史文化更丰富、更深刻的时代内涵。[②]

---

① 张晓林，杨红梅，刘晓瑞，等. 高职院校校史文化在学生文化素质教育中功能和路径探析 [J]. 延安职业技术学院学报，2017（10）：54-56.
② 李秀华. 校史文化特点及育人路径探析——以北京农业职业学院为例 [J]. 北京农业职业学院学报，2017（9）：84-87.

（2）开展主题实践教学活动。校史文化的丰富性为开展主题教育活动提供了充足的教育资源，名师、有贡献的学生、校友的事迹，原始的手稿、论文，人物雕塑，图片、视频等，一件件、一份份都是珍贵的思想文化教育素材，需要高职院校去开发、利用。借助校史文化开展主题教育活动，必须做到主题突出、鲜明、有的放矢；有组织、有计划、有步骤地利用好校史馆这个平台和载体，在展示学校办学历史、办学理念和精神风貌的环境氛围中，在不经意之间实现对大学生的素质教育。①

（3）丰富校史的宣传方式。其包括：一是建立校史展览馆（陈列室）。这是最常见的宣传方式，根据校史编写情况，精练其内容，确定展览场所，挑选展览实物，遴选专业公司进行设计、装修，利用现代化手段展示校史内容。二是环境建设。比如，建立文化长廊，将学校的发展历程、优秀历史人物等内容展现在长廊中，无论是教师还是学生，时时刻刻都能感受到学校的传统文化。三是采用多种多样的方式宣传校史。比如，开设校史讲座，在每年新生入学和新进教师培训时，不仅参观校史馆，还邀请退休老领导、老教师、老职工以及老校友对其进行宣讲，让师生产生更多的真实感、荣誉感，从而激励他们为未来的工作和生活描绘出美好的蓝图；或者在校庆日前后举办校史活动周，对外开放校史展览馆（陈列室），让社会各界特别是想报考学校的家长和学生更多地了解学校；还可以举办校史知识竞赛、情景剧比赛、校史讲解员业务大赛等，让更多的师生参与到校史文化建设中，更深层次地体会学校的悠久历史、传统文化、优良校风、教风、学风。另外，还可以组建校史宣传小分队，在第二课堂、校园广播中设立专门栏目，播放校史知识，在教室、公寓、餐厅等学生每日必经之地张贴自制的海报或以漫画等喜闻乐见的形式宣传校史。四是利用互联网。建立有关校史的网页、微博和微信公众号，设立历史人物、历史事件、历史图片等栏目，在平台上与师生进行互动，提高师生对校史文化育人的参与度。②

校史文化能够生动、全面、客观地记载学校的发展历程、办学思想、办学成果、文化传统、价值理念等内容，积淀学校优良传统，传承学校育人精神，弘扬先进校园文化，是全体师生员工的精神家园，决定着高职院校文化发展的方向和水平。思想教育工作者必须高度重视校史文化育人，有计划、有组织地利用校史馆这个育人阵地和平台，积极发挥校史文化在学生文化素质教育中的重要作用，为培养大批高素质的技术技能型人才服务。

五、景观文化育人

校园景观作为承载校园文化内涵的重要物质载体，彰显着大学的灵魂和精神，是人们直观地理解校园文化、感受一所大学历史沉淀和学术精神的重要途径。在师生与校园环境互动的过程中，校园环境所蕴含的深刻而丰富的大学文化精神得以解

① 张晓林，杨红梅，刘晓瑞，等. 高职院校校史文化在学生文化素质教育中功能和路径探析 [J]. 延安职业技术学院学报，2017（10）：54-56.
② 杨莹. 浅析高职院校校史文化建设的有效途径 [J]. 天津职业院校联合学报，2018（11）：110-113.

读，可以说，校园环境承载着大学文化精神。因此，要建设一流的高职院校，不仅要有一流的师资和一流的教学条件，还要建设一流的校园环境①。景观的文化性从一定意义上来说体现了景观符号对文化的传承②。换句话讲，校园景观文化本身就是一所高职院校深厚文化积淀的表征。校园景观的文化性就是高职院校校园景观本身具有的文化属性，在彰显文化内涵的基础上，体现审美、历史人文感召和教育等多重作用③。

1.景观文化的具体展现

（1）建筑空间景观。这包括三个方面：一是校园出入口室外环境中对文化的表达。在高职院校景观设计规划中，校园出入口的相关建筑、雕塑、公共艺术品等往往是人们对该校第一印象的形成渠道。校园出入口的规划设计是校园文化景观建设的重要组成部分，其与周边环境的完美融合是设计中的重中之重。其中，校园大门的广场一般可以设计为人群集散的场地，可用一些景观小品及雕塑来增添气氛，用以展现校园的文化内涵。二是教学建筑的室外交往空间。在校园建筑中，教学楼为主要建筑。该建筑周围的空间利用率是极高的，是师生户外交流的好场所；教学楼作为学习圣地，应当保持一种静谧美，建筑的形式感应与周围环境形成一种协调关系。校园内部不单有教学楼，还有学生公寓、图书馆等，这些建筑的周边环境应安静惬意。优秀的校园文化景观建设可以营造出良好的校园文化气氛，这也是校园建设中不可或缺的部分，可以充分体现出高职院校的历史文化积淀。优秀的校园文化景观建设是学生与自然环境沟通的桥梁，能让整体的校园景观拥有一种人文情感，可以引导学生的思想观念。三是生活建筑的室外交往空间。生活建筑指高职院校学生空闲时间的休息场所，其周围环境的风格应当以活泼为主。学生可以利用闲暇时光，获得身心上的放松，缓解学习的压力。其设计应当与周围的环境相互呼应，以暖色为主，勾勒出一种丰富多彩的玩耍意境。由于在教学楼附近仍然能感受到学习压力，大多数学生比较喜欢在生活建筑周围活动，因此，生活建筑周围一定要有一些休闲类建筑小品及锻炼设施，保证学生在休息的同时，还可以得到身体上的锻炼。④

（2）园林文化景观。其包括三个组成部分：一是植物景观。植物景观是具有诗情画意、群落生态、人文特征突出的一种环境景观，其潜移默化地向师生普及自然知识、熏陶植物文化，有助于师生了解民俗风情、强化生态理念等。通过植物景观文化的"软教育"，陶冶师生情趣，完善师生人格，使其树立正确的宇宙观、人格观、审美观。⑤植物景观文化是对传统植物造景文化的追溯与追求、提炼与概括，是既具有传统意境美又具有当代文化特色的开放式的文化体系。⑥在高职校园文化景观的植物配置中，应把校园的历史文化、教育的基本理念作为景观规划、植物配

① 周江评. 走进21世纪：一流大学内涵与校园环境建设目标 [J]. 华中建筑，2000（2）：134-135.
② 张群，高翅. 从景观符号看传统景观文化的传承 [J]. 华中建筑，2006（8）：135-137.
③ 胡晓梅. 大学校园景观文化性的研究 [D]. 合肥：安徽农业大学，2011.
④ 胡胜祖，张慧. 高校空间景观文化性的塑造探究 [J]. 艺术科技，2018（5）：75.
⑤ 沈济黄，叶长青. 信息校园——构建新世纪信息化、人文化的景观大学城 [J]. 新建筑，2002（4）：12-15.
⑥ 项奕. 高校校园植物景观文化的内涵以及营造 [J]. 现代园艺，2018（12）：88-89.

置的思想基础，可利用植物的不同色彩来展现一年四季的变化，创造永不凋谢的校园文化气息，营造不同的环境空间，让师生在校园内可以感受不一样的植物美感，从而引起师生对自然生态的喜爱。另外，遇到大面积植物配置的时候，可以对植物进行造型塑造，以加深校园文化的整体内涵。二是文化雕塑景观。其存在的意义在于表现出高职院校的校风、校训及校园历史文化。因此，高职院校在进行文化景观规划时对文化雕塑功能化、文化内涵的表达应有相应的要求，且要与周围的建筑环境融合。在目前的校园文化景观中，雕塑已经逐渐摆脱传统的造型形式，其表现手法更趋于现代化、简单抽象化，其内在含义也从单一的表达转变为多重含义。校园文化雕塑景观不但可以让学生有视觉上的美感，而且还可以发散学生的思维，结合身边的景观植被设计和建筑造型，产生多重的诠释方式。三是文化小品景观。它能代表校园的历史文化沉淀，是校园文化精神的重要象征，在文化传承上具有必不可缺的重要性。结合校园文化建设的理念进行小品景观的设计，将历史文化与小品景观融合，根据校园内各区域的不同功能建造小品景观，可以赋予每个区域不同的文化特色。随着时代的发展，校园内的文化小品景观已成为高校环境中承载历史文化的载体，优良的文化小品景观对环境氛围起着一定的营造作用，能够使该区域的环境氛围更加浓郁，从而体现出校园教育的根本理念——"以人为本"，润物细无声地传播校园的历史文化。优秀的文化小品景观可以营造独具特色的空间感受和文化氛围，加强校园文化建设中对历史文化的学习及传承。①

2. 景观文化的功能

高职院校景观文化蕴含着丰富的育人功能，主要表现在以下三个方面②：

（1）价值导向功能。校园景观文化的价值导向功能是指校园景观文化所具有的政治意识和价值倾向对学生价值追求的正向引导。校园景观文化是教育者为了实现特定的教育意图，根据学生的特点和需要创设形成的。因此，它不可避免地带有教育者特定的价值观念的烙印，也必然承载着党和国家对学生进行政治方向引领、意识形态培育、理想信念宣传和价值观念弘扬的重要使命。一所学校的校园景观文化一旦形成，就会传递出一种正确的核心价值，从而对身处其中的学生的价值观念产生潜移默化的影响，持续不断地激发学生追求鲜明的政治立场、正确的意识形态、崇高的理想信念和正向的价值取向，使学生在自身原有价值取向的基础上始终沿着思想政治教育所期望的核心价值方向成长、发展。

（2）凝聚融合功能。校园景观文化的凝聚融合功能是指校园景观文化本身所蕴含的文化精神对学生所产生的凝聚力和向心力。校园景观文化作为维系全校师生共同精神支柱的一种力量，时时处处对师生施加教育和影响，它"会在校园中产生一种黏合剂，把全体师生员工的思想和力量凝聚在一起"③，号召他们团结一致、积极向上、开拓进取，自觉地将个人的发展方向和学校的奋斗目标紧密融合在一起，

① 胡胜祖，张慧. 高校空间景观文化性的塑造探究 [J]. 艺术科技，2018（5）：75.
② 阚迪，邓杨，杜晶波. 依托校园景观文化的思想政治理论课实践教学模式建构——以沈阳建筑大学"思想道德修养与法律基础"课为例 [J]. 沈阳建筑大学学报：社会科学版，2018（12）：634–638.
③ 石峰. 试论高校校园文化的思想政治教育功能 [J]. 贵州师范大学学报：社会科学版，2006（5）：80–83.

以学校的生存和发展为己任并进行自觉的维护。在这一过程中，校园景观文化不仅能激发出学生强烈的爱校情怀，更是强化了学生对学校深厚的认同感和归属感。

（3）行为规范功能。校园景观文化的行为规范功能是指校园景观文化所蕴含的办学理念和人文精神对学生行为方式和道德品质的规范和塑造。英国著名社会人类学家马林诺夫斯基认为，"人生而有文化，文化生而有约束"[①]。人类要实现新的自由，就只有接受并使用传统的锁链，即必然要接受文化的约束。校园景观渗透着学校的文化内涵，体现着一所学校独特的文化氛围，这种文化氛围是学校的个体文化和亚文化融合在一起形成的，学生的言行必然会受到校园景观文化的约束和指引。"学生们每时每刻浸在其中，景观文化就像一只无形的手会纠正学生的日常行为规范"[②]，最终在潜移默化中内化为学生良好的道德品质，外化为其良好的道德行为。

3. 景观文化育人的策略

（1）建立校园景观文化生态化、动态化系统。首先，建立校园景观文化生态化系统，即运用生态学的基本原理与方法，在校园景观文化建设过程中，处理好人与人、人与社会和人与自然的关系，不断增强校园文化建设效果。校园作为教育活动的承载场所，教育的文化属性赋予校园景观特殊的要求，除了要具有环境优雅、风景宜人、文化传承等功能外，还必须突出育人的功能，因此，校园景观文化在建设过程中，既要考虑到它的美观功能，也要考虑到它的教育功能，要以"和谐共生、良性循环、全面发展、持续繁荣"为目标，对校园景观进行规划、设计、建设和管理，构建人与自然关系和谐、各物种结构布局合理、环境质量优良以及物质、能量和信息高效利用的，集学习、工作、活动、休闲和育人功能于一体的校园景观文化生态化系统。其次，建立校园景观文化动态化系统。随着科学技术的进步，校园景观文化建设也不是一成不变的，更不是一劳永逸的，生态化本身就包含着动态化要求，需要校园景观文化建设跟随时代步伐，建立自身的动态化系统。与此同时，作为高校校园景观文化建设主体的广大师生，要处理好校园景观文化的历史传承和创新之间的关系，既不能割裂历史，也不能墨守成规，需要不断审视涌现出来的新情况、新问题，增加符合时代发展的新元素、新内容，制订符合学校特色、体现大学精神和富有弹性的建设管理方案，以推动校园景观文化更好地发展。[③]

（2）把握景观文化育人的准则。高职院校景观文化育人应把握四个准则：一是校园环境的设计与建设要围绕学校的办学理念和特色，体现学校一些精神层面上的东西，如校风、校训、教风等。将校风、校训、教风构建成文化景点，既写实又浪漫；今天它是宣传的平台，而明天它将成为文化的积淀。二是传承和挖掘学校原有的文化积淀，承前启后，继往开来，将本校的历史文化与精神巧妙地融合进校园的景观建筑中，形成富有特色的人文景观。三是提取中外优秀文化精华，融合中国传统文化精神。中国传统文化具有民族性和世界性、哲理性和思想性，是取之不尽、

① 邢悦. 文化如何影响对外政策 [M]. 北京：北京大学出版社，2011：20.
② 初汉增，张丹萍. 浅谈景观在校园文化建设中的教育功能 [J]. 宁波大学学报：教育科学版，2017（7）：53-56.
③ 王帆，聂庆娟，贾立平. 高校校园景观文化建设对策探析 [J]. 河北农业大学学报：农林教育版，2017（4）：9-12.

用之不竭的思想宝库。高职院校可将中国传统文化的博大精深（如中、和、慎、笃、穷源、格致、厚德载物等）运用到人文景观的建设实践中。四是坚持因地制宜、以小见大。高职院校要加强人文景观的表现能力，让传统的建筑元素都得到展现，让柱、廊、池、桥、亭、墙、坛、碑、雕塑等都找到自己合适的位置，让学生在这些细微中去思索和感悟。①

（3）寓教于景，促进人景互动。景观文化不同于景观本身，它不是物质形态，而是体现着一定的文化背景和科学知识，更是包括人们对这些知识文化的理解和利用。作为环境育人的重要载体，校园景观文化的建设首先应当加强与学生所学专业知识的有效链接，寓教于景，于景观中注入学科知识，让师生们通过了解景观建造的科学原理、基本结构和应用技术，更加形象、直观地传递科学理论知识。挖掘景观形成的历史渊源和文化背景，解读其蕴含的哲理，了解著名学者、成功校友的人物足迹，让师生们从这些故事记录中感悟大学学术至上的理念和务实创新的精神，让这些景观不再是沉默的物体，而是会说话的活生生的教育教学素材。其次要加强师生对校园景观的有效利用，寓教于行，促进人景互动。景观因为有了人的活动参与才被赋予了意义和生命力。景观文化的形成也需要有人的参与和有效利用，并最终通过师生的言行表现出来。高职院校可以通过为景观建造信息化讲解系统、景观休憩区、阅读区、活动交流区等多种形式，搭建景观文化信息展示和人景互动的平台，为吸引师生的广泛参与和体验提供便利，在人景互动中宣传景观文化、发展景观文化。②

高职院校景观文化是高职学生精神的乐园，是高职院校文化的外在显现③。高职院校景观文化育人是一个长期的过程，它需要有锲而不舍、薪火传承的精神。高职院校应培育和打造一种积极向上、个性鲜明的景观文化，让充满生机与活力的特色景观文化在教育活动中内化为一种内聚力和驱动力，以激发、教化和启迪学生，从而提升高职院校的竞争力，推动其和谐健康有序发展。

案例研究

高职院校特色文化育人的探索与实践

思考与讨论：

1. 结合本案例谈谈高职院校如何才能让红色文化育人、传统文化育人、礼仪文化育人、校史文化育人、景观文化育人等取得显著的育人效果？

2. 高职院校如何确立自身的特色文化育人模式？

3. 你所在的高职院校形成了怎样的文化育人特色模式？试进行总结。

为了适应时代发展，各高职院校积极探索特色文化育人，大胆实践，已形成具有鲜明文化特色的育人模式。

① 倪旭前. 高职校园景观文化建设研究［J］. 中国成人教育，2008（5）：46-47.
② 于晓雯. 高校景观文化建设的育人现状与思考［J］. 山东商业职业技术学院学报，2016（4）：93-96.
③ 倪旭前. 高职校园景观文化建设研究［J］. 中国成人教育，2008（5）：46-47.

一、濮阳职业技术学院的红色文化育人

濮阳，也被称为"龙都"，地处中原，是中国历史名城，也是一个具有光荣传统的革命老区，是直南革命斗争最活跃的地区之一和冀鲁豫边区革命根据地的中心区域。在革命的各个历史时期，龙都儿女在党的领导下，为民族独立给世人留下了永不磨灭的红色记忆。濮阳职业技术学院是龙都濮阳唯一一所全日制高校，办学层次包括五年制专科、三年制专科和四年制本科。其前身是在豫北地区影响较大的平原省立师范学校（1950年建校），在这70年的发展历史中，其办学成就斐然，培养了一批又一批政企精英、劳动楷模。新形势下，学校秉承"立德树人，凝心聚力"的育人原则，将濮阳红色文化融入教育教学中，探索出了一条融红色文化于"课堂教学、学风建设、党团建设、校园文化和社会实践"的五位一体的红色育人之路[①]。

1. 红色文化教育融入课堂

思想品德课程是濮阳职业技术学院每个二级学院都开设的必修课程。学院长期坚持把红色文化融入本课程的教育全过程，并采用多种措施促进学生对濮阳红色文化的了解。课堂上的教学由老师主讲变成学生进行"学党史、感党恩、跟党走"的主题演讲，通过演讲的形式有效地激发了大学生爱党爱国的热情，坚定了对党忠诚的理想信念。课堂中，学生从不同的角度充分展现了争做一名合格大学生、标杆大学生的坚定理想信念[②]。《不忘初心勇于担当》《让党旗永远飘扬》《我骄傲，我是当代大学生》……一篇篇优秀的作品和一段段慷慨激昂的演说，深深感染和感动着每一位大学生。通过演讲比赛的形式，学生们深感自己肩上的责任更加重大，他们纷纷表示：作为一名当代大学生，要铭记党恩，将自己的责任、义务落实到学习上去。红色文化走进课堂的做法，使学生直观、形象、生动地接受了红色文化的感染和熏陶。

2. 红色文化融入学风建设

濮阳职业技术学院党委非常重视学风建设，并把红色文化融入大学生理想信念教育工作过程中；把研究和挖掘红色文化资源的内涵与学风建设相结合，通过民主生活会，深刻查找个人的突出问题，发挥"关键少数"的示范引领作用；通过邀请著名励志演说家来校做励志演讲，点燃大学生的学习激情，让其养成良好的习惯，懂得感恩，激励学生积极向上、拼搏进取，执着地追求自己的人生理想，实现自我价值；通过组织学生观看《感动中国》宣传片，以先进人物的高尚品质净化学生的心灵，对其进行德育和感恩教育，发扬中华民族传统美德；举办主题为"勇于担当，青春飞扬"的诗歌朗诵会，丰富大学生的文化生活，营造健康的学习氛围，展现大学生积极向上、朝气蓬勃、勇于担当的良好精神风貌。

3. 红色文化走进党、团教育

党、团组织是大学生的先进组织，红色文化是党、团教育的直接载体。学校在实践中利用红色文化为建设和谐美丽校园凝聚正能量，引导党、团员坚定理想信念、增强责任感和使命感。校团委成功举办了"不忘初心跟党走，青春建功新时

---

① 司可大. 依托遵义红色资源，加强大学生思想政治教育 [J]. 科教导刊，2013（12）：79-80.
② 贾庭芳. 学习党史就是坚定我们的"信念之根"[J]. 党史文汇，2014（9）：64.

代"主题演讲，深化了大学生对党章、党规的认知；党总支组织开展了党、团组织进寝室、进社团、进社区等一系列学习实践活动；建立"大学生党员接待室"；定期召开专题组织生活会；组织入党积极分子和预备党员前往单拐革命旧址、将军渡参观学习；清明节期间组织学生去烈士陵园扫墓，让学生实地缅怀革命先烈的丰功伟绩，亲身感受今天的幸福生活来之不易；定期邀请校外专家做革命传统文化讲座，接受革命传统教育。所有这些活动都是用党的理论创新成果进行党、团教育的体现，都是利用红色文化来提升当代大学生的思想政治素质的有益探索，都取得了良好效果。

4. 红色文化融入校园文化建设

在校园文化建设方面，院党委充分利用红色文化资源，打造红色文化校园环境。学校定期举行国旗护卫队升国旗仪式，推选优秀学生代表在国旗下发表演讲，向学生们传递正能量；定期举办红色文化讲座、红色诗歌朗诵比赛和唱红歌跟党走等活动。学院邀请濮阳县西辛庄村党支部书记李连成来学校讲述西辛庄村"吃亏歌"的创作历程以及歌曲内涵，学习李连成的吃亏精神及带领全村治穷致富的事迹。每年新生入学，除了军训之外，还通过开展以红色文化为主题的学术文艺活动，帮助大学生树立崇高的理想信念。学院"书香列车"车厢内，开辟有"红色论坛"专栏，时刻警示大学生要有共产党人的"火车头"精神。学院还举办了"我的中国梦"征文比赛，激励学生为实现伟大"中国梦"而发奋学习，引导学生树立正确的"三观"，体现了学校始终坚持以红色文化为大学生理想信念教育的主线、积极营造红色校园文化环境的理念。

5. 红色文化教育与社会实践紧密结合

在社会实践方面，学校把红色文化与开展大学生社会实践及志愿服务活动紧密结合起来，策划和组织了形式多样、内容丰富、感染力强的社会实践活动。2016年，组织"青马工程"团干 86 名学员赴红色圣地冀鲁豫边区革命根据地旧址——清丰单拐革命教育基地，缅怀革命先烈，瞻仰革命先烈，接受爱国主义革命传统教育。暑假期间院党支部组织部分党员学生到濮阳市博物馆开展以"追忆往昔·感悟历史责任"为主题的教育活动，参观"红色濮阳"和"三李精神"等展览，接受革命历史教育和爱国主义教育，进一步强化党员的党性、责任和创新意识。通过参观，他们不仅看到了革命先烈用鲜血和汗水为我们铺平了平安大道，更看到了中华民族的开拓进取，进一步提升了思想高度，大家纷纷表示，作为当代大学生，要继承和弘扬先辈的精神，在专业上精益求精，对知识的探索要革故鼎新，勇于担当。学校充分挖掘红色文化教育资源，积极联系距濮阳较近、交通便利的红色教育基地作为学生教育实践的合作单位。活动结束后，学校组织形式多样的总结汇报会交流感悟、分享心得，巩固实践成果。①

二、宜宾职业技术学院的传统文化育人

宜宾职业技术学院从思想政治课程、专业职业教学、育人实践活动、校园文化环境四大方面创新性地开展了中国传统文化的教育与普及，坚定不移地弘扬中华文

---

① 常彦. 高校融入红色文化教育创新途径研究——以濮阳职业技术学院为例 [J]. 文化创新比较研究，2018（2）：5-6.

明、华夏文化，形成了高职学生弘扬传统、奋发向上的良好风貌。

（1）加强课程建设，将优秀传统文化融入学生的思想政治教育中。宜宾职业技术学院着力于以思政课程为核心的素质教育课程建设，加强文化选修课程的开发，将优秀传统文化融入学生的思想政治教育中，大力弘扬中华优秀传统文化，实现创新性发展。学院将地方传统文化渗透进思想道德修养等思政理论课中，包括毛泽东思想和中国特色社会主义理论体系概论、思想道德修养与法律基础知识、形势与政策等。在统编教材的基础上，专门组织人员编撰"思想道德修养与法律基础辅助读本"和"毛泽东思想和中国特色社会主义理论体系概论辅助读本"，并且根据每年中宣部、教育部对"形势与政策"课程的要点要求进行细化，每期组织编写"形势与政策专题讲稿"，把"四川篇""宜宾篇"纳入其中，因势利导，融会贯通，提升教学效果，引导学生识国情、释疑难、明是非、树信仰，提高其思想政治理论素养。

学院积极推进传统文化教育和学生人文素质教育的普及工作，开设了一系列的素质教育拓展课程，并将其纳入专业人才培养方案中予以实施。其主要围绕学生人文素质的提高和特长的培养，以院级精品课程建设为载体，重点建设"文明礼仪修养""文学写作实践""普通话与演讲""美术与创作""舞蹈创作与实践""书法创作""音乐表演与实践""心理素质教育与训练""社会服务实践"等课程，切实增强学生的文明礼仪意识和素质。

（2）着力于把中国传统文化的相关内容与专业教育、职业教育紧密结合。学院注重把人文素质、职业素质有机融入专业课程中，做到专业知识教育和传统文化教育"两手抓"，实现文化育人功能。学院根据专业高素质人才培养方案的要求，依据高职学生的发展规律，形成了素质教育"10+2"因子。10个"高素质因子"为：品行端正、守纪守法、热爱劳动、言行文明、组织才能、诚实守信、团结协作、身心健康、生活朴实、情趣健康；2个"特长素质因子"为：人文素质特长和专业爱好特长。比如，在"职业英语"课程中，利用活动课开展"中国传统文化之旅"的普及教育，和学生一起体验中国传统文化的精髓，如剪窗花"囍"字、女生旗袍秀、做手工编中国结、教书法写毛笔"福"字、包饺子、中医推拿等，拓展了教学内容，寓教于乐的教学方式也深受师生的好评。

学院还积极推进在各专业教学中开展校企共育，引入优秀企业文化，使文化课程与专业课程体系有机融合。比如，二级学院五粮液技术学院相关专业开设了"五粮液酒文化""五粮液企业文化"课程，校企共同编写了五粮液技术学院使用的配套教材。"五粮液酒文化"课程从五粮液酒的形成与发展历程、酒与人类社会的关系、川南民风民俗与酒礼酒俗、酒的酿造工艺、酒的品质评鉴等角度出发，整合、提炼相关内容，使学生了解五粮液"香醇美酒""生命美酒""极阳美酒""尚礼美酒""智慧美酒"五大基本特征，让学生对酒文化从认知到认同。"五粮液企业文化"课程把理论知识与实践技能结合起来，图文并茂，具有趣味性和实用性；课程内容从企业实际工作中提炼，与课堂教学有机结合，与企业文化建设实践同行，强化企业文化课程建设，使学生学有所获、学以致用。

（3）建构融入优秀传统文化的高职学生教育实践平台。学院着力于整合校内外资源，建立中国传统文化基地，积极建构融入优秀传统文化的高职学生教育实践平台，通过普及活动，引导学生了解中华民族传统文化悠久的历史。

针对职业院校的特点和学生成长成才的需要，学院将传统文化融入专题系列讲座、参观学习活动、社会实践活动和自愿者服务活动中；依托礼仪队、文学社等学生社团并大力支持其发展，开展传统文化晨读活动、与传统文化相关的社会调研活动等；开展"争做文明大学生""我是文明传承者""校园文明、人人有责"等班团会活动。通过整合校内外优秀教师资源，使第一课堂与第二课堂联动，营造良好的践行传统文化的校园氛围，拓展学生的视野，达到了教育与普及目的。

学院每年都举办的师生运动会、校园文化艺术节、核心技能大赛已成为校园文化的"三大品牌"。学院每年三月开展的"文明班级、文明寝室、文明学生"素质专项创建活动，是文明礼仪修养教育实践的集中实施和大检阅。通过抓典型、树典型，发挥文明榜样的示范带动作用，在全校学生范围内形成了"人人争做文明大学生"的风气。这些教育普及活动培养和强化了学生的文明素养和规范意识，让学生学习和继承了中华民族的优良传统和言行文明，提高了学生的公德意识，增强了学生的集体荣誉感。

（4）着力打造校园文化环境，建设"人文校园"。学院结合地方特色文化和优秀企业文化，充分利用各种文化元素，打造具有地方产业文化特点和浓郁职教氛围的"人文校园"。一方面，学院以"鼎承大同，钵传天工"的校训为基本思路，寓职业教育精髓于校园景物之中，以体现中华传统文化和历史底蕴、宜宾地方文化特色为主要文化内涵，以统一和专业的规划设计为标准，着力打造宜宾石刻文化园、三江生态植物园、校园景观大道等硬件环境。校园景观也具有浓厚的地方特色，如以"鼎承大同"为主题的生命之源、中华源流石刻浮雕、大榕树景观区，以"钵传天工"为主题的天工开物浮雕墙、天工之门、问鼎之门牌楼的景观大道景观区，使师生每时每刻都能感受和体会历史思想和传统文化的影响。

另一方面，学院已建成思政教育中心、工业文明博览中心和学生创新创业中心，并积极引入宜宾三江文化、酒文化、茶文化、竹文化、创新创业文化，将特色地方文化和五粮液企业集团等优秀企业文化融入校园文化中，打造具有浓厚传统文化氛围和职教特征的校园育人软环境。在教师层面，以师德建设为核心，以"师德好、业务精、用心教、育人才"的风貌影响学生，充分发挥教师的为人示范作用；在学生层面，通过文明教育、文明创建活动评比、文明主题宣传、文明典型激励等方式营造现代文明氛围，引领高职大学生的文明思想潮流，塑造"校风好、教风正、学风浓"的校园文明风尚。①

三、宜春职业技术学院礼仪文化育人的实践模式

宜春职业技术学院礼仪文化育人实践模式的设计与组织始终遵循"由浅入深、普及实效、循序渐进、持续熏陶"的原则，做好角色定位，将礼仪文化育人贯穿于整个高职教育阶段，即从入学教育到专业教育再到就业创业指导，以实现对学生礼仪意识的系统培养。同时，做好两个结合，即通识礼仪教育与职业礼仪教育相结

---

① 先元华，夏谦，刘雪梅，等. 中国传统文化在高职院校学生中的教育与普及——以宜宾职业技术学院为例［J］. 科教导刊，2018（10）：188-190.

合、知识传授与实践训练相结合。宜春职业技术学院礼仪文化育人的实践模式具体如下：

1. 实践模式的设计

宜春职业技术学院礼仪文化育人的实践模式按年级分三个阶段展开[①]。

（1）一年级（初级阶段）：着重礼仪行为规范的养成训练和礼仪意识的提高。

第一，普及日常行为礼仪知识。学院结合学生特点，组织创编了一套简单易学的日常行为礼仪操——"宜春职业技术学院文明礼仪操"。它包括整装、站姿、点头招呼礼，相互鞠躬礼，握手礼，递（接）物礼，引领礼，迎宾礼，蹲姿、让座礼，作为入学教育的必修内容，在全校新生中普及，并以系为单位进行比赛，以"外修礼仪，内强素质；树文明之风，扬职院风采"的口号凝聚合力，提升活动层次。

第二，规范寝室礼仪（文明卫生礼仪、接待礼仪、电话礼仪）、教室礼仪（文明卫生礼仪、上课礼仪）、谈吐礼仪、服饰礼仪、公共场所礼仪标准；组织开展文明寝室、文明教室星级达标活动。

第三，开展传统礼仪文化知识讲座，组织艺术观摩、礼仪表演等活动，提高礼仪意识。

（2）二年级（中级阶段）：提高理论修养，着重仪态训练。

第一，上学期：根据不同专业开设专业礼仪课，通过社团活动推动仪态训练，组织开展全院礼仪之星、礼仪形象大使、演讲比赛等活动；开展寝室文化、教室文化成果展活动。

第二，下学期：开展就业礼仪知识讲座；结合专业礼仪课和专业特点，开展职业礼仪知识竞赛活动。

（3）三年级（高级阶段）：理论与实践融合，着重魅力训练。结合学生的专业实习，把礼仪文化知识运用到实践中，把学生在实习中的文明素养表现作为实习成绩的重要考核内容，并根据实习教师和同学的评价评选出"校园十佳职业礼仪之星"，予以表彰。通过礼仪的基本理论和实践两方面的彼此呼应，礼仪文化教育更为深刻、持久，使学生学有所用、学有所长。

2. 礼仪文化教育活动的组织

（1）把礼仪文化教育活动纳入校园文化建设体系中，成立校园礼仪文化教育活动领导小组，合理规划，统筹安排，责任部门根据活动实施意见列出详细活动计划，确保活动落实到位。

（2）加大宣传，营造氛围。充分运用院报、网站、广播、橱窗、横幅等舆论宣传阵地，营造教育活动的良好氛围。

（3）狠抓落实，注重成效。责任单位明确完成时间和责任人，定期评估，推动工作有序、健康、持久开展。[②]

四、南京工业职业技术学院依托校史文化开展国防教育的实践探索

南京工业职业技术学院创办于1918年，前身是我国近代著名的职业教育家黄

① 易滨秀. 高职院校礼仪文化教育实践模式初探［J］. 理论导报，2009（12）：60.
② 易滨秀. 高职院校礼仪文化教育实践模式初探［J］. 理论导报，2009（12）：60.

炎培先生在上海创办的中华职业学校。黄炎培职教思想始终贯穿着爱国主义这根红线，他在创办学校之初就将职业教育与爱国主义教育相结合，立志教育救国。经历了20年的探索与追求，始致力于广开学堂，唤起民众培养人才、挽救民族危机的意识。继而以解决国计民生为己任，提出实用主义教育，熔"实业救国"与"教育救国"于一炉，直至倡导职业教育，以求国富民强。黄炎培始终将对职业教育事业的理想追求与民族的生死兴亡、经济社会的发展，以及人民的民主解放运动归为一途。他对职业教育所培养的人才提出的第一标准，就是具有爱国主义思想和为国家、社会献身。战争时期，黄炎培先生提出了"人人须勉为一个复兴国家的新公民！人格好、体格好，人人有一种专长，为社会国家效用"[①]"吾国最重要最困难问题，莫过于生计。根本解决，唯有从教育下手，进而谋职业之改善。同人认此为救国家救社会唯一方法，矢愿相与始终也""爱国不废求学、求学不忘爱国"[②]等职业教育与爱国主义教育相融合的职教理念。一直以来，南京工业职业技术学院始终传承黄炎培职业教育理念，将"敬业乐群"立为校训，坚持育人为本，建设校史文化，践行校史内涵，为大学生国防教育夯实了重要的精神基石。

高校国防教育是全民国防教育的重要基础，高校依托校史文化对大学生开展国防教育，有利于大学生坚定爱国信仰、强化理想信念、锤炼优秀品质，提高大学生国防教育的实效性和针对性。多年来，南京工业职业技术学院以校史文化促进大学生国防教育工作的开展，取得了明显成效。

1. 了解学校历史传统，创新大学生军事技能训练

军训是大学生履行兵役义务的一种形式，是大学生进入高校的必修课程。按照《教育部中央军委国防动员部关于印发〈普通高等学校军事课教学大纲〉的通知》（教体艺〔2019〕1号）的要求，大学生军事技能训练时间为2~3周，实践训练时间不得少于14天112学时，训练内容包括条令条例教育训练、轻武器射击、战术、军事地形学、综合训练等。大学生在大学期间接受的第一项教育，对大学生整个大学教育意义深远。

南京工业职业技术学院设计军训计划时，在严格遵守"普通高等学校军事课教学大纲"训练内容的基础上，将学校历史传统教育与爱国主义教育相结合，增加了参观黄炎培职业教育思想展览馆，开展黄炎培职业教育思想讲座，学习张闻天、江竹筠、华罗庚等杰出校友的爱国典型事迹，教唱中华职业学校校歌等与学校历史传统相关的教育内容。通过对学校历史传统文化的学习，增强学生对学校的信任感和归属感，并以杰出校友为榜样，发扬南工院人特有的爱国热情。在军训项目的设置上，学校采取军训必修项目与自选项目相结合的方式，依托学校历史传统，开展定向越野赛、战术竞赛、红歌竞赛、国防教育征文竞赛等活动，激发大学生的爱校、爱国教育，强化理想信念教育，帮助大学生树立正确的世界观、人生观和价值观。

2. 传承黄炎培职教思想理念，丰富军事理论课堂教学

"军事理论"课程作为大学生思想政治教育的军事政治课，其教学目的是让学

---

① 尤建国. 黄炎培职业教育名言解读 [M]. 南京：南京大学出版社，2013：10.
② 南京工业职业技术学院黄炎培职业教育思想研究中心. 黄炎培职业教育思想评价 [M]. 南京：江苏人民出版社，2006：20.

生掌握基本的军事理论知识，增强国防观念和国家安全意识，强化爱国主义、集体主义观念，促进学生综合素质的提高，为国家培养合格的接班人和部队后备兵员。那么，如何让军事理论课堂教学做到入耳、入脑、入心，达到教学目的呢？南京工业职业技术学院的做法之一，是用黄炎培职教思想理念中的教学原则和教学方法开展教学，教学内容尽可能做到"接地气"。黄炎培讲过："职业教育应做学合一，理论与实习并行，知识与技能并重。欲达到此种境地，须手脑并用""职业教育，不唯着重知，尤着重在能"。和平时期，大学生践行爱国主义，更多地要利用职业学校所学，如黄炎培所说："人生必须服务，求学非以自娱。无论受教育至何高度，总以其所学能应用社会、造福人群为贵。"①军事理论教师在课堂讲授"中国国防""军事思想""国际战略格局"等课程的过程中，秉承"做学合一"的理念，辅之以学生身边的榜样为例，如"科创达人"云曙先、"见义勇为好青年"徐坚、"自强之星"卓小蒙等，引导学生用课堂所学的国防理论知识服务国家、服务社会。

3. 践行"敬业乐群"校训，拓展国防教育实践活动

"敬业乐群"的校训自中华职业学校建校一直延续至今，所谓敬业，是提倡"对所习之职业具嗜好心、对所任之事业具责任心"；所谓乐群，是指"具优美和乐之情操及共同协作之精神"。校训作为全校师生共同遵奉的思想行为准则，形成了共同的精神认同。南京工业职业技术学院在大学生国防教育工作中，深入挖掘"敬业乐群"校训的丰富内涵，大力推进实践育人，通过多种渠道着力培养学生热爱祖国、服务社会的社会责任感。

一是开展国防教育讲座、国防教育征文、红歌竞赛、爱国主题班会等校内实践活动，营造浓厚的国防教育校园文化；二是利用校园广播、网络、QQ、微信等传播媒介，及时提供国家的重大决策、国内和国际形势等信息，正确引导学生，为其答疑解惑；三是开拓校外社会实践基地，包括文化素质教育基地、爱国主义教育基地、暑假社会实践基地、青年志愿者服务基地等，组织学生利用实践周和寒暑假开展各类社会实践活动，提升学生的责任心、使命感和奉献精神。

南京工业职业技术学院在特有的校园文化历史背景下，遵循学生的成长特点和教学规律，引领国防教育工作创新创优，努力提高学生的国防意识，在校史文化背景下大学生国防教育工作取得了可喜成绩：一是每年学校应征入伍的学生人数居南京仙林大学城之首，他们以自己的知识和技能服务于军队和国防建设，为国家安全护卫做出了自己的贡献；二是学生将国防教育融入创新教育活动中，学校国防教育协会的学生参与设计的武装机器人、自动跟踪仪和汽车限高通过报警系统等在全国高职高专"发明杯"大学生创新创业大赛中获得一等奖；三是学校是全省高职院校中唯一的"全国高等学校国防教育联盟理事单位"、"江苏省高校国防教育研究会副理事长单位"、"江苏省普通高校武装部规范化建设试点单位"之一、江苏省武装部长集训班现场观摩单位、江苏省首批国防教育示范学校、江苏省军训先进集体。

总之，学校以校史文化为背景，开展特色鲜明的大学生国防教育，将国防教育

---

① 南京工业职业技术学院黄炎培职业教育思想研究中心. 黄炎培职业教育思想评价［M］. 南京：江苏人民出版社，2006：20.

融入"立德树人"的根本任务中,激发了大学生热爱祖国、志存高远、勤奋好学、奉献国防的热情,有利于国家培养预备役兵员和社会栋梁之才。[①]

五、广东轻工职业技术学院南海校区景观文化设计

广东轻工职业技术学院南海校区是新校区,按照新校区景观文化设计的目标和原则,南海校区的景观文化设计以"人文校园""生态校园""风景校园"为目标,为景观文化育人奠定了坚实的基础。

1.学校历史进校区

校园景观规划承载着留住历史、纪念过往、弘扬办学精神的重任,无论是功能分区、建筑布局、单体造型的宏观设计,还是景观、景点、绿化方案的微观设计,均应有所体现。在进行景观文化规划的时候,在考虑经济、技术、创新因素的同时,还要自成体系,注重局部规划在总体规划中的地位和作用,围绕中心要求,实现校区环境建设的既定目标。广东轻工职业技术学院有着建校70余年的悠久历史,在长期的办学过程中,学校在不同阶段的不同经历和命运,都在景观文化中体现出来。如建校初期的奠基石、中华人民共和国成立初期的校园气象、"文化大革命"期间的学校状况、改革开放尤其是升格为高职院校以来的发展历程等,都通过具体的历史物件、珍贵的历史相片等充分地在新校区展示出来。比如,对文化广场和校门进行重新规划,从文化角度嵌入更多的学校历史元素,在学生活动的文化广场的舞台背景上,固定地以某种形式来展现学校悠久的历史文化和新时期的发展蓝图,让所有的学生在文娱活动的过程中都能体验、感受到学校的历史文化。同样,学校选择在图书馆或教学楼辟出一块展示区域,通过背景音响、LED等现代科技手段,展现校园人物风采,寓激励于耳濡目染;在教学区或学生宿舍区展现中外伟大的思想家、教育家、文学家、科学家的生平事迹,借以拓宽师生的视野,升华其思想境界,陶冶其情操。

2.办学特色进校区

办学特色进校区,就广东轻工职业技术学院新校区的景观文化设计来说,就是要轻工特色进校区、职业教育特色进校区、办学理念特色进校区。广东轻工职业技术学院自成为国家示范校以来,对学校轻工特色的理解和阐释有所变化,这种变化在景观文化设计中也有所体现。同时,由于轻工行业本身的发展变化,沉淀了许多的历史文化,具体表现为不同时期的轻工设备、机械等历史物件,这些物件是展现轻工特色的重要历史承载体。此外,学校还到一些轻工行业的厂矿收集能体现历史文化的物件,如废弃的机器等。学校在新校区建设了一座"轻工历史文化山",将所有轻工行业的历史物件都在此展示出来,不同时期的物件分门别类地呈现在师生面前,让新时期的学生了解历史,感受轻工文化的熏陶。

广东轻工职业技术学院始终站在高等职业教育的前沿,职业教育是学校办学特色的重要落脚点。在新校区景观文化的设计过程中,学校重视职业教育特点的体

---

① 陶娟. 校史文化背景下的大学生国防教育——以南京工业职业技术学院为例 [J]. 哈尔滨职业技术学院学报,2015(6):78-79.

现，将职业教育的地方性与行业性、技术技能性、市场导向性等充分地展示出来，通过景观文化的设计，营造一种崇尚技能、追求创新的校园氛围。

学校的办学理念、办学思路等观念性文化，其本身就是历史文化的一部分，学校将其在新校区中加以传播和发扬。学校坚持的"高素质为本、高技能为重、高就业导向、创新促发展"的办学理念，是对近些年发展的高度概括和精炼总结，在新校区的景观文化中，通过雕塑、园林景观等方式予以展现和传播。

3. 现代科技进校区

景观文化的规划，要借助现代科技。现代科技成果尤其是电子信息技术是当代科学技术发展的集中展示，也是当代科技文化的集中展现。在新校区的景观规划中，学校将现代科技充分地考虑并利用起来。在展览厅、文化广场、学生宿舍、食堂等学生聚集、外来参观者众多的地方，充分使用现代科技，如真彩 LED 电子屏、灯光音乐旱式喷泉等，让学生在现代气息中身临其境地感受历史文化和校园文化。现代科技的充分利用，也是吸引当代青年学生参与学习并延续历史文化的重要途径和手段。学校南海校区的水塔，是集实用性和观赏性于一体的标志性景观建筑。该水塔发挥了其在景观文化中的作用：一是利用其高度（附近几个学校都能望见）从外观上进行装饰，将学校的标志和校名等嵌刻上去，对学校进行宣传；二是在水塔内部进行规划，将一些文化物件搬移到此，并进行全面设计，让水塔成为重要的参观景点，使之成为师生休闲和学习历史文化的重要场所。

4. 休闲风景进校区

学校利用南海软件园区风景秀丽这一天然地理优势，打造以"山""湖"为主要景观的休闲风景文化。一是面向全社会征集景观名称，对校区内的山和湖进行重新命名，赋予自然风景以文化意义，并在山的入口和湖边篆刻相应的碑刻，进行潜移默化的宣传和形成历史存续。二是对山林进行重新修饰，在不改变原有地势山貌的基础上，对山林中的杂草、灌木等进行修葺整理，并修筑小路，参考园林的做法，在路边设立长椅和凉亭等，让师生在课余时能闲庭信步，休闲放松。三是对几个湖区进行不同风格的设计，在湖边设立休闲椅、"望江亭"等；同时，让龙舟文化进大湖，在最大的湖区，以龙舟文化为主题进行景观文化设计，还对学校龙舟队的相关历史和辉煌战绩等进行宣传。

通过规划设计，为校区风景赋予文化，并使这些景观成为师生休闲、活动的主要区域。

5. 生态文化进校区

在建设新校区的过程中，学校慎重地协调建筑与环境的关系，充分地将生态文化的观念体现在景观设计上。

一是在建筑方面，有效地保护校区周边的景观生态。在环境日益人工化的情形下，通过林地、绿带、水系、水库和人工池塘以及湖泊的巧妙布置，使生物多样性保持在很高水平上。南海校区除了必需的人工建筑之外，还注意充分保持生态原貌，对校区内和校区周边的山林、湖泊、道路等适度利用，避免了全人工景观的开发。

　　二是将生态管理渗透到校区的各个层面：①在新校区倡导步行或骑自行车、电瓶车等，限制机动车出行，让师生在日常生活中增强生态保护意识；②设立垃圾、纸张等回收系统，通过树立一定的景观标志或开展学生社团活动等方式来进行宣传和倡导；③从建筑设计规划到师生的日常生活，都充分考虑到对水、电等能源的节约和充分利用，并通过设立宣传栏或景观标志等，对学生进行教育①。

　　① 谢嘉琳. 广东轻工职业技术学院南海校区景观文化设计浅议 [J]. 广东轻工职业技术学院学报，2009（3）：77-80.

第六章　大连职业技术学院老年服务与管理专业敬老文化育人

用我们的心聆听老人的心声，用我们的爱滋润老人的心田；用细心、爱心、耐心为老人构筑爱巢，用所知、所学、所能为老人营造温馨。

——大连职业技术学院老年服务与管理专业敬老文化育人宣传语

大连职业技术学院（以下简称"学院"）自1999年在全国首创老年服务与管理专业，该专业培养德、智、体全面发展，掌握老年生活护理、心理护理、疾病护理、机构管理等专业知识，具有老年生活护理能力、心理护理能力、疾病照护与康复保健能力、养老机构经营管理能力、老年产品（产业）营销能力，从事高级养老护理、康复保健、养老机构经营管理、老年社会工作、老年产品（产业）营销工作的技术技能人才。可以看出，该专业旨在为养老机构培养高级护理和管理人才，为社区或涉老机构培养健康咨询方面的专业人才，为老龄产业培养老年产品营销及经营管理方面的人才。

该专业自创立以来，以品牌专业、突出特色、长效发展为宗旨，依托大连市乃至国内外的养老产业，并强化与日本养老机构的合作，以专业人才培养、改革为主线，加强学生的职业道德教育和专业技能培养；采用理实一体、养老机构岗位实训和顶岗实习等方式，以师资、实训条件、机制与制度建设为依托和保障，探索人才培养的新模式。经过不断的探索与建设，该专业人才培养模式的特色更加鲜明，教育质量显著提高，对同类专业起到了一定的示范和带动作用。该专业人才培养的成功还体现在学院的"敬老文化"育人上，学院以孝文化为基础，以感恩教育为主线，以敬老爱老、感恩父母为起点，加强大学生的品格修养；学院以培养大学生高尚的道德品质为目标，以同学间、师生间关爱互助的活动为载体，以提高学生的职业道德、敬业精神为方向，让学生在爱与感恩中健康成长、快乐成才。经过三年的培养，该专业的学生具备了"尊老敬老，无私奉献；自尊自强，爱岗敬业；严谨细致，技术求精；遵纪守法，团结协作"的职业道德素质。

一、"敬老文化"的内涵

孔子说："今之孝者，是谓能养。至于犬马，皆能有养；不敬，何以别乎？"尊老、敬老、养老是中华民族的传统美德，大连职业技术学院老年服务与管理专业敬老文化包括以下内涵：

1. 弘扬传统，传承孝道文化

敬老是中华民族的优良传统，孝道文化已经积淀成为中华民族世世代代传承不息的文化血脉。学院汲取传统的敬老文化精神，强化学生"孝道"的学习，结合时代特征，让学生深刻了解孝文化的内涵，弘扬敬老文化。

2. 学会感恩，提高职业道德

感受父母的养育之恩并回报父母是每个人天然具有的朴素情感和美德，正是出于感恩，我们才尊敬父母、赡养父母。敬老文化首先要推崇感恩教育，培养学生们的知恩和感恩意识，在知恩、感恩的基础上产生报恩的行为，激发出学生的感恩情怀，引导学生回报父母的尊老、敬老行为。

3. 服务为本，涵养敬业精神

学院通过文化培育，使教师和学生强化为老服务意识，具备"尊老敬老，无私奉献；自尊自强，爱岗敬业；严谨细致，技术求精；遵纪守法，团结协作"的职业道德规范；紧密结合社会服务类行业的人才需求类型和企业的用人选拔标准，以传统文化涵养职业道德，培养拥有良好的精神风貌、严肃的工作态度、良好的行为习惯和高超的服务技能的标准职业人，为提供优质的专业化为老服务奠定基础。

二、敬老文化培育过程

学院深入剖析和诠释"敬老文化"的三大内涵，利用现代传播工具与手段，紧扣活动主题，结合专业特色，以符合青年学生心理特点的方式进行策划、宣传，逐步形成工作机制。

1. 占领敬老文化宣传思想主阵地

（1）制定《敬老文化手册》。《敬老文化手册》是在学院多年前制定的《老年服务职业道德自修手册》的基础上，进一步总结和提升敬老文化，经过多轮修改完善最终形成的，里面包含了老年服务职业道德基本原则、规范以及生活护理道德规范、心理护理道德规范、康复护理道德规范、道德伦理等内容，学生人手一册，不断加强其向老向善的职业道德的自我教育和自我修炼。

（2）营造敬老文化育人氛围。职业教育肩负着为国家输送高技能技术型人才的使命，除了课堂的理论讲授课程外，实训室也为同学们搭建了敬老交流平台，敬老文化在实训室和走廊随处可见。

2. 优秀毕业生点燃养老激情，传承养老文化

老年服务与管理专业的毕业生多年来在养老行业里默默坚守岗位，用爱心和孝心服务着老人们，他们有许多已经成为养老行业的骨干，每年都会受到母校邀请回来为在校的学弟学妹传经送宝，养老文化无论是在企业中还是在校园里都得到了传承和发扬。

3. 深耕敬老文化内涵

（1）弘扬传统，传承孝道文化。

第一，敬老文化彰显学院特色，上好入学第一课。学院在每年的迎新现场都会精心设计敬老爱老的宣传画报，给入学报到的新生留了深刻印象；在入学教育中再次将学院的敬老文化融入其中，使学生理解敬老爱老的真谛，感悟孝道文化的宗旨，树立忠于国家、敬业报国以及"小孝及家，大孝惠国"的思想。

第二，合作养老企业送课入校，赠书育人。北京祥颐共生养老产业投资有限公司是学院多年的校企合作单位，在2018年度的送课入校活动中，培训师从中国养老现状、日本养老学习的分享与思考以及年轻人投身养老行业的机遇三个方面让2018级新生们及时了解了行业现状，负责人李洋更鼓励学生们珍惜能够为养老行业尽一份力的机会，脚踏实地地学好为老服务的相关技能；同时，他还指出，养老专业对高职学生而言是最幸运的专业之一，正如《孝经》中所述："夫孝，始于事亲，中于事君，终于立身。"——孝心不能等待！课后，企业免费为2018级老年服务与管理专业和社区康复专业的155名学生赠送了《孝心不能等待》一书。这本书是祥颐公司每人一本的员工必读书，是一本用真情和泪水写就的日记，是一个儿子为怀念母亲写下的心路历程，道出了天下已经失去了母亲的儿女们的心声。此次送课赠书活动，一方面巩固并深化了校企合作关系，另一方面也把企业文化和经营理念进一步渗透到学生心中，并以此为契机鼓励学生更加热爱老龄事业，用孝心对待他们所服务的如家人般的老人。

第三，敬老文化点亮"老博会"。大连国际老龄产业博览会（DISIE）自2004年在大连星海会展中心首次成功举办以来，目前已经成功举办16届，是中国举办时间最早的老龄产业博览。该博览会立足于东北，辐射全国，是中国东北地区级别最高、规模最大、专业性最强、国际化程度最高的盛会。在2019年举办的展会上，来自全国老龄办的领导，医养机构的负责人，学界、产业界、投资界和旅居产业的专家们，就国际老龄消费产业发展、医养融合与旅居享老、中日养老服务产业洽谈等举行了三场专业高峰论坛，共谋养老产业发展大计，洽谈养老产业合作共赢前景。

学院的展位前吸引了大量的养老机构的负责人前来交流，老年服务与管理专业

的在校生作为志愿者在展会现场介绍学院养老人才培养情况并为现场的老人免费测量血压。学生们的服务热情而又自然,深受前来问询的老年人的喜爱,敬老文化的育人效果得到了潜移默化的彰显,一群为老服务的可爱的学生成为"老博会"上一道亮丽的风景线。

(2)学会感恩,提高职业道德。

第一,学生在社区独立实训,服务暖人心,居民齐点赞。在实训工作中,2016级社区管理与服务班的学生们主动承担起居委会中宣传政策法规、组织读书学习、接待群众投诉、组织文体活动和亲子活动等的工作。学生置身于社区管理工作的真实环境中,运用相关专业知识、法律法规政策和方法技巧,逐渐掌握了业务操作流程和工作内容。高尚的职业道德受到了社区居民的高度赞扬,增强了我院学生服务居民、奉献社会的意识。

第二,志愿服务彰显为老情怀。53岁的残疾人王龙盛患有先天性小儿麻痹症,多年来他的生活起居一直由他的大哥来照料。自2006年起,老年服务与管理专业的学生承担起义务照顾王叔叔的重任,每周学生党员、学生干部和积极分子都会去王叔叔家里帮助他洗澡、做饭、收拾家务。十余年的时间,这群志愿者换了一批又一批,但他们无私奉献、吃苦博爱的精神却在学生党支部中沉淀下来,越积越深,而这种精神也将薪火相传、生生不息。

第三,社会实践凸显学院文化。暑期"三下乡"社会实践是学生发挥专业优势、理论联系实际、弘扬时代清风、传递社会正能量的有效途径。在2018年的暑期社会实践活动中,学院"送医下乡"的"致远队"志愿者结合老年服务与管理和社区康复的专业优势,体现学院敬老文化,在学院下派瓦房店市永宁镇永宁村第一书记孙小杰的介绍下,学院团委书记张铭带领团队成员走进永宁镇敬老院,为那里的五保户老人们送去了关爱和服务。

活动现场,团队成员广泛宣传卫生保健、安全饮食、合理用药及季节性和过敏性疾病防治等卫生知识,深受老人们的欢迎;团队成员还认真为老人们按摩。针对一些疾病防治、健康知识等,老人们也提出了许多问题,老师和同学们都给予了耐心细致的讲解,即兴编排的文艺节目将活动现场的气氛推向高潮。最后,团队成员把精心准备的大蒲扇送给了老人们,希望能在炎炎夏日为老人们带去一丝清凉,老人们接过扇子后喜悦之情溢于言表。

志愿团队的另一支队伍来到了"青竹联盟——街校共建"项目下对接的大连辛寨子街道士林栖社区,为社区居民举办了惠民健康小讲堂。志愿者们为老人测量血压,讲解有关老年常见病的症状、治疗方法,如心脑血管疾病的种类、发作机理、易患因素等。志愿者们纷纷表示能够将学到的知识得以运用并传递给身边人是一件特别幸福的事,活动的成功举办被刊登在8月2日《新商报》A07版"特别的爱给特别的你"报道中。

(3)服务为本,涵养敬业精神。

第一,由此及彼,从身边事做起。学院中医保健协会作为专业社团之一,结合老年服务与管理专业和社区康复专业的优势,感念师恩,每学期会不定期地在周二下午为广大教职员工提供义务按摩服务,在提升实践技能的同时,增进了师生情谊，增添了活动载体，得到了老师和同学们的认可和欢迎。

第二，敬老文化在学生活动中随处可见。例如，在 2019 年的学院主持人大赛中，合作主持的选手以"母爱"为题引出了母亲节的故事，展现了当下人们在母亲节这一天的各种表达方式和存在的各种现象；在编讲故事环节，选手们将"你伴我长大我陪你变老"的心声表达得淋漓尽致；在学院每年举办的大学生心理剧大赛中，亲情、孝道、敬老、爱老也是同学们一直热衷表达的情感，情节感人，令人动容。

第三，社会主义核心价值观引领敬老文化。大学生受到了更高水平的教育，思想更加完善，敬老有更新的想法；社会对大学生有自觉的认同感，大学生敬老可以带动社会敬老风气的转变；大学专业丰富，能够满足老人大部分方面的需求。因此，高职院校应该利用好大学生敬老的力量，提升大学生敬老的观念，并对其进行社会主义核心价值观教育。

通过社会主义核心价值观教育，首先，能够培养大学生接受孝道教育的自觉性；其次，形成正确的认识，大学生才能够发自内心地敬老，真正考虑老人的需要，而不是功利性的养老。

4. 汇集典型案例，集中宣讲

（1）敬老"准员工"，赢得普遍好评。学院坚持不懈的养老文化教育和职业道德培养使学生的职业道德水平和职业素养不断提升，在定岗实训、毕业实习的各教学环节，学生们都有不俗的表现，受到校企合作单位的高度评价，以下发生在实习学生中的真实故事就是一个有利的证明。

台州市老年人社会福利院于 2012 年上半年开业，而早在 2011 年 11 月 20 日，大连职业技术学院老年服务与管理专业 2009 级的孟爽、宋倩倩、姚婷、丁菲、刘洋、夏畦铭、史艳君、王冠、牟天华、汤坽杰、孙媛媛、冯艳珠 12 名同学就被这家养老机构预录用。因福利院主体建筑当时还未完工，而养老机构求贤若渴，经过研究决定：这 12 名学生由养老机构的牟正炎总经理带领，在台州市老年人社会福利院的合作单位——陕西渭南市社会福利院实习。

学生们在养老机构负责人的带领下来到了陕西渭南市。台州市老年人社会福利院对这批实习生十分重视，专门在渭南市找了一家星级宾馆，以 120 元每天每间的价格租了 6 个标准间供学生们实习期间住宿，实习期间还给予学生们每人每月 1 000 元的生活补助。这批学生一起商议后认为，台州市老年人社会福利院为他们提供了很好的实习条件，大家实际上已经是"准员工"了，就应当为单位着想，所以大家决定不住标准间，而改住小旅店（每个房间可住两人，50 元每天），这样可以给台州市老年人社会福利院省下一些费用。小旅店的卫生条件显然赶不上星级宾馆，但大家不辞劳苦，自己动手打扫卫生，擦玻璃、拖地板，将房间的每个死角都打扫干净。小旅店老板赞叹不已，向他们竖起了大拇指——"大连来的大学生，好样的"。

小旅店离他们实习的渭南市社会福利院有近 1 千米远，大家为了安全起见，同时也为了展示自身的良好风貌，每天一起排队上下班，在渭南市成了一道亮丽的风景。

最值得称道的还是他们在渭南市社会福利院的表现，来到福利院的第一天，院长就认为他们这些大学生是干不了老人护理工作的，学生们都攒着一股劲，偏要做给院长和渭南市社会福利院上下看看。这家福利院有一个房间住着一名女养员，她精神有问题，瘫痪在床，只有一只胳膊能动，但是护理员们都不敢接近她，因为谁来到身边她就打谁。她的房间一进去就是一股难闻的味道，3 名同学不怕脏，眉毛也不皱一下，为她进行了全面的清洗，并更换了衣服和被褥，还将房间打扫得焕然一新。这下渭南市社会福利院上下都轰动了，院长和护理员们都对大连来的大学生们刮目相看、赞不绝口。

作为"准员工"替服务单位着想，义务为小旅店打扫卫生，排队上下班展示形象，以纯熟的专业技能护理特殊养员，这一切都源于学生们的职业观，在大连职业技术学院老年服务与管理专业的三年学习，良好的职业道德、职业素养、职业意识已深深地烙在他们的思想深处。他们无疑在未来的职业发展道路上迈出了坚实的一步。

这些同学现在在台州、宁波等地的养老机构任职，大部分都走上了管理岗位。

（2）不忘敬老初心，照护老人三年如一日。2014 年 6 月，学院老年服务与管理专业 2012 级的同学们分别到京、津、沈等地的养老机构开展了为期 1 个月的独立实训，在学院的校企合作单位——北京北控光熙医养中心有 20 名学生实习，该中心的护理部主任赵晨是实训指导教师，她也是大连职业技术学院老年服务与管理专业 2009 届毕业生，5 年时间她已经成为这家养老机构的管理者，在"居不易"的北京得以立足，月薪已超万元，受到单位的重用。她讲述了毕业 5 年来在北京职场打拼的经过。

2009 年，赵晨一毕业就下定了一定要在养老服务业干出成绩的决心，她在北京朝阳区将府庄园敬老院从养老护理员干起，大学期间"德"与"能"的修炼，使她在这家敬老院很快脱颖而出，成为护理组长。由于德技兼备，她和另一位毕业生张娟有幸被选出，来到北京某医院护理一位老人。这位老人是我国一位国家领导人的老母亲，赵晨她们接手护理这位年近九旬的老人时，老人已经十分消瘦，医生推断说"这位老人最多还有 3 个月的生命"。赵晨和张娟俩人每天倒班，对老人进行了特别照护，奇迹出现了，3 个月、6 个月、1 年、2 年、3 年，她们的精心护理使老人的生命延续了整整 3 年。

其间，这位国家领导人来探望她的老母亲时曾多次与她们交谈，亲切和蔼地询问她们："你们毕业于哪所大学？学的什么专业？"她们回答说："大连职业技术学院老年服务与管理专业。"这位领导人说："你们这么年轻学这个专业、做这项工作真是不容易呀，你们又把我母亲护理得这么好，谢谢你们！"赵晨和张娟听了备受鼓舞。

老人逝世后，她们俩非常悲痛，很长时间缓不过劲儿来。有一天，老人的家属专门和她们进行了一次谈话："你们俩 3 年来日复一日精心护理老人，一刻也没有离开，作为家属我们非常感谢你们！今后你们有什么打算？如果想做行政管理工作或是专业医护工作，我们可以给予你们力所能及的帮助。"

经过认真的考虑，赵晨和张娟说："谢谢你们的好意，为我们想得这么周到，我们俩经过深思熟虑，认为我们的长项是'老年人护理'，我们已经深深地爱上了这项平凡的工作，对奶奶3年的护理磨炼了我们的意志，大大提高了我们的护理技能，我们还是想到养老机构继续从事我们的老本行，况且与老人3年的朝夕相处，我们跟奶奶已经有了深厚的感情，如果我们用她老人家的离去换来我们的所谓美好前程，我们会时刻感到不安和愧疚的。"老人的家属被她俩的话深深地感动了！

赵晨和张娟同学的言行令人感动，"立德强能"绝不是一句空话，只有真正地做到了，才能像她们那样换来如今的事业兴旺。

赵晨、张娟现已成为北控光熙医养中心护理部的负责人，他们在养老服务的平凡岗位上一定会取得新的更大的成绩。

（3）为了咱的"爹"和"娘"，最美养老护理员的情怀。2014年8月，学院传来了令人振奋的喜讯，老年服务与管理专业2012届毕业生刘振伟在"江苏省首届最美养老护理员"评选中脱颖而出，被评为"江苏省最美养老护理员"（全省共评出10名）。在"为了咱的爹和娘——2014江苏省最美养老护理员颁奖典礼"上，刘振伟激动地接过了"沉甸甸"的获奖证书（如图6-1所示）。

图6-1　为了咱的爹和娘——2014江苏省最美养老护理员颁奖典礼上的刘振伟

2011年年底，刘振伟参加毕业顶岗实习，来到学院老年服务与管理专业校企合作单位——南京市祖堂山社会福利院，成为一名养老护理员，因实习期间表现优异，毕业后顺利留在该院继续从事养老护理工作。在很多人眼里，养老护理员并不是当下年轻人该选择的一份职业，但刘振伟毅然决然地选择做下去。他常说："我适合做养老护理员，我喜欢和老年人在一起，我有自信可以做好这份工作。"

两年多来，他以满腔的热忱全身心地投入养老护理员工作之中。他充分运用自己的护理专业知识，做到理论联系实际，得到了服务对象和护理部的一致认可。2012年，他从层层选拔中脱颖而出，代表单位参加南京市第六届职工职业（行业）技能大赛（养老护理员技能竞赛），获得了个人第五名的好成绩。2013年，他参加了第三届江苏省民政行业职业技能竞赛（养老护理员竞赛），并获得个人二等奖；同年，又在第三届全国民政行业职业技能竞赛暨全国第二届养老护理员职业技能竞赛中获得个人二等奖。一个个荣誉的背后，是刘振伟不断付出的汗水，作为护理员，他充分利用倒班生活的间隙，不断学习、训练，使自己的专业能力得到提升。

2013 年年底，"刘振伟工作室"正式在南京市祖堂山社会福利院挂牌，这是单位对刘振伟工作成绩的肯定，也是为了最大化发挥他专业特长的举措。刘振伟在做好日常工作的同时，立足工作室，做好养老护理员的带教工作。作为一名年轻的护理员，刘振伟始终保持谦虚的态度；在带教工作中，他从自身专业特长出发，秉承与实习生以及年长的护理员互相学习的理念，帮助他们，使其在养老护理与服务上更加专业，单位 10 余名非专业养老护理员在他的带教下都取得了养老护理员初级资格证书。

将近 3 年的养老护理工作时间不是很长，但对刘振伟来说，人生有几个这样的 3 年，他把最美好的青春都奉献在了养老护理事业上，并且还将在这条道路上继续前行，每当有人质疑他的选择时，他都会说："我坚信，我可以！"

以上大连职业技术学院老年服务与管理专业毕业生的敬老典型先进事例，激励着一届届毕业生投身养老事业，他们不断地将学院的敬老文化传承下去。

三、敬老文化建设成效

1. 孝道教育是敬老文化的有力切入点

孝道教育和敬老文化二者相互渗透、相得益彰，实现了二者培养目标的一致性，即培养道德品质与培养成品德高尚、人格完美、思想进步的人的一致；实现了价值取向和教育内容的相通性，即对社会及他人的生存和发展贡献的大小与"孝为德之门，德为孝之显"的相通；实现了教育内容的相融性，即对大学生进行以孝道为核心和精华的传统美德教育是学院敬老文化建设的重要内容。

2. 敬老文化拓宽了孝道教育的辐射范围

"敬老文化"系列教育活动的有效开展，使同学们从多个方面提升了道德修养："小孝及家，大孝惠国"，体现了孝文化的爱国主义内涵；以孝德扩展仁心，保持谦虚恭敬的态度对待他人，逐步营造出团结友善的和谐校园环境；唤起大学生的感恩心和感恩情，用感恩心来融化人们的自私心、冷漠心和自卑心，培养与人为善、与人为乐、乐于助人的品德，强化了学生们的感恩意识；增强了大学生对家庭的担当意识，把尽孝同学业和事业紧密结合起来，进而发展为对自己工作的担当、对社会的担当；将诚信作为修德之本、立人之道，强化了大学生的诚信意识，把信用作为道德底线来对待，并积极提高自身的道德修养。

3. 学生将敬老之心转化成敬老之举，道德修养显著提升

敬老文化建设开展以来，学生们的敬老观念经历了从初识到深刻领悟，情景模拟式的情感体验将学生们的感悟推向了一个新的高度，并进一步内化于心、外化于

行，通过榜样的力量影响和带动他人。在关爱空巢老人的社会实践活动中，学生们自然、真实的情感流露和良好的人际沟通能力，很好地诠释了学院道德修养教育的殷实成果，取得了良好的社会声誉。

四、敬老文化建设感悟

1. 把握文化建设命脉

学院以思想建设为引领，把握敬老内涵，发挥专业特色优势及其辐射功能，紧跟养老产业需要；依托企业文化渗透，精心设计活动载体，创新活动形式，提升育人宗旨，去粗取精，反复推敲，以精品文化建设为目标，做精品活动中的精品项目，做精品项目中的精品环节，层层打磨，推陈出新。

2. 注重文化建设的延续

学院以敬老文化建设项目为活动导向，进一步拓宽活动领域，保持活动延续性；以敬老爱老为出发点，着力探寻新的育人引导方向，提升育人的持久性和穿透性。

3. 形成文化建设工作机制

学院结合敬老文化育人的主题，以培养优秀个人和团队为抓手，在活动中贯穿成长成才的经验和理念，完善学生的成长成才途径；结合督促检查，有计划地开展阶段性考评工作，提升活动的影响力，促进活动见成效，真正使敬老文化落到实处、收到实效。

案例研究

老年服务、护理等职业道德规范（节选）

思考与讨论：

1. 请谈谈如何通过富有特色的专业文化实现高职院校的育人目标。

2. 大连职业技术学院老年服务与管理专业敬老文化育人模式有哪些特点？

3. 在老年服务与管理专业敬老文化育人的过程中，如何强化老年服务职业道德规范建设？

为了推行老年服务与管理专业敬老文化育人，大连职业技术学院特别制作了《敬老文化手册》（其封面如图6-2所示）。该手册包含了敬老文化的内涵，老年服务职业道德基本原则、规范以及生活护理道德规范、心理护理道德规范、康复护理道德规范等内容。学生人手一册，不断加强职业道德的自我教育和自我修炼。这里节选其中"老年服务职业道德规范""老年生活护理职业道德规范""老年心理护理职业道德规范""老年康复护理职业道德规范"的内容，以飨读者。

图 6-2 《敬老文化手册》封面（设计者：金磊）

一、老年服务职业道德规范

热爱专业，献身事业；感恩敬老，明理践行；

尊老爱老，扶弱解困；恪尽职守，任劳任怨；

钻研业务，精益求精；热情亲切，一视同仁；

举止端庄，用语文明；自律慎独，谨言守密；

以诚相待，团结友善；完善自我，自尊自强。

1. 热爱专业，献身事业

热爱是最好的老师。热爱老年服务专业，认同这一职业，并把它当作一项事业来做是职业道德的首要规范，也是能够做好本职工作最重要的基础条件。因此，要全身心地投入其中，培养自己"爱"的情感，把从事这项事业当作最快乐的事，以恭敬、严肃、负责的态度对待工作，一丝不苟、兢兢业业、专心致志、勤奋自强。你会发现成功与幸福将与你相伴同行。

2. 感恩敬老，明理践行

很多老年人已经为国家和社会做出了很大的贡献，创造出了许许多多的物质财富和精神财富，作为晚辈的我们正在享用着这些财富，因此我们要怀着一颗感恩的心，敬爱他们，服务于他们，要运用我们所掌握的文化知识和专业技能全心全意地为老人提供优质、高效、温馨、安全、满意的服务。

3. 尊老爱老，扶弱解困

尊老爱老是中华民族的传统美德，在工作中要把老人当作自己的亲人，无微不至地关怀、照顾他们。接待老人要和蔼热心，服务老人要认真细心，对待老人要体贴关心，随时帮助老人解决各种难题。

4. 恪尽职守，任劳任怨

忠于职守，认真负责，刻苦勤奋，不懈努力，忠实地履行岗位责任，执行岗位规范，在任何时候、任何情况下都能坚守岗位，不厌其烦，任劳任怨。

5. 钻研业务，精益求精

对本职工作业务纯熟，精益求精，力求使自己的技能不断提高，使自己的工作尽善尽美，不断有所进步、有所发现、有所创造。

6.热情亲切，一视同仁

热情地为老人服务，对老人提出的看法和要求能够耐心倾听，对待所有的老人都亲切自然、不分薄厚、平等相待。

7.举止端庄，用语文明

讲究礼节、礼仪和礼貌，行为举止得体、适宜；说话文明，称呼恰当，语言亲切平和、温文尔雅，听来舒心愉快。

8.自律慎独，谨言守密

在生活护理、心理护理、康复护理中能够自觉履行岗位职责，尤其是在独立工作、别人没有看到的情况下，要严格自律，保持良好的服务状态，谨言慎行；要保守秘密，尊重老人的隐私，成为老人的知心朋友。

9.以诚相待，团结友善

对待同事要团结友爱，以诚相待，要互相关心、互相帮助、互敬互谅；无理要认错，有理要让人，消除工作中的摩擦和矛盾；为了共同目标，增强凝聚力，营造良好的人际氛围，团结一致，顾全大局。

10.完善自我，自尊自强

要加强学习，不断充实完善自我；在工作中要敢于破除旧的观念，勇于做别人没做过的事，敢于走前人没走过的路，善于开创新的局面，自尊自爱、自立自强。

二、老年生活护理职业道德规范

老年生活护理：是指对因体弱、疾病或身体障碍而需要他人帮助和照顾的老人，在日常生活上给予照料和援助。其工作内容主要包括老人的饮食护理、排泄护理、身体清洁护理、体位变换与移动、穿着的照料、创建舒适的生活环境、睡眠的护理等。老年生活护理职业道德规范包括以下几方面：

1.热爱本职，忠于职守

忠诚于护理事业，是护理人员一种高尚的道德信念，热爱本职工作是这种信念转化为道德行为的具体表现。要把勤勤恳恳、兢兢业业、认真负责、一丝不苟的工作态度贯穿于生活护理工作始终。

2.敬老爱老，爱岗敬业

护理人员应具有职业良心，做到把老人的利益放在第一位，视老人如亲人，不怕脏和累，用高度的责任心和深厚的同情心、良好的服务态度和严谨的科学作风献身于护理事业。

3.严格履责，遵纪守法

护理人员要自觉地意识到自己的道德责任，工作中应严格遵守规章制度和执行各种技术操作规程，专心致志，认真细致，耐心谨慎，做到有严肃的态度、严格的要求、严密的方法，使护理工作有条不紊，使各项护理措施正确、及时、有效。

4.助人为乐，勤于奉献

护理工作艰苦而又细致，因此护理人员应具备乐于助人、勤于奉献的精神，应一切从老人的利益出发，理解、体谅、帮助老人。必须十分注意自身的素质修养，通过语言、表情、态度、行为来影响老人的感受和情绪，使其感到温暖，增强信心，减少顾虑，振奋精神，保持最佳的心理状态，增强机体抗病能力，幸福地度过晚年。

5. 文明礼貌，举止端庄

文明礼貌是老年生活护理职业的一个基本要求。首先要用好语言，要做到用语礼貌，称呼恰当，耐心倾听老人的讲话；其次要有良好的仪容仪态，包括穿着、打扮、行为举止和个人卫生等方面。

6. 业务熟练、技术精湛

生活护理是一项艰苦、琐碎而又充满了爱与智慧的工作，需要我们用爱心和恒心不断地学习相关知识，钻研护理技术，掌握护理技能，并在实践中不断地摸索护理技巧，成为业务熟练、技术精湛、受老人欢迎的生活护理员。

三、老年心理护理职业道德规范

老年心理护理：就是在护理的过程中，运用心理学的知识和方法，通过其语言、行为、表情、态度和姿势等去影响或改变老人的心理状态和行为，以减轻或消除老人的各种不良情绪，促进老人的身心健康。老年心理护理职业道德规范包括如下几方面：

1. 敬老爱老，热情周全

很多老人一生操劳，对社会做出了很大的贡献，理应受到尊敬和热爱。敬爱老人，是做好心理护理的前提；向老人提供全面、周到、高质量的服务，是使老人产生归属感和幸福感，进而促进老人身心健康的必要条件。

2. 关怀体贴，感同身受

要亲切温和、体贴入微地护理老人，要站在老人的立场上，设身处地地为老人着想，理解他们心灵上的孤独，主动接近他们，用心去体会他们的感受，并与其产生心理共鸣，努力成为他们的知心朋友。

3. 关注变化，安慰疏导

在护理过程中，要随时关注老人的情绪、情感变化，有不开心的事要及时安抚，发现情绪不佳要及时疏导，要做到循循善诱，动之以情，以善良、恭顺和宽容之心对待每一位老人，使他们经常保持愉悦的心情。

4. 耐心细致，满足需要

在护理过程中，要始终贯穿着爱心、细心、耐心，全心全意为老人服务；要一丝不苟，不烦不躁，想方设法为老人分忧解难。

5. 以人为本，公正平等

这里说的是以"老人为本"，对待老人要一视同仁，无论职位高低、贫富、远近亲疏，都要以诚相待、尊重人格、体现公平，并提供个性化护理服务。

6. 举止文雅，语言贴切

护理人员在工作中要服装整洁，容貌端庄；语言亲切，称呼适宜；乐观幽默，文明有礼，让老人看着喜欢、听着舒心。

7. 尊重信任，保守秘密

尊重老人的人格，维护老人的自尊，不辜负老人的信任，替老人保守秘密，不向他人透露老人的隐私，是心理护理人员必备的基本道德要求。

8. 钻研技能，精益求精

精湛的护理技能是取得良好护理效果的重要保证，因此，护理人员要认真学习心理学、伦理学的知识，勤奋钻研，并不断完善自己的心理护理技能技巧，自律慎独，立志成为优秀的心理护理人员。

四、老年康复护理职业道德规范

老年康复护理：就是要通过护理服务和各种康复训练来改善老人的身体机能，预防疾病，延缓衰老，保持和提升老人的健康水平，使老人身体上更加舒适，而且处于一种更有尊严、更为人尊重的生活状态。给予老人较高的生活品质是老年康复护理所追求的目标。老年康复护理职业道德规范包括以下几方面：

1. 遵守制度，维护环境

护理人员要遵守社会公德和各项规章制度，关心集体，爱护养老机构的公共设施，为老人提供一个舒适的康复环境。

2. 工作认真，谦虚谨慎

护理人员对工作要有高度的责任感和严肃认真、谦虚谨慎的态度，对护理过程中出现的任何问题都要认真对待，还要灵活、机智、及时、有效地处理好各种突发性事件，做到老人利益无小事。

3. 尊重科学，规范操作

康复护理工作必须以医学及相关的其他科学理论为指导，严格执行操作规程，认真履行岗位职责，遵守各项规章制度，使护理工作科学化、规范化，从而提高质量，确保效果。

4. 举止端庄，语言文明

护理人员言谈举止要端庄得体，给老人以干净、整洁、健康的形象，使老人有良好的心情，愉快、积极地配合康复护理。

5. 尊重信仰，保护隐私

护理人员与老人应互动频繁、关系密切，了解老人的需求，尊重每一位老人的生活习惯、价值观和宗教信仰；尊重老人家属，以平等的态度同家属交流、征求意见，保护老人的隐私，确保老人有自己的独立空间，为老人的个人信息保密。

6. 维护权益，鼓励自主

护理人员应维护老人的权益和尊严，给老人充分选择的权利，确保老人得到及时的帮助和服务，并给予其精神支持和心理安慰，鼓励老人不仅在行动上逐渐恢复独立，而且在思想上增强自主意识，克服依赖心理。

7. 团结协作，同心同德

护理人员要讲究团结、讲究协作，要互相关心、互相爱护、互相学习、互相帮助；工作中要彼此支持，主动配合，顾全大局，同心同德。

8. 提高素质，完善自我

护理人员要在工作中不断学习，逐渐提高自身的专业技能和道德修养。在康复护理服务过程中，要处处以老人为重，以帮助老人维持、恢复健康为荣，不断进行自我完善，实现人生价值。

我们的使命是为老人提供连续性的护理服务，尊重每位老人的独特性，帮助老人提高生活能力和社交能力，改善其生活质量，成为老人心灵上的慰藉者、行动中的扶持者，做老人永远的朋友！

参考文献

[1] 刘洪一.文化育人的理念与实践研究——以深圳职业技术学院为例［M］.北京：高等教育出版社，2014.

[2] 辛宪章，张岩松，王允.高职院校治理研究［M］.大连：东北财经大学出版社，2018.

[3] 张岩松，等.新时期高职院校创新发展研究［M］.大连：东北财经大学出版社，2017.

[4] 许峰，张岩松.高职院校专业群建设研究——兼论职业教育精准扶贫［M］.大连：东北财经大学出版社，2019.

[5] 张岩松.知书达礼——现代交际礼仪畅讲［M］.北京：清华大学出版社，2016.

[6] 陈秋明.文化育人：第7辑［M］.北京：商务印书馆，2018.

[7] 陈秋明.文化育人：第6辑［M］.北京：商务印书馆，2017.

[8] 刘洪一.文化育人：第5辑［M］.北京：商务印书馆，2016.

[9] 刘洪一.文化育人：第4辑［M］.北京：商务印书馆，2015.

[10] 刘洪一.文化育人：第2辑［M］.北京：商务印书馆，2013.

[11] 刘洪一.文化育人：第1辑［M］.北京：商务印书馆，2012.

[12] 李瑞芬，谭国臣.大学文化建设与图书馆文化［M］.北京：光明日版出版社，2016.

[13] 眭依凡.大学文化思想及文化育人研究［M］.杭州：浙江大学出版社，2016.

[14] 宋伟.社会主义核心价值观融入高校校园文化建设研究［M］.北京：人民日报出版社，2017.

[15] 成尚荣.文化育人的核心要义与主要路径［J］.中国德育，2019（7）.

[16] 徐岩.文化育人为引领的"三姓合一"特色高职文化实践探索——以辽宁林业职业技术学院为例［J］.职教论坛，2017（32）.

[17] 郝桂荣.高校文化育人研究［D］.沈阳：辽宁大学，2017.

[18] 李峰，王元彬.高校文化育人工作的机制与载体研究［J］.当代教育与文化，2014（5）.

[19] 卢亚莲.高职院校文化育人的内涵及路径探索［J］.贵州师范学院学报，2014（12）.

[20] 冯旭芳.高职院校文化育人的探索与实践［J］.职业，2018（27）.

[21] 李文莲.高职院校文化育人的内涵、特征与作用研究［J］.价值工程，2016（11）.

[22] 陈云涛.高职院校文化育人的要素分析［J］.中国高教研究，2017（1）.

[23] 严海波，肖红燕.论校园文化建设中大学生的主体性地位［J］.沈阳农业大学学报：社

会科学版，2007（5）.

[24] 张文娟．大学文化育人载体的建设［J］．科教导刊，2014（1）.

[25] 周如俊．"8S"现场管理视角下中等职业学校的"校企文化"融合育人［J］．江苏教育研究，2015（11）.

[26] 李博．文化自信视域下高职院校文化育人途径分析［J］．佳木斯职业学院学报，2018（4）.

[27] 毛元金，陈慧仙．试论文化育人在高职院校人才培养中的重要作用［J］．思想战线，2015增刊.

[28] 朱爱胜，承剑芬，奚小网，等．高职院校文化育人体系构建与实施路径——以无锡职业技术学院为例［J］．无锡职业技术学院学报，2018（1）.

[29] 江秀华．高职院校文化育人的探索与实践［J］．兰州石化职业技术学院学报，2010（9）.

[30] 吉冬梅．困境与愿景——剖析高职院校文化育人之现状［J］．辽宁医学院学报：社会科学版，2012（2）.

[31] 殷海芳．高职院校文化育人机制探索［J］．吉林省教育学院学报，2014（5）.

[32] 胡烨丹．高职院校文化育人机制创新路径探析［J］．中国职业技术教育，2012（34）.

[33] 杨旸．高职院校文化育人机制创新研究［J］．市场周刊（理论研究），2015（10）.

[34] 刘喻，朱强，陈玲．行业高职院校文化育人：意义、困境与路径［J］．职教通讯，2018（19）.

[35] 吴晓彤．高职院校校园文化育人路径探究［J］．科教文汇，2014（2）.

[36] 陈波，王祖林．论大学文化育人的困境与自我诊治［J］．高校教育管理，2014（1）.

[37] 苏晔，林苹．高校文化育人建设困境及其应对［J］．胜利油田党校学报，2016（7）.

[38] 楚金华，刘兴民，杨雪．高职院校校园文化概念模型研究［J］．职教论坛，2011（33）.

[39] 刘襄河，孔江红．校园文化建设的问题分析与对策研究［J］．襄阳职业技术学院学报，2018（9）.

[40] 周建松．关于高等职业院校校园建设文化的思考［J］．中国职业技术教育，2015（13）.

[41] 杨春锋．师范院校精神文化建设对良好师德的形成探究——以广西幼专校歌《大爱》传唱活动为例［J］．戏剧之家，2017（3）.

[42] 黄少臣．校徽：学校文化内涵和精神底蕴的表征——写在长江工程职业技术学院校徽启用之际［J］．长江工程职业技术学院学报，2014（9）.

[43] 李阔，李继利．大学特色校园文化建设要素研究［J］．法制与社会，2015（4）.

[44] 王鹏程，王薇薇．刍议高职院校校园文化育人功能［J］．职教通讯，2017（17）.

[45] 杨雪．高职校园文化内涵与建设路径［J］．改革与开放，2015（5）.

[46] 贺兰．高校校园文化的教育功能［J］．教书育人·高教论坛，2018（6）.

[47] 王碧澜．谈高职院校校园文化育人的价值诉求［J］．辽宁师专学报：社会科学版，2013（5）.

[48] 蒋丹．高职院校学生特点与校园文化建设的实践研究［J］．智库时代，2018（12）.

[49] 谢涛．高校素质教育再思考［J］．江苏高教，2016（3）.

[50] 张妍妍，高强．高职院校校园文化活动育人体系构建研究［J］．教育理论与实践，2018（24）.

[51] 吴晓彤．高职院校校园文化育人路径探究［J］．科教文汇，2014（2）.

[52] 李嘉伟．高职院校特色校园文化建设路径探究——以广东科学技术职业学院为例［J］．包头职业技术学院学报，2017（6）.

[53] 杨义菊．素质教育背景下高职文化素质教育研究［J］．职教通讯，2015（26）.

[54] 王义道，金顶兵．文化素质教育问题再探讨［J］．北京大学学报：哲学社会科学版，1998（1）.

[55] 朱世宏，陈胜．近十年来我国大学生文化素质教育研究评述［J］．西南民族大学学报：人文社科版，2005（12）.

[56] 巫阳朔. 美国通识教育与我国文化素质教育、思想政治教育比较研究 [J]. 继续教育研究, 2011 (10).

[57] 宋彩萍, 王丽平, 王静. 文化素质教育内涵探讨 [J]. 吕梁高等专科学校学报, 2006 (3).

[58] 王文涛. 高职文化素质教育的历史发展与基本特征 [J]. 高等教育研究, 2015 (6).

[59] 俞步松. "做强高等职业教育" 视野下高职院校文化素质教育的哲学审视 [J]. 中国高教研究, 2010 (4).

[60] 刘洪一. 误区与路径——高职教育中的文化素质教育问题 [J]. 中国高教研究, 2011 (2).

[61] 周建松, 邹宏秋. 全面推进素质教育 促进高职学生健康成长 [J]. 中国高等教育, 2012 (8).

[62] 沈燕红. 高职院校文化素质教育体系的构建与实施 [J]. 职业教育研究, 2009 (2).

[63] 刘弘. 关于高职院校推进文化素质教育的几个问题 [J]. 天津职业大学学报, 2005 (6).

[64] 王彦. 高职文化素质教育体系的建构与实施保障探索 [J]. 教育与职业, 2013 (4).

[65] 李晓元. 对高等师范院校大学生文化素质教育的探索 [J]. 吉林工程技术师范学院学报, 2009 (3).

[66] 谢兆岗, 杨晓霞. 高职院校文化素质教育现状与对策研究 [J]. 长江大学学报: 社会科学版, 2013 (10).

[67] 唐志敏, 金日坚, 曾建球, 等. 高职文化素质教育对策研究 [J]. 科技资讯, 2017 (3).

[68] 杨超虹. 论加强大学生文化素质教育 [J]. 前沿, 2014 (12).

[69] 崔芸, 林宇健. 基于网络的高校文化素质教育研究 [J]. 党史文苑, 2010 (8).

[70] 马云霞. 浅析高校文化素质教育网络课程建设 [J]. 卫生职业教育, 2015 (5).

[71] 强金国, 胡蓉. 高职院校文化素质教育的实践与思考——以顺德职业技术学院为例 [J]. 顺德职业技术学院学报, 2017 (4).

[72] 宁尚洁. 高职院校二级学院文化建设与学生管理工作探索——以江苏工程职业学院建工学院为例 [J]. 产业与科技论坛, 2016 (3).

[73] 肖温雅. 高职二级院系文化建设研究与实践 [J]. 才智, 2016 (6).

[74] 蔡菁, 耿德平. 高职校园文化建设中院系文化建设的思考 [J]. 佳木斯教育学院学报, 2011 (12).

[75] 刘军华. 高职专业文化与学生成长成才环境建设探讨 [J]. 中国高新区, 2017 (11).

[76] 郑伦卉, 肖永莉. 高职专业文化建设若干问题研究 [J]. 教育教学论坛, 2018 (4).

[77] 周选梅. 高职专业文化建设的方法研究 [J]. 绿色科技, 2017 (12).

[78] 钱海军. 全人教育视角下高职专业文化体系构建策略研究 [J]. 广东技术师范学院学报, 2018 (2).

[79] 张泽, 张腾. 高职专业文化建设与大学生成长成才环境建设探讨 [J]. 天津职业大学学报, 2012 (8).

[80] 张顺发, 申静. 在高职课堂教学中融入产业文化教育 [J]. 产业与科技论坛, 2015 (1).

[81] 于长湖, 王巧梭. 高职专业文化建设与毕业生高质量就业 [J]. 重庆科技学院学报: 社会科学版, 2012 (18).

[82] 汤浩, 杨奔. 浅谈高职院校实训基地文化建设——以湖北工业职业技术学院旅游专业群为例 [J]. 湖北工业职业技术学院学报, 2016 (6).

[83] 梁晨露. 论高职院校校内实训基地的文化建设 [J]. 智库时代, 2018 (9).

[84] 陈灵芝, 李林师. 体育文化在高职体育中渗透研究 [J]. 科技资讯, 2018 (19).

[85] 叶鹰, 马莹心. 基于校园体育文化的高职体育教师学养提升研究 [J]. 哈尔滨职业技术学院学报, 2016 (2).

[86] 朱绍勇. 高职院校社团文化的育人功能及实现途径 [J]. 芜湖职业技术学院学报, 2014 (1).

[87] 崔慧娥. 高职班级文化建设的实践研究 [J]. 天津职业院校联合学报, 2017 (10).

[88] 陶军. 高职院校学生寝室文化建设研究 [J]. 职教论坛, 2015 (35).

[89] 宋扬. 文化建设视阈下高职院校图书馆文化育人效应研究 [J]. 中国职业技术教育, 2017 (31).

[90] 张巧娜. 高职院校图书馆在校园文化建设中的作用与作为——以黎明职业大学为例 [J]. 黎明职业大学学报, 2018 (6).

[91] 闻学颖, 孙维. 新环境下高职图书馆服务校园文化建设的路径 [J]. 辽宁高职学报, 2016 (5).

[92] 徐小莉. 红色文化融入高职学生实际生活实效性探究 [J]. 民营科技, 2017 (4).

[93] 邹厚亏. 红色文化融入高职校园文化途径探索 [J]. 武汉船舶职业技术学院学报, 2017 (1).

[94] 於爱民. 高职院校学生传承优秀传统文化方法与途径研究 [J]. 中国多媒体与网络教学学报, 2018 (12).

[95] 张晓林, 杨红梅, 刘晓瑞, 等. 高职院校校史文化在学生文化素质教育中功能和路径探析 [J]. 延安职业技术学院学报, 2017 (10).

[96] 庄一民, 杨秀敏, 陈宝色. 发挥高校校史文化育人功能的实践与思考 [J]. 龙岩学院学报, 2015 (12).

[97] 胡胜祖, 张慧. 高校空间景观文化性的塑造探究 [J]. 艺术科技, 2018 (5).

[98] 阚迪, 邓杨, 杜晶波. 依托校园景观文化的思想政治理论课实践教学模式建构——以沈阳建筑大学 "思想道德修养与法律基础" 课为例 [J]. 沈阳建筑大学学报: 社会科学版, 2018 (12).

[99] 倪旭前. 高职校园景观文化建设研究 [J]. 中国成人教育, 2008 (5).

[100] 先元华, 夏谦, 刘雪梅, 等. 中国传统文化在高职院校学生中的教育与普及——以宜宾职业技术学院为例 [J]. 科教导刊, 2018 (10).

[101] 易滨秀. 高职院校礼仪文化教育实践模式初探 [J]. 理论导报, 2009 (12).

[102] 陶娟. 校史文化背景下的大学生国防教育——以南京工业职业技术学院为例 [J]. 哈尔滨职业技术学院学报, 2015 (6).

[103] 谢嘉琳. 广东轻工职业技术学院南海校区景观文化设计浅议 [J]. 广东轻工职业技术学院学报, 2009 (3).

[104] 韩延明, 郭峰. 大学文化与大学生全面发展 [J]. 现代教育论丛, 2013 (4).

[105] 周如俊. "8S" 现场管理视角下中等职业学校的 "校企文化" 融合育人 [J]. 江苏教育研究, 2015 (11).

[106] 王文锋. 论大学校园文化的育人功能 [J]. 山东理工大学学报, 2011 (1).

[107] 李成超. 高职院校班级精神文化建设探析 [J]. 中国职业技术教育, 2014 (34).

[108] 沈景春, 林剑. 中西文化比较研究 [J]. 江汉论坛, 2004 (1).

[109] 徐华, 周晓阳. 论文化的基本特征 [J]. 南华大学学报: 社会科学版, 2012 (8).

[110] 桂剑平. 当前高职校园文化建设的几点思考 [J]. 湖北水利水电职业技术学院学报, 2008 (9).

[111] 陈红新. 高校二级学院校园文化建设实践探索 [J]. 黑龙江省教育学院学报, 2011 (6).

[112] 陈瑛. 和谐校园视野下的高校校园文化建设 [J]. 福建信息技术教育, 2008 (3).

[113] 范瑛. 基于人才培养的特色校园文化建设 [J]. 湖南师范大学教育科学学报, 2012 (1).